新世紀叢書

當代重要思潮・人文心靈・宗教・社會文化關懷

經典中的經典
THE BOOK OF AGING
REFLECTIONS ON THE JOURNEY OF LIFE
老年之書
思我生命之旅
老年，一個生理、道德和靈性的邊疆，
它的地形可以被探索，卻無法完全馴服。

主編◎Thomas R. Cole / Mary G. Winkler
譯者◎梁永安、鄧伯宸

老年之書

【目錄】本書總頁數共592頁

3 孤獨／寂寞 171

4 工作 229

緒言
Introduction

緒言

本書之編選係出於一個體認：「老年」在今日西方已成為一個尋找目的感的階段。有史以來第一次，大部分西方人可望尚能健康地活到七十多歲；有史以來第一次，八十五歲以上人士是西方人口裡增加最快速的年齡群。偏偏就在這時候，《傳道書》（*Ecclesiastes*）的名言：「凡事都有定期，天下萬務都有定時。」卻顯得不太適用於人生的後半階段。

在十六世紀至廿世紀約一九七〇年代之間，受現代社會發展的刺激，西方人對老年的觀念發生了根本的變化。古代和中世紀都視年老為世間永恆秩序的一個神祕部分，但這觀念卻逐漸被一種世俗、科學和個人主義的年老觀所取代。老年不再被視為生命靈性之旅的其中一站，反而被重新界定為一個有待科學和醫學來對治的問題（problem）。在廿世紀中葉，老年人是被排擠到社會邊緣的，剩下給他們的主要身分只是病人和退休年金的領取者。

由於長壽變得普遍而非例外，又由於集體意義系統再已無能力給老年階段灌注廣泛共用的意義，以致我們對於老年階段意義何在的問題，變得非常茫然。古代的神話和現代的刻板印象俱無法處理或反映愈來愈長壽的老年世代的不確定感。老年的「現代化」催生出一籮筐懸而未解的問題：老年階段真是具有內在目的性嗎？在把孩子養大和退休之後，一個人還真有什麼重要事好做嗎？老年是人生的極致嗎？它包含著自我完成的潛力嗎？入老後的靈性成長道路何在？老年人具有何種的角色、權利和責任？老年階段的特殊力量和德性何在？**真有所謂的「美好」老年嗎？**

一九七九年，英國作家布萊思（Ronald Blythe）在《冬天觀點》（*The View in Winter*）一書中指出，「活得老的普遍性」太過新穎了，以致還沒有人能體會箇中意涵。他說，現在的老年人等於是「被判了終身監禁，變成一個公共課題。他們是第一代的全職老人，也是第一批必須由國家提供特殊支援的人口——國家做這事時又吝惜和舉棋不定。」布萊思相信，**再過不久，人們便有必要在學會如何長大時就要去學習如何入老。**

這番意見深有見地，但從今日看來卻像是昨日黃花。因為，在廿世紀晚期的西方，已經漲湧許久的現代性（modernity）大潮出現了逆轉：在「老人潮」（age wave）的助長下，各種未經勘察的文化潮流紛紛打破了各種有關老邁與老年的約定俗成意象、規範與預期。政府把大比例的經濟與醫療資源投入照顧老年人之舉亦引發出激烈的辯論，因為一些人相信，在規模日漸萎縮的福利國家裡，這種做法是在助長世代間的不平等。與此同時，作家、製片家、老人權的鼓吹者與老年人自己亦紛紛挑戰人們對老年階段的負面刻板印象。

例如，近年愈來愈多小說把老年人寫得複雜而耐人尋味，大異其趣於法國作家西蒙·波娃（Simone de Beauvoir）在一九七〇年所作的粗糙概括。波娃曾在《老之將至》（*The

Coming of Age）一書中斷言，文學不會對老年人內心世界感興趣，因為老年人被認為是「定了型的，沒有前景，沒有發展性可言。」今日的發展卻大相逕庭：許多描寫中年人或老年生活的當代小說（本書選錄了一部分）都不只是關注喪親之痛或身體的衰損。代之以，它們體現出西方文化想要探索老年經驗愈來愈強的衝動，相信老年是向著某種積極的目標**邁進**（這些可能的目標包括）：知性的統一；與他人建立愛的關係；好奇心的復返；接受人必有一死的事實；上帝等。例如，在小說《老年之泉》（*The Fountain of Age*, 1933）中，貝蒂．弗利丹（Betty Friedan）以自己的老年經驗為藍本，揭示出一個老人如何能夠同時兼顧自己的自由並關懷他人。現在，媒體裡的老年人開始扮演一些新的角色，老人教育不斷推陳出新，退休人士從事各種進修與生產性活動，關懷老年生活的理論與文學作品愈來愈多——凡此都是一些跡象，顯示出**我們的高齡化社會正在繪畫一幅「耳目一新的人生地圖」**（A Fresh Map of Life，這是美國歷史學者拉斯利特〔Peter Laslett〕一九八九年出版的著作的書名）。

所以，我們的世紀提供了一些新的契機，使我們可重拾老年的道德與靈性向度，使我們可以設法嫁接生命與科學的鴻溝，使我們可以調和現代人重視個人發展的價值觀，和古代人接受自然侷限性和社會責任的價值觀。然而，讓人望而生畏的障礙仍然存在。很多最讓我們困惑的兩難，都與西方文化迄今未能接受身體衰退和人必有一死的事實有關。基本上，西方文化仍然把身體衰退和死亡視為一種個人的失敗或醫學的失敗，不認為其中包含任何社會意涵或更廣的意涵。

面對喪親之痛、體能衰退、疾病纏身、離死不遠和依賴他人照顧的事實，我們很難安然面對時間流逝：我們會焦慮，會夢想返老還童，會因為失去獨立生活而自覺羞愧或低人一等。這些障礙似乎會把時間的流動性給堵塞住，製造出一種停滯的感覺，讓人覺得被僵固。在西方文化裡，中年和中年以後的人往往在自己和別人眼中顯得是個陌生人，是個模糊人物。不過，隨著現代文化一些強烈偏見（如相信「進步」會使舊事物過時、「新」勝於「舊」、「年輕」勝於「年老」等）逐漸被侵蝕，我們社會對老年的惶恐不安和逃避老年的鴕鳥心態也逐漸降低。**愈來愈多人願意正視這個有趣的真理：老年人是我們中間的一員。**

科學研究和醫學科技無疑將會繼續改寫人類生命的生物可能性，但它們永不可能把我們從種種必然的侷限性中給解放出來。無影無形的「時間」大概是最謎樣的一種侷限性。**老去是生活在時間中的必然結果**。我們總是在某一時刻誕生到這個世界，然後又會在後來某個未知的時刻離開這世界，並注定會在一生中經歷一些重大的變化。對個人乃至於群體，時間都會帶來形式與環境的改變。荷蘭人類學家范根內（Arnold van Gennep）在《過渡儀式》（*Rites of Passage*, 1908）一書中指出：「**每個人都總是有新的門檻要跨過：冬與夏的門檻、季與年的門檻……出生的門檻、青春期的門檻、成熟的門檻、死亡的門檻，再來還有**（對信徒來說如此）**死後生命的門檻。**」

雖然老化設定了生死的大哉問，但它卻沒有一個放諸四海皆準或毫不含糊的答案。誠如英國作家波伊斯（John Cowper Powys）在《長老的藝術》（*The Art of Growing Old*, 1944）

一書裡指出的：「**如果到六十歲我們還不明白生命是一個弔詭與矛盾的結，不知道我們的每個行為裡糅雜了多少的善與惡，不知道我們的女主人真理女士**（Lady of Truth）**性格有多麼妥協，那就表示我們是白老了。**」有關老去的道德真理與靈性真理都是可能獲得和必須獲得的，但它們並沒有一個適合所有人穿的尺碼。

要讓道德真理和靈性真理成為個人能合穿，這些真理必須是從特定文化的歷史布料裡剪裁出來，先經過個人經驗來量身訂造，再透過「朝聖者」的靈性演化過程給縫紉起來。八十出頭時的弗羅麗達．史考特—麥斯威爾（Florida Scott-Maxwell）在《我日子的尺度》（*The Measure of My Days*, 1968）裡說過：「我們這些老者知道老年所意味的並不只是失能。那是一種強烈和多樣性的體驗，有時幾乎不是我們所能承受，但又需要我們去細細品味。如果那是一趟漫長的失敗，那它也是一場勝利，對時間的初學者來說充滿意義，哪怕它不是那些無法走出得夠遠的人所能承擔。」用更斯多噶派的語言來說，**長老**（*growing old*）並不光是年歲的累積[1]。「年齡並不重要，」德國社會學家韋伯（Max Weber）在《政治作為一種志業》（*Politics as a Vocation*, 1919）裡說過，「真正重要的是我們能不能以訓練有素的韌性，面對人生的諸般現實，並在內心鼓起勇氣加以應對。」《老年之書》（*The Book of Aging*）的編選方針正是要擴大讀者的能力，來面對和應對晚年生活的挑戰與契機。

人本主義老人學（humanistic gerontology）和社會老人學（social gerontology）近年最有趣的一個發現，大概就是這個：**不分年紀老少，創造性始終是成長的有力泉源。**雖然創造性通常都會體現在一件具體的事物上（如一幅畫、一首詩、一本書或一件家具），但也常常可以體現在不那麼具體的結果：個人或群體自我意象的改變；對於一個人該如何過生活的理解的改變；一種長期關係的深化；更瞭解到自己在家庭、一個宗教群體或自然界裡的地位。

正如美國學者暨作家卡斯滕鮑姆（Robert Kastenbaum）在《世代》（*Generations*, 1991）一書中指出的，創造性大概是「老年人對生命侷限性和不確定性最有力的回應……事實上，創造活動包含的歡樂與活力可以以其自身的方式，勝過衰弱的入侵與時間不捨晝夜的流逝……而如果生命的**每一**瞬間都是一種過渡、一種變遷與衰壞，那這種經驗的創造性整合，不是也要求人去珍惜已過去的時光和擁抱尚未來到的時光？」把這番話用在長老的工作上，創造性（它涉及肯定生命和願意冒險）所要求的便是一個人在不斷改變的內在與外在環境中，持續地與侷限性角力。

《老年之書》鼓勵讀者進行這一類與天使的角力。全書共分九章②，各章的主題分別象徵和闡明老年的歡樂、神祕、痛苦，以及人追求自我認知的理念和力求把人生歲月活得充實的抱負。每一章的詩文選都大致分為幾單元，每一單元的內在關連性會在章前的前言有所說明。換言之，編者在每一章一開始都會交代他們是根據什麼理由安排觀

①指「長老」還是一種「成長」（growing）。

②編按：原英文版共九章，中文版共七章，因篇幅的關係，經原出版者同意刪除二章。

念、意象與感情的移動推進。不過，入選的詩文都是獨立的文本，完全容許讀者自行作出詮釋和反應。

在為每一章選定主題時，我們力求迴避一些僵固的範疇，以免讓人誤以為，老年所應該追求的是一些抽象和靜態的目標，如智慧、健康、靈性或休閒等。另外，我們也迴避一些奠基於二元對立的範疇，如得／失、健康／疾病、工作／休閒、年輕／年老、生／死等。

西方人（特別是美國人）對老年的許多文化盲點，都是源於中產階級的刻板印象，源自細緻思考而雅好文化的二元論（例如「好人有好報，惡人有惡報」）。很多人都無法站在年輕、健康、事業成功的主流價值觀之外理解自己的經驗。傳統智慧固然無法再讓人信服，但刻板印象卻會模糊想像力。兩者皆未能提供予人自我更新的象徵途徑，又會抑制我們對日常生活簡單真實（梭羅〔Thoreau〕稱之為「繁花盛放的當下時刻」）的鑑賞力。透過把一些常被認為是對立的觀念與意象並置，本書設法建構出一些可以引發驚奇、張力、弔詭、曖昧和矛盾的範疇。

本書把許多不同或相反的觀點共冶一爐（有時甚至同一位作者也會表現出分歧觀點），以鼓勵讀者多接觸不同的觀念或心緒。例如，本書之所以會收錄好幾段《傳道書》的文字，便是因為它包含著豐富的文學對話，讓懷疑主義和虔誠心態各有發聲的機會。正如美國古典學家佩里（T. A. Perry）在《與傳道者對話》（*Dialogues with Kohelet*, 1993）一書所力主的，《傳道書》會提出「一切人類努力最終皆屬徒勞」這個命題，不是把它當成一個結論，而是視之為一種可辯論的立場。所以，它一方面強調時間的流逝會吞噬一切歡樂與成就，另一方面又強調上帝把萬物創造得美好和各有其時。

《老年之書》想要呈現的多種多樣的經驗與抱負，不是有關老年與人類精神的單一真理。正如弗羅麗達·史考特—麥斯威爾所說的：「我懷疑，老年人最在乎的莫過於真理，而他們無法找到。說不定，**真理是紛紜的，所以每個人都必須尋找屬於自己的真理。**」在本書中，讀者既會找到失望、愚蠢、貪婪和未得實現的渴望的表述，也會找到成功、喜樂、平和與智慧的意象。本書的詩文選是要提供一種創造性對話的精神，以鼓勵個人或社會就有關老去的意義何在的問題進行討論。

本書挑選的詩文許多都是來自猶太教與基督教的傳統，也有許多是立足於美國和歐洲的文化史。我們也從其他文化、宗教傳統和族裔背景大量取樣。所以，讀者除了會讀到許多熟悉的作品（如莎士比亞的第七十三首十四行詩和西塞羅的〈論老年〉），還會碰到許多始料不及的篇章，如非洲民間故事、伊斯蘭詩歌、古希伯來警語、歷代醫學作品、個人日記的片段和當代佛教僧人的開示。

除詩歌、小說和戲劇外，我們也收錄了一些宗教聖典的文字、哲學思辨、報章訪談記、書簡、日記、雜文、諷刺詩，以及科學與醫學作品。本書既有莎孚（Sappho）、但丁、葉慈這些大作家的作品，但也有一些感人至深的聲音是來自讀書不多的發聲者，如美國黑奴亞歷山大（Gus Alexander）。

除了在文化幅度與文類幅度上涵蓋廣泛，本書在歷史幅度上同樣涵蓋廣泛。人們常常以為，在十九世紀以前，幾乎無人為文討論過老去和老年的課題。這只有部分是事實。沒錯，不管在科學探索、醫學、哲學思辨、個人沉思，以及文學藝術的表達上，**老邁成為一個獨立課題的時間不超過一百五十年**。然而，因為人們有關時間的觀點總是鑲嵌在他們有關社會、大自然與宇宙的更大觀點之中，是以老邁的課題幾乎見於所有的歷史階段與所有的人類文化。事實是，**在歷史上，一個文化如何看待老年的意義，總是離不開該文化對人生整體的看待方式**。所以，本書的第一章正是以兩個傳統的意象為主軸：「人生階段」和「人生旅程」。

這兩個意象的力量來自它們能夠把人的一生具象化為穿過一個空間。「階段」的比喻把時間的流程劃分為一個個靜止的地點或里程碑。通常被類比為一年的四季或一天的不同時段，它讓人生顯得有固定的模式，由一些固定的段落構成。至於「旅程」的意象則凸顯出人在一個個人生階級之間的邁進，把人生刻劃為一齣旅者追尋靈性的戲劇。西塞羅在〈論友誼〉中指出：「**人生的賽跑場是固定的。自然只有單一條路徑，而且只能跑一趟。生命的每一階段都分配著恰如其份的特質。**」在許多文化裡，這兩個組織性比喻不只是抽象的認知範疇，還會體現為個人生活和社會生活的儀式性成分。

因為這兩個比喻與傳統淵源深厚，有些讀者也許會覺得它們只是過時世界觀的殘餘物。對另一些讀者來說，它們也許還有歷史和懷舊的價值，卻無法傳達出個人經驗的錯綜複雜性。不過，也許還有讀者會認為，「階段」與「旅程」的比喻可以提供一種看待時間意義模式的新方法，可以讓我們把晚年生活編織到早年生活和其他人的生活去。

如果說第一章的主導意象是設法把人生看成一個整體，那第二章（「變遷／變形」）所強調的就是人在時間中無可避免的變化。當代佛教高僧索甲仁波切指出：「我常常自問：『何以一切都變動不居？』我能想到的只有一個答案：生命就是如此。」本章選錄的篇章涉及人在老邁時可能遇到的各種變遷以及面對變遷的各種可能態度。蘇族聖人黑麋鹿（Black Elk）的自述，揭示出蹂躪性的歷史力量對個人的發展帶來何種殺傷力。克莉絲汀．唐寧（Christine Downing）和尤姝拉．吉恩（Ursula K. Le Guin）這兩位當代婦女則致力為更年期去污名化，展示出觀念有力量可以形塑個人對生理變遷的體驗。

我們該如何理解人生後半葉的變遷方向呢？是理解為朝終極的解體邁進嗎？是理解為邁向生命的完成嗎？邁向熵（Entropy，熱力學函數）？邁向輪迴轉世？邁向救贖？正如神學家盧雲（Henri J. M. Nouwen）和加夫尼（Walter J. Gaffney）在《流金歲月：圓滿人生》（*Aging: The Fulfillment of Life*, 1974）所說的：「每個人都會老會死，但這種知識並不包含固有的方向。它可以是摧毀性也可以是創造性，可以是壓迫性也可以是解放性。」那麼，何以那麼多人會對「老」恐懼不已？瑞士精神分析學家榮格（Carl June）在一九三〇年代主張，現代西方文化因為拒絕直視死亡和只強調青春年華的美好，遂抑制了人們在晚年的靈性成長與心理成長。他的許多年老病人都懷有模糊的焦慮感與意義的失落感。他在〈靈魂與死亡〉（The Soul and Death, 1934）一文指出，這些人「老是向後看，執戀過去，心裡充滿著對死亡悄悄的恐懼。他們因為自生命過程中退縮（至少是心理上如此），遂變得像是戀舊的鹽柱般③，僵固起來，只對青春歲月保持著鮮明記憶，卻與當下毫無具體的關連。從人生的中期開始，一個人只有準備好**與生同死**，才算是繼續活著。」

第三章（「孤獨／寂寞」）的發聲者既有古代的《詩篇》作者，亦有現代的養老院居住者。他們許多人看來都呼應了波伊斯的一個大膽概括：「人愈老便愈孤單寂寞」。有些篇章體現出孤獨的積極性、反省性和沉思性，有些則透露出孤單的落寞、悲哀或可憐得滑稽的一面。本章就像其他章一樣，收錄了一些個人日記的片段，而它們顯示出，寫日記也可以作為支撐自我意識的一種手段。就像老人學專家伯曼（Harry Berman）在〈我人生的書頁〉（From the Pages of My Life, 1991）指出的，寫日記可以幫助人釐清生活的目的，建立信心以抵抗必然的失喪，並與自己珍重的事物維持強烈關係。誠如美國精神分析學家格羅特雅恩（Martin Grotjahn）在〈吾老之日〉（The Day I Got Old, 1198）所說的：

> 我不再工作了。我不再散步了。真是奇怪，我對此感覺很好⋯⋯我坐在太陽下，看著落葉在游泳池的水面從一邊慢慢漂浮到另一邊。我思，我夢，我畫，我坐——我感覺自己無憂無慮，幾乎像是擺脫了真實世界的羈絆。
>
> 如果有人在過去曾告訴我，光是這樣安靜而愉快的坐著，讀一點點東西，寫一點點東西，以一種靜靜的、保守的方式享受人生，便是一大樂事，我一定不會相信。而現在，我只要走到對街，去到公園的角落便會感到心滿意足，不像從前那樣，散步四個小時還嫌不夠：這著實讓我大吃一驚。

第四章（「工作」）把好幾類一般被人認為是不同類的活動放在一起：藝術創作、受雇的工作、退休的工作、追求靈性的工作，以及為死亡準備的工作。在寫給子女的一封信裡，七十七歲的德國藝術家珂勒惠支（Kaethe Kollwitz）表示她渴望死亡。她在一九四四年寫道：「不要驚恐，也不要設法說服我擺脫這種渴望。我感謝我的人生，它除了帶給我艱辛以外，也帶給了我數不清的美好事物。我沒有浪費它，把我的能力發揮到最大極限。我現在唯一的要求只是讓我離開：我的時間盡了……我全心全意地感激你們。」有些作者懷疑傳統的看法，不相信辛勤工作和好習慣可以帶來健康或財富；另一些作者則強調經濟環境會影響我們的老年經驗。

第五章的主題（「愛神／死神」）是受德國詩人里爾克（Rainer Maria Rilke）所啟迪，因為他說過：「**生與死都是我們所獲得的大禮，但大多數人都只是打它們旁邊走過，不去打開這禮物。**」把死與愛相提並論，意味著兩者都與肉身有密不可分的關連，而某種賜予生命的愛的形成，直到人死的一刻都會繼續成長。這一章的篇章探討了傳統的窘境：性慾在老年時的堅持（和禁忌）：對愛與美的生理表達的渴望；自感年輕和慾力旺盛卻被別人覺得醜甚至噁心的痛苦。死會以許多偽裝出現：朋友、敵人、情色經驗、相互殘殺和神聖的吻。達賴喇嘛從佛教的觀點討論了死前一刻的重要性。

第六章（「身體／精神」）挑戰了西方思想最基本的一個二分法，暗示著身與心只

---

③《聖經．創世記》記載，一婦人因為違背上帝的吩咐，逃難時回望家鄉，被上帝變為一根鹽柱。

是一個更大統一體的一部分，而這個統一體不是任何簡單的概念化思維方式可以充分把握。本章許多篇章都在歌頌生理的自我，讚嘆老化的肉身之美。其他的作者則努力說明自我既受身體侷限卻又能超出時間之上的弔詭。時年八十二歲的美國作者瑪麗．費雪（M. F. K. Fisher）以坦白而極風趣的筆觸談到了老年人的尊嚴和自己老化的身體。本章還包含一些醫學性、宗教性、文學性和自傳性作品，分別探索了長壽、智慧和苦痛的問題。

第七章（「回憶」）聚焦在個人記憶與集體記憶的重要性。記憶不只是重拾一些有關經驗真理的資訊，更是一種想像力的發揮，是一個從時間殘餘物中雕琢出意義來的創造性過程。這樣的記憶乃是我們可以對未來保持樂觀的一個關鍵源頭，不管對個人或集體皆是如此。英國評論家約翰．伯格（John Berger）在〈攝影的用途〉（The Uses of Photography, 1980）一文中指出過：「**記憶暗含著某種救贖的行為。凡被記憶起的事物都是從寂滅中被拯救回來的，凡被遺忘了的事物都是被遺棄了的事物……這種預感萃取自人類對時間漫長、痛苦的記憶，可見於……幾乎每一個文化與宗教。**」

各種形式的記憶（小說、自傳、墓誌銘、詩歌、歷史和回憶錄等）都有助於把生命的意義與價值保存下來，由一代傳給另一代。就像詩人康明斯基（Marc Kaminsky）在〈鞋盒的故事〉（The Story of the Shoe Box, 1992）一詩中所說的，**這些記憶的藝術都是強有力的槳櫓，可以讓我們划過寬闊的遺忘水域**（waters of forgetfulness），**抵達意義之岸**（shores of meaning）。

因此，《老年之書》是把老年看成一個生理、道德和靈性的邊疆（frontier），相信它的地形可以被探索，卻永遠無法完全馴服。我們的基本立場是一種受務實態度節制的樂觀主義。雖然肯定人生的美好無可估量，我們卻沒有把愁苦、創痛、喪失和罪惡這些難處理的現實當成不存在。

我們相信，帶著謙卑和自知，帶著愛與慈悲，帶著對神聖者的意識，帶著安時處順的態度，老年的歡樂、恐懼、苦痛和神祕是可以探索的。這種探索需要個人與社會間的微妙互動。個人必須願意堅持朝透過追求自我瞭解而成長，而這表示，他們必須願意承認自己在世代交替中的命定位置。與此同時，社會必須珍視不同階級、種族和族群的老年人，必須關心和照顧貧病的老人家，必須接受這個上了年紀的「陌生人」對命運或不義的怒吼，必須鼓勵更多人成為自己家庭與社群中負責任的長者。

因而，本書之編訂，乃是為增加我們對這個老化中社會的想像力。它致力於擴大讀者對老年意義與目的的個人追尋，以及擴大這方面的公共對話。我們鼓勵讀者把那些讓他們心有戚戚、驚訝或困惑的段落大聲唸出來（向自己也向別人唸），以這方法更加契入不同作者的觀點。透過與不同時代、不同種族、不同文化和不同性別的許多聲音邂逅，讀者也許會找到新的方法，去理解自己的經驗並欣賞別人的經驗。

T・R・科爾

CHAPTER 1

階段／旅程

Stages/Journey

本章以「階段」和「旅程」這兩個意象為主軸。幾乎所有文化皆曾利用這兩個比喻來為混亂的人生雕琢出意義並理出秩序。本書其他章充滿差異性與不連續性，但這一章卻不一樣，它強調的是上述兩個意象在歷史裡異乎尋常的連續性。讀者將會發現，在其他章裡，這兩個意象會獲得迴響和重新構築。本章大體可分為五個單元：傳統西方對人生旅程的意象；人生階段的跨文化材料；對人生階段的醫學觀念；對老年和人生階段的哲學／宗教反思；對老年個人性、詩性的沉思。

我們以「旅程」基調為全書揭開序幕。利用十四世紀基督徒的意象，第一單元從人生的中葉移向晚期。但丁（Dante）的中古名篇《神曲》（*Divine Comedy*）的開篇詩句活脫脫是中年經驗的寫照：害怕未知的領域，想要尋找亮光。文藝復興時期的義大利文學家佩脫拉克（Petrarch）在書信裡力主，害怕邁入暮年是沒必要的，因為對一個品行端正的基督徒來說，**人生晚年所通向的不是船難，而是歸港。**非裔美國詩人布朗（Sterling A. Brown）用「末班車」來比喻天國之路，美國神學家尼布爾（Richard R. Niebuhr）則對當代的「朝聖者」提供了洞見。

第二單元向讀者呈現的是對人生階段的各種看法。每個文化都會把人生畫分為若干階段，並為每個階段提供相適的意象、解釋和行為指引。這單元的詩文涵蓋印第安人的民間故事〈人生的四座山丘〉（The Four Hills of Life）以至莎士比亞在《皆大歡喜》（*As You Like It*）裡著名的人生七階段說。古希臘人認為人生分為三大階段，其中一個例子見於伊索的寓言，也見於亞里士多德（Aristotle）對年輕、壯年和老年階段各自具備的道德與情緒特質的長篇討論。孔子和本喬馬拉比（Rabbi Judah ben Tema）分別扼要顯示古中國人和古希伯來人對人生不同階段的看法。百科全書式學者伊西多爾（Isidore of Seville，他有功於將古羅馬的知識傳入日爾曼化的中世紀）把人生區分為六個階段。最後，賈克斯（Jaques）在《皆大歡喜》的挖苦演說中提醒我們，任何把人生階段定型化的做法都是有侷限性的。

第三單元收錄的是論人生階段的醫學作品。第一篇選自《黃帝內經》（相傳是活了四千七百歲的黃帝所寫），它揭示出醫學思想與宗教思想的互相交織關係。古羅馬名醫塞爾蘇斯（Celsus）是把希波克拉底（Hippocrates）著作引入羅馬社會的人，而他注意到，不同的季節和不同的年齡階段對人的健康與疾病皆有不同影響。

下一單元包含好些有關人該按人生階段而活的反省，用現在的流行語來說，即是「活出你的年紀來」（acting your age）。在二十世紀晚期，西方文化愈來愈不傾向於把這個觀念應用在老年，這既是因為此傳統觀念似乎已經過時和被小覷，也因為很多人拒絕相信，老年階段有**任何**相適的行為準則可言。英國醫生暨道德家布朗爵士（Sir Thomas Browne）為我們提供了十七世紀的基督教觀點，鼓吹人應按人生的季節而活。十九世紀晚期的德國哲學家叔本華（Arthur Schopenhauer）則呈現一種悲觀的觀點，呼應了一個常見於古代智慧文學（wisdom literature）的調子。古代印度教和古羅馬斯多噶主義（Stoicism）對老年的看法，分別在我們摘自《摩奴法典》（*Manu Smriti*）和西塞羅〈論老年〉（De Senectute）的文字中找到發聲者。

西塞羅陽剛十足的元老觀點與豪斯（Abigail House）十九世紀新教的樂觀主義形成有趣的對比，而後者所寫的一封信也開啟了本章最後一單元對老年的沉思。除豪斯的信之外，這一單元還包括當代美國女性露絲·雅各斯（Ruth Jacobs）的文字，她拒絕膜拜青春（cult of youth）。早在二十世紀初期，美國心理學家霍爾（G. Stanley Hall）便預見到，現代老年學對老年生活的觀點遭到嚴重誤解和過低的應用。本單元以愛默生（Ralph Waldo Emerson）、凱瑟琳·雷恩（Kathleen Raine）和惠特曼（Walt Whitman）所寫的三首詩作結，它們分別傳達出老年的動感、寬敞感與感激之情，又顯示出，人必須鼓起勇氣面對人生旅程盡頭的美和磨難。

神曲：地獄篇

／但丁（Dante Alighieri）　義大利人，詩人，1265—1321年

在人生旅程的中途，
　我發現自己誤入一片幽暗的森林，
　　筆直的路徑不知所踪。
要說明這森林有多濃密、錯綜和舉步維艱

是何等的困難，
即便如今再次想起仍然無比驚恐。

這煎熬近於死的煎熬。
不過它也帶給我別種好處，
所以容我說一說在那裡看到的其他景象。

我說不清自己是怎樣誤闖進去的，
因為踏離正途那一刻，
我的狀態猶如夢遊。

後來我走到一處山腳，
站在山谷的底端，
四周的恐怖情景讓我魂消膽喪。

我舉目向上，卻看見山肩上
已披著太陽的霞光，
像普照一切旅途的明燈。

這時我才平靜下來，
不像前一個晚上那般
整夜驚惶失措，可憐兮兮……
——《神曲：地獄篇》（*The Divine Comedy: Inferno*），第一首詩，1310年

順時間的千古奇流而下
／愛蜜莉·狄金森（Emily Dickinson）美國人，詩人，1830—1886年

順時間的千古奇流
未帶槳櫓
我們身不由己而下
我們的口岸不知何在
我們任狂風擺佈
不知風神的意向
不明潮神的行止
哪個船長

敢冒這樣的風險
什麼樣的海上強梁會揚帆啟航？
——〈順時間的千古奇流而下〉（Down Time's quaint stream），約 1862—1866 年

內心生活回憶錄
／莫里亞克（François Mauriac） 法國人，小說家，1885—1970 年

哪怕竭盡全力，我還是無法讓我的船隻不漂向上帝或死亡。我樂於再一次找到生命之流，忘卻我的年紀，但這是不可能的：河口太寬闊了，已經具有若干大海的特徵。我只有透過一層薄霧才能看到海岸。我與其他人所剩下的共通處只有四季，感受春夏秋冬的更迭，而我對四季的更替一向敏感。我必須重新打開我喜愛的那些書本，追求一種平靜和實事求是的沉思。

早春惹人愁思。對我而言，二月和煦的日子非常珍貴，在歐特伊（Auteuil）這裡，是金錢都買不到的。它們僅僅有助於我在腦海裡不確定地重溫吉耶訥（Guyenne）的風景，而我在做這事的時候總有添油加醋的傾向，因為這風景的本身斷然不像我想像中的明亮。畫家或詩人總能在心眼裡看到風景裡屬人的部分，亦即他的永恆。郁特里洛（Utrillo）在一九一四年八月四日為蒙馬特（Montmartre）那片白牆壁所畫的油畫便是如此，它比實

際的牆壁（如果這牆還存在的話）美上無限倍。

每一年，當我要上路往西南部去的時候，夏日的珍寶就會被我事先浪費掉。等到真正的春日來到，它將再無東西可以給我們。沒關係！我現在甚至能夠欣賞冬天的復歸，甚至是冰冷的雨水。我會閉上眼睛歡迎它們，在其中找到我的快樂。不管我放在額頭上的手有多冷，但感到這可愛的手存在已足以讓我歡快。就連陰鬱多雨的三月也總有一緩和的時刻：一分鐘的陽光足以美化冰冷的大自然。

我從前非常嘉許我所說的溫和天氣，但現在有無這種天氣都無所謂，因為我已進抵靜思諦觀的年紀。馬拉加（Malagar）起居室窗戶框住的風景讓我著迷，哪怕雨水如注般打在靜靜的尚未長葉的菩提樹和古老屋瓦上。這些屋瓦的玫瑰紅色在我的世界裡獨一無二，它是一種除了文字外從來未見過的顏色，是一種屋瓦需要的超自然顏色。有時，在雨水將歇的午後，會有一道彩虹從角樹樹籬間升起，跨過梯田，就像米勒（Millet）的一幅油畫（現藏羅浮宮）那樣。

好天氣是年輕人的偏見。對老人而言，天氣無所謂好壞。天氣的肌理本身即無價，不管它是被一柱柱的陽光照亮還是被烏雲遮蔽。時光織毯的每一根絲線都是珍貴的，因為所有從地球上消失的臉，都會被我們的記憶投射到這織毯上。但即便沒有任何臉投射其上，即使沒有任何我的死亡重現其上，它在我眼中仍然璀璨，因為它記錄著一個時節，一個人類的時節，其中銘刻著我們（介乎千千萬萬其他人之中）所經驗過的命運。

——摘自《內心生活回憶錄》（*Recollections of My Spiritual Life*），1968 年

從派頓（Paiva）寫給朋友的信／佩脫拉克（Petrarch）　義大利人，詩人，1304—1374年

我老矣。這是我無法隱瞞的事實，但即便有辦法，我也不打算隱瞞。凡是比我更能抵抗歲月的侵襲，比我更精於隱藏其效應，或比我更能信賴的人，我恭喜你們。至於我，卻已無法再相信一個悄悄流逝的歲月的各種誘惑。各位年輕人，你們若想爭取大眾目光，就盡情而為吧！是我該讓位的時候了，我將為你們空出座位。堅定地坐在你們椅子上，寫出你們年齡所能授意的文章吧。

我承認我是個老人。我可以從鏡中讀出我的年歲，別人可以從我額頭讀出。我熟悉的容顏已經改變：我明亮的眼神黯淡了，卻沒為老眼昏花感到苦惱。掉落的頭髮、粗化的皮膚、雪白的華髮，皆見證著我的冬天已經到來。但我要向從幼到老每個晨昏看顧和帶領我們的祂獻上感謝。因為在目前的狀態下，當我從事自己熟悉的鑽研和各種正直的活動時，我並未感受到自己心智慧力有所衰退和身體精力有所減縮。至於其他活動，我則不再有能力為之，並為此感到歡欣。透過禁食、苦工和守夜，我努力使自己變得更加無能。透過這些方法，即使我禁不住想要從事什麼污穢的行為，亦無法為之，因而作罷，並因此覺得自己比米羅（Milo）或赫丘力士（Hercules）還要強壯。我感覺自己已經戰

勝肉體（這個老敵人曾對我發起多次殘忍的戰爭），感覺自己彷彿駕著掛有桂冠的戰車前往我靈魂的卡皮托山（Capitol），車尾拖著那已被我征服的情慾，德行最陰險的敵人被牢牢捆綁，快樂被禁錮在鎖鏈裡。

聽到我說生命對我而言從未比現在美麗，你們其中一些人也許會覺得驚訝，因為對其他很多人來說，老年乃是一種已成負擔的生命。是上帝把我帶到這個年紀，我也願祂把我從空虛的塵世生命帶入真正的永生。我珍惜這成熟之年的每一天，多於大部分年輕人珍惜他們青春正盛的任一整年。

我老矣，並為此感謝上蒼，不管它會不會允許我走完全程。我知道，老年的盡頭只有死，別無其他，那是老邁的最後狀態。生命的結束最好是在一個人工作結束之時來到。每當一個旅人停下腳步，就代表他的旅程已經結束，代表他的最後努力已經完成。在這件事情上，我把決定權交給祂，因為經上記載，人的所有腳步都是由祂引領，每個人的壽數都是預先規定的，而在祂眼裡，一千年不過是轉瞬即逝的一天。祂將呼喚我，而我將會回應，深信我對祂的信賴將會把我帶到至福。所以我以一天比一天更快樂的心情向前邁進。我也要對那些拖著勉強步伐跟隨我的人這樣說：「放心跟來吧，別害怕。老年一點都不可怕。別理那些為老而哭的糟老頭，他們年輕時其實更應該哭——為他們被邪惡的情慾所束縛而哭。別因為他們年高而相信他們，因為高齡只讓他們的外表更脆弱，內在更惹人討厭。**有些人會覺得老年可怕，只是因為他們把生活過得顛三倒四，對這些人而言，人生任何階段都是可怕的，並非只有某個特定階段才如此。對一個飽學謙遜的人來說，晚**

年是受庇護和靜謐的。他已經撫平了胸中的風暴，已經把衝突和勞苦的暗礁拋在後頭，受到一環陽光明媚的山丘保護，外頭的風暴對他莫可奈何。所以，穩步前進吧，切莫遲疑。前面等著你們的是港口，不是船難。」

——從派瓦（Pavia）寫給朋友的信，1366 年（或 1367 年）11 月 29 日

盧修女

／布朗（Sterling A. Brown）　非裔美國人，詩人、文學評論家，1901—1989 年

親愛的
在妳搭乘的末班車上
若有人招呼妳
記得跟他問好

收拾妳的籃子，
針線和其他一切，
去跟耶穌的眾家朋友
聚一聚。

向馬大示範
綠葡萄果凍的做法，
給可憐的拉撒路
多帶些黃金餅乾。

煮一些玉米粉
做成道地上好的「調羹麵包」，
給彈自製弦琴的小大衛嚐嚐。

跟每個人敘一敘
告訴三位但以理的朋友
妳的人生故事。

親愛的，
別害怕珍珠大門，
別抄後門，
妳無須那樣做，

再也無須。①

當迦百列從他的號角
吹出莊嚴而洪亮的號角聲時，
把行李交給米迦勒來提
包括筆記本在內全數交給他，
聖經除外。

親愛的，
逕直向大宅子走去，
逕直去跟妳的上帝說話，
不需害怕或顫抖。

然後坐下來，
消磨一會兒閒時間。

①喻天國沒有黑白隔離政策。

和妳最喜歡的
使徒彼得好好聊聊；
摸一摸糊塗蛋猶大
的可憐腦袋；
跟約拿開開玩笑。

然後，當妳找到機會，
記得站起來告訴他們
妳累了，
有一點點累。

耶穌會給妳找一張床
沒有僕人會來煩妳。
耶穌會把妳帶到
一個開有窗戶的房間
窗外是櫻樹和李樹
盛開的花朵永不凋謝。

這些果樹
以後都交由妳照管。
不必慌忙，妳有的是時間……
親愛的，妳有的是蒙福的時間。
——〈盧修女〉（Sister Lou），1980年

朝聖者與先鋒
／尼布爾（Richard R. Niebuhr）

美國人，神學家、作家，生於1926年

朝聖者總是在移動，穿過
不屬於他們的地域，尋覓
某種稱為「完滿」的東西，或
所謂的「純潔」。這個目標，
只有靈魂的羅盤才能指出方向。
——〈朝聖者與先鋒〉（Pilgrims and Pioneers），1984年

人生的四座山丘
／奧吉布瓦人（Ojibway）的民間傳說　美洲原住民，為印第安人之一支

韋格瓦斯（Weegwauss，意為「樺樹」）半夜從睡夢驚醒，嚇出一身冷汗，不住發抖。方才的夢境讓他深深不安，無法再次入寐。他非要搞懂他的夢境不可，接下來一整晚苦苦思索，但及至破曉仍未能想出滿意的解釋。他下了床，穿上衣服，走出住所，去找智者海堯克（Chejauk，意指「鶴」）解惑。

去到海堯克的小屋門外，韋格瓦斯高聲說：「海堯克，我必須見你，我需要你的指點。」

「進來吧。」海堯克回答說，打了個哈欠，伸了伸懶腰。

韋格瓦斯走進小木屋。

「你因何要打擾我休息呢，韋格瓦斯？」海堯克說：「有什麼事那麼重要，值得你天一亮便起床，比鳥兒還要早起？」

「我做了個非常古怪的夢。我大受困擾，無法再入睡。我必須知道它的寓意。」韋格瓦斯煩惱不安地說。

海堯克示意他坐下，生了火，在菸管裡裝滿菸葉，點燃，才問：「你夢見些什麼？」

韋格瓦斯開始講述：「我夢見自己站在一座高丘上，俯視一個又深又闊又引人入勝的山谷。它跟我從前看過的山谷都不一樣，我目不轉睛，為它著迷。許久之後，我才轉過視線，看向另一邊。我看見，在一片無比寬闊的大地上，矗立著四座大山丘。第一座陡峭而崢嶸；第二和第三座沒那麼陡也沒那麼崎嶇；第四座則非常險峻，近乎垂直，丘頂上籠罩厚厚一團白霧。雖然幾座山丘距離遙遠，但我把山上的一切都看得清楚分明。」

「第一座山丘的山坡上有無數小孩在爬，要從丘底爬到丘頂。愈底下的小孩愈是幼小和脆弱，但他們會在慢慢攀爬的過程中逐漸長大和變得較強壯。爬到近丘頂的是最大的小孩。在大量向上爬的小孩中，只有一半可以爬到丘頂。有些小孩爬了沒幾下便摔回丘底，一動不動。有些則往上再爬上了一段路，才垮下來，不再動彈。還有一些更強壯結實的小孩可以爬得更高，但終究不支倒地。幸而，還是有一些小孩存活著到達丘頂，再從另一邊的山坡下山。我也在這群小孩之中。看見自己費盡九牛二虎之力，爬上了第一座山丘的丘頂。」

「接下來我望向第二座山丘。它與第一座何其不同又何其相像啊。那些在第一座山丘還是小孩的人此時已變為少男少女，長得更高、強壯和結實。他們有些年紀看似已經不小，有些則僅僅只有七或八歲。」

「不像第一座山丘靜悄悄的樣子，第二座山丘的男孩女孩都充滿活力。他們能做許多事情。他們活動範圍更大，力量也更大。他們玩各種遊戲：賽跑、角力、游泳、射擊；他們會幹活：挑柴、採漿果、狩獵、釣魚。山邊充滿歡笑聲。然而，這些年輕人雖然常常快活，但也常常愁苦。不管是在情緒、能力和活動範圍上，第二座山丘的人都要大於第一座山丘上的人。」

「在其他方面，眼前的情景都與第一座山丘非常相似。人們同樣是受一股不可抗拒的力量驅使，賣力向山頂攀爬。寬闊的山路上還是常常會發生災難。有些男孩和女孩在路上死去：或是在遊戲時死去，或是工作時死去，或是在睡夢中死去。他們有些在湖裡和溪裡溺死，有些無故窒息，有些被人殺死。所以，第二座山丘既有生命、活動，也有死亡和停止。」

「殘餘者極少停下來幫助有需要的人。他們即使停下來，也只會停留一下下便再次趕路。沒人往回走。他們看來對生病、垂死和受傷者漠不關心。他們看來只在乎自己。似乎有什麼東西在牽引著他們不停歇地朝丘頂邁進。一到達頂點，他們便沿著另一面的險坡下山。我匆匆走在他們中間。前面是第三座山丘。」

「第二和第三座山丘看來並無多大不同。攀爬的人群中，有些臉孔是我在第一和第二座山丘便見過。他們邁著同一種毫不猶豫的步伐前進。路上還是不斷有人死亡，總人數不停地減少。活著的人對垂死者也同樣漠不關心。」

「但其他方面卻大不相同，改變了許多。第三座山丘上再無小孩和少年，再沒有人玩遊戲，也難得聽到笑聲。男人與女人開始成雙成對前進，不過還是有單獨趕路的，男女都有。不管是成雙成對還是形單影隻的，所有人都專心致志趕路，要登上山頂。其他事對他們一概沒有多少意義。歡樂在這些人中間稀少而短暫。」

「男人們從事各種工作：打獵、捕魚、製造和修理工具；女人們忙著在爐灶邊燒飯，或是在小屋裡織補衣物、混合藥物。」

「在這些工作之間，在不常出現的歡樂之間，人們帶著怒意和恨意彼此咆哮。人們會為微不足道的事情打架，最後結果往往是痛苦、受傷和死亡。」

「這群人以毫不動搖的步伐向前邁進。他們或是成雙成對，或是單身一人，跌跌撞撞地朝著最高點邁步。沒有任何災難、任何障礙或任何歡樂可以讓他們卻步。沒有人暫停、休息、回轉或回望。所有人只有一種動作：前進。」

「在丘頂處，到達者高聲歡呼，我是其中之一。我們達成了一個極難達成的目標。下坡路看來容易，但暗藏兇險。許多男男女女摔倒，站起來，猛喘大氣，然後永遠躺下。有些女的坐下來休息打盹，一睡不起。下坡路險惡得不亞於上坡路。」

「在徒步邁進者的上方聳立著第四座山丘。我們剩下的人何其少、何其老、皺紋何其多、鬚髮何其白、身體何其衰弱。在在看來，這些虛弱破敝的身軀都不可能爬到岩石纍纍的最高處。」

「我們繼續前進。我們不是已經爬過第一和第二座山丘了嗎？不是已經爬過第三座山丘了嗎？所以，我們沒理由到不了第四座山丘。邁著搖搖晃晃的步伐，拖著氣力變差的身體，喘著大氣，剩下的人繼續掙扎奮鬥。有某種內在的精神力量驅策著我們，有某種外在的力量推動和誘惑著我們向前進，向上爬。」

「但不管內在力量還是外在力量，都無法把我們帶到我們的遙遠目標。許多老公公和老婆婆紛紛向下墜，掉到深谷底處，與泥土合而為一。那些還活著的人向後回望，大聲喊叫，鼓勵那些搖搖欲墜或行將昏厥的人振作精神。他們甚至對第三座山丘上的人大聲喊叫。」

「我們繼續前進，沒因為失去同伴或人生伴侶而氣餒，沒因為困難重重而卻步，只急於到達丘頂。大部分人都在斜坡上死亡，能到達丘頂者沒有幾個。但我是堅持到最後的其中一個。我繼續活著，繼續努力掙扎。然後，我們這些繼續活著的人慢慢消失在丘頂的雲霧裡。」

「這時候我醒了過來。我不知道這夢是兇是吉，所以來向你求教。」韋格瓦斯說，等著海堯克回答。

巫醫沒有抬頭，口氣平靜地說：「你做了吉夢，韋格瓦斯。你看到了人生由始至終的模樣。你看了人的整個一生，它的各個階段，各種形態。大祖靈基切曼列圖（Kitche Manitou）對你慷慨有加，讓你在夢中看到人的一生。只有少數人有這福分。因為你看到的是完整、連續而無間斷的一生，故你亦會活到你一生的最後。你將會看到孫子和曾孫，會有生病之時也會有健康之時，會碰到逆境也會碰到順境，會碰到壞事也會碰到好事。你會活下來，而其他大部分人都無法抵達第四座山丘、也是最後的一座山丘。你不用擔心自己會突然死去，無法活完整個人生，無法服事兄弟。」

——〈人生的四座山丘〉（The Four Hills of Life），載於《奧吉布瓦人的遺產》（*Ojibway Heritage*），1976 年

人、馬、牛和狗
／伊索（Aesop）

古希臘人，寓言作家，西元前620—560年

馬、牛和狗因為天氣嚴寒，苦不堪言，乃向人尋求蔭庇和保護。人親切地接待牠們，生火讓牠們取暖。他讓馬盡情吃燕麥，又給牛吃許多乾草，還拿自己桌上的肉餵狗。三種動物對人的厚待感激萬分，決定要竭盡所能加以回報。於是，牠們把人的一生分作三個時期，各挑了一個時期把自己的主要特質相贈。馬選擇了人最早的歲月，以自己的特質相贈：因為這緣故，每個人在年輕時期總是急躁和倔強，並且固執己見。牛選擇了第二個時期，因此人在中年歲月總是埋首工作，用盡勞力來積累資產，想盡辦法節省開支。人生最後一階段由狗照管，是以老年人暴躁易怒，難於取悅，自私自利，寬容家人而厭惡陌生人，並貪圖享受。

——〈人、馬、牛和狗〉（The Man, The Horse, The Ox, and The Dog），載於《伊索寓言》（*Aesop's Fables*），1949年版

修辭學

／亞里士多德（Aristotle）　古希臘人，哲學家，約西元前 384—322 年

接著讓我們考察不同種類的人類性格，以及與它們有關的情緒與道德品質，以闡明它們是如何對應於不同的年齡階段與機遇。我所謂的「情緒」是指憤怒、慾望之類的特性，這是前面已討論過。我所謂的「道德品質」，是指美德和惡癖，這也在前面討論過的；還有就是各色各樣想要及想做的各類事物。「年齡階段」是指年輕、壯年和老年階段。「機遇」指的是出身、財富和權力的多寡，換言之是指好運和惡運。

讓我們首先考察一下年輕階段的性格特徵。年輕人總是充滿激情，不管何種慾望皆想獲得滿足。在身體慾望方面，最具主宰性的是性方面的慾望，在這方面，年輕人完全沒有自制能力。然而他們的慾望極易變化，反覆無常：他們在慾望發作時急不可耐，然而慾望一獲得滿足便會忘得一乾二淨。像病人的饑渴之慾一樣，年輕人的慾望來勢洶洶卻不根深柢固。他們精力旺盛、熱情衝動而且隨時動怒，壞脾氣往往會把他們身上的美好成分壓倒。因為熱愛榮譽，他們無法忍受別人的輕視，一旦認為自己受到委屈，就會勃然大怒。他們熱愛榮譽，更熱中勝利，這是因為，年輕人追求凌駕於人，而勝利便是某種凌駕。他們熱愛這兩種事物勝過熱愛金錢。其實，他們是最不熱愛金錢的人，因為

他們還沒有經歷過窮困，不知其苦——這正是皮塔科斯（Pittacus）談及安菲阿拉俄斯（Amphiaraus）的一番話的要旨。年輕人凡事都往好處想而不往壞處想，這是因為他們還沒見識過太多險惡。另外，因為還沒受過太多欺騙，他們易於信任別人。他們總是一派樂觀，而這是因為，年輕人的血液就像喝多了酒的人一樣，是溫熱的；此外也是因為他們還沒有遭逢過太多挫折。他們主要是活在期望而不是活在回憶裡，因為期望是關於未來，回憶是關於過去，而年輕人擁有漫長的未來卻沒有多少過去可言。既沒有多少可以回憶的往事，他們只能向前看。他們極易上當受騙，這也是前述的樂觀秉性使然。他們的熱性子和樂觀秉性讓他們比年紀較大者更勇敢，因為熱性子會使人無所畏懼，樂觀秉性會使人充滿自信：人在生氣時會忘記害怕，人在樂觀時會自信滿滿。年輕人個性靦腆，因為他們自然接受社會灌輸給他們的觀念，不會有其他衡量榮譽的準繩。他們志向遠大，因為他們還沒有經歷過各種挫折，尚未瞭解人生的侷限性。另外，樂觀秉性讓他們自以為幹得了大事，故而志向遠大。他們總是喜歡做高尚的事情多於做利己的事情，因為他們的生活更多是受道德情感而不是理性思考所牽引：理性會使人追求利己，而道德情感會使人追求高尚目標。他們比其他年齡的人更熱中與朋友或熟人為伴，因為他們喜愛與友朋一起消磨時間，而且不以利害關係作為衡量朋友或其他事物的標準。他們所犯的一切錯誤皆是源於忘記了齊隆（Chilon）的格言，做事過分或過激：愛人愛得過猶不及，恨人亦恨得過猶不及，在其他一切方面皆是如此。他們自以為無所不知，非常有自信，而這正是他們做什麼都會過火的原因。如果他們對付別人，那動機只在羞辱對方，不是真正要傷害對方。他們富於憐憫心腸，因為他們覺得所有人都是好人，甚至比自己要好；他們以為鄰居都像他們一樣善良，所以看到鄰居碰到禍事會大為不忍。他們還愛開玩笑，調侃別人——風趣是一種有教養的傲慢。

以上所述便是年輕人的個性特徵。至於老年人，亦即已過壯年者，其個性特徵大部分恰與年輕人南轅北轍。由於他們活過許多歲月、受過太多欺騙和犯過許多錯誤，所以對一切事情都會持保留態度，做什麼都**不會做滿**。他們「想」得很多，卻認為自己「知道」得很少，說話時總要加上「也許」、「大概」之類的按語，不肯對任何事情下定論。他們都是些悲觀者，換言之思考事情總是會往壞處想。另外，人生經驗也使他們不信任別人，懷疑別人動機不良。職是之故，他們既不會熱烈地愛某個人，也不會熱烈地恨某個人，而是會把比阿斯（Bias）的話奉為圭臬：在愛時想著對方有一天會成為自己所恨的人，在恨時想著對方有一天會成為自己所愛的人。他們心胸狹窄，因為生活壓抑了他們的慷慨大度；他們不追求任何非凡或遠大目標，但追求那些可有助於他們活下去的事物。他們不是慷慨的人，因為，金錢在他們是絕不可少的，也是因為，他們從人生經驗得知，金錢難得而易失。他們個性怯懦，隨時以危險為念；與熱血的年輕人不同，老年人的血是冷的，而冷是畏懼的一種形式，是以老年是通向怯懦之路。老年人總是眷戀生命，愈老便愈眷戀，因為人總是渴望他所短缺的東西，愈是短缺便愈是渴望。他們非常為己謀，而這是他們心胸狹窄的一種表現。因此，他們以利己而非高尚目標作為生活原則（利己原則只在乎一己的善，高尚目標則在乎絕對的善）。也因此，他們不但不靦腆，反而堪稱無恥：由於他們不像關心一己得失那樣關心高尚事物，所以也就不在乎別人對他們的觀感。他們對未來缺乏信心，這部分是他們的人生經驗使然（他們犯過許多錯，也碰到過許多事與願違的情況），部分是他們的怯懦使然。他們是活在回憶裡而不是活在期望裡，因為他們的過去非常漫長，而未來卻所餘無幾（前面說過，期望是關於未來，回憶是關於過去）。這是他們話多的原因；他們愛喋喋不休地回憶往事，因為回憶往事可以帶給他們快樂。他們的怒氣來得突然，但並不強烈，這是因為，他們的激情要不是已經燃燒殆盡，便是已經不再旺盛。是以，他們不太能再感受到自己的激情，而行事也更多是出於利害考量。這一年齡階段的人被認為很有節制能力，但這只是因為他們的激情已經消退，變成了得失心的奴隸。他們的生活是靠理性思考而不是道德情感牽引：理性思考所考慮的是利害得失，道德情感追求的是道德上的善。如果他們對付別人，動機往往是傷害對方而非羞辱對方。老年人也會像年輕人一樣，有憐憫之情，但理由不同：年輕人憐憫別人是出於仁愛，老年人則是出於軟弱，容易想像任何發生在別人身上的不幸隨時也會發生在自己身上，因而心生憐憫。出於同一理由，他們總是滿腹牢騷，不大愛開玩笑或愛笑：滿腹牢騷和愛笑是相反的性情。

以上所述，便是年輕人和老年人各自具有之性格特徵。既然聽眾通常都會欣賞與自己性情相契的演說，是以，在構想一篇演說詞時，我們應考量聽眾主要是哪種性情的人。

至於壯年階段的性格，顯而易見是介於年輕人與老年人之間，不會像這兩種人的性格那般走向極端。壯年人既不會表現出幾近莽撞的過分自信，也不會過分怕事，而是兩種成分皆有一些，比例恰到好處。另外，他們既不會任何人皆相信，亦不會任何人皆不信，而是會按情況作出判斷。他們做事情既不會純粹出於高尚動機，也不會純粹出於利害考量，而是兼而有之；他們既不吝惜亦不揮霍，而是恰到好處。情緒方面亦復如此：他們節制中有勇敢，勇敢中有節制（這兩者在年輕人和老年人那裡是截然分開的：年輕人勇敢而不能節制，老年人節制而又怯懦）。推而論之，凡是年輕人與老年人各具的有益品性特徵，壯年人皆有之；而年輕人與老年人各具的過當與不足，在壯年人身上皆被中庸與適度取代。身體的壯年階段介於三十至三十五歲之間，心智的壯年階段則在四十九歲左右。

——摘自《修辭學》（*Rhetoric*），第二卷十二—十四章，西元前二世紀後半葉

論語

／孔子 中國人，思想家、教育家，〔約〕西元前 551—479 年

吾十有五而志於學；
三十而立；
四十而不惑；

五十而知天命；
六十而耳順；
七十而從心所欲，不踰矩。

——摘自《論語》

天文集
／托勒密（Ptolemy）　西元二世紀生於希臘，天文學家、地理學家、光學家

在劃分人類年齡階段這件事情上，可採取的是同一個方法，換言之是把它們與七大行星加以類比。人類最早的年齡階段相當於距離我們最近的一個星體，亦即月亮，而最後一階段則相當於距離我們最遙遠的星體，亦即土星。事實上，各個年齡階段的偶然特徵皆與其所對應的行星相似，所以，在探討年齡階段劃分此一事情上，我們有必要考察一下它們所從出的天宮。

與月亮四年的運轉週期相一致，人從出生到大約四歲為止，掌管嬰孩階段的行星是月亮。它讓人的身體柔軟而易於屈伸，狀態多變，靈魂則處於不完善與不明朗狀態，這一切都與月亮的特質恰恰相當。

下一階段是童年，為期十載，由水星掌管。這期間，靈魂的知性和邏輯部分開始具

形和明朗，植下某種學習的種籽，個人特徵和才具會開始顯露。在這階段，人的靈魂亦會透過教育和初階的體操運動被喚醒。

金星掌管人的第三個年齡階段，亦即青年階段。與金星的運轉週期相一致，這個階段歷時八載。這是生理成熟的階段，精子開始活動，種下嚮往愛情的衝動。特別是在這個時期，一種狂熱會進入人的靈魂，使人無法自我克制，渴望任何可滿足性慾的機會，激情如火，狡詐多端，表現出那種魯莽戀人的盲目。

中間天體的主人，即太陽，會接管人生第四個年齡階段，即成年早期階段。這階段亦為人生的中間階段，持續十九年。這期間，一個人的靈魂將終於學會節制和導引自己的行為，會變得熱愛財富、榮耀和地位。其個性也會從玩心重、單純、易犯錯，變得嚴肅、持重和雄心勃勃。

繼太陽之後掌管成年的是火星。成年是人生第五個年齡階段，為期十五載，與火星的運轉週期一致。它會引導人認識人生的艱難苦痛，讓人的靈魂和身體都充滿麻煩和憂慮，讓人意識到自己的鼎盛時期即將過去，催促他快馬加鞭，好趕在這階段結束以前，成就出一些值得一提的功業。

掌管中老年的是木星，為人生的第六階段。這階段亦如木星的運轉週期般，為時十二載。在這階段，人會停止從事體力勞動和危險活動，變得持重、有遠見、好休息，喜歡榮譽、讚揚和獨立性，個性也變得中庸和莊重。

人在最後一個階段會落入土星的掌管，此時他已進入老年。直至壽終為止，都屬於老年階段。此時，身體和靈魂的運動都會冷卻，而它們的衝動、興致、慾望和速度皆會漸趨疲弱。隨著年齡愈來愈老，人會變得愈來愈意志消沉、身體衰弱，任何情況下都容易被冒犯而難以被取悅，其行動亦會變得有如土星的轉動般遲緩。

——《天文集》（*Tetrabiblos*），第四卷第十章

變形記
／奧維德（Ovid）

古羅馬人，詩人，西元前 43 年—西元 17 或 18 年

所以，難道你們沒有看出來，一年會有四季，是在模仿人的一生？早春嬌嫩柔弱卻充滿生氣，就像兒童。在這個階段，植物剛發芽，光彩熠熠，生機勃勃，雖然還缺乏力量和不夠堅實，仍教農夫充滿喜悅與希望。然後，繁花盛放，沃野色彩斑斕，不可收拾，只是綠葉還不夠厚實。春天過後，年節轉入夏季，這一季節最為健壯，就像強健的青年。沒有哪個季節要比夏季更剛健，也沒有哪個人生階段比青年階段更豐盛、更充滿熱力。然後秋天來到，花樣年華已過，卻變得成熟醇和，是介乎年輕與老年間的中途站。最後是殘冬老年，步履蹣跚、形容瑟縮，鬚髮不是脫盡便是變得灰白。

我們的身體同樣會經歷不停歇的變化，過去或今天的我們絕不會是明天的我們。起初，躺在母親的子宮裡，我們不過是一顆可望長大成人的種籽。然後，造化不願看見我

們的身體繼續擠在侷促的娘胎裡，便巧施妙手，把我們從原來的家送至自由的空氣中。身為嬰兒，我們看到了天光，卻全無力氣，只能躺著。不久，他就會手足並用，像牲畜一樣爬行。然後逐漸地，他會顫巍巍地站起來，扶著牆壁學會走路，原本撐不直的膝蓋逐漸挺直。進入青春期，健步如飛，然後，等到中年亦過，他便開始往暮年的下坡路快步滑行。這時，他早年的氣力不斷消耗殆盡。這就不奇怪老年的米羅會為自己鬆軟無力的雙臂黯然垂淚：想當年，這臂膀可是像赫丘力士一般雄健有力。海倫（Helen）攬鏡照見自己滿臉皺紋時，亦曾含淚自問，從前何以會兩度有男子為她爭奪。「時間」啊，你這個大吞噬者，還有你，善妒的「老年」啊，你二位合力摧毀一切。你們用牙齒慢慢咀嚼，磨蝕萬事萬物，把它們凌遲至死！

——摘自《變形記》（*Metamorphoses*），第十五卷第二篇，約西元五世紀

眾父之訓

／本喬馬拉比（Rabbi Judah ben Tema）　希伯來人，猶太智者，約生於西元二世紀中葉

五歲，學習《聖經》；

十歲，學習《密西拿》（*Mishnah*）；

十三歲，領受「十誡」；

十五歲，學習《塔木德》（*Talmud*）；
十八歲，娶妻成親；
二十歲，就業謀生；
三十歲，體力之巔峰；
四十歲，智慧之巔峰；
五十歲，能給人勸勉；
六十歲，老年悄悄而至；
七十歲，壽數之極致；
八十歲，「異常強壯」之齡②；
九十歲，彎腰駝背；
一百歲，無異於死人，與世界不相聞問。

——摘自《眾父之訓》（*Ethics of the Fathers*），西元二世紀

②《聖經》認定七十歲是一般人壽數的極致，只有特別強壯的人可活到八十歲。

詞源

／伊西多爾（Isidore of Seville）　古羅馬人，塞維亞大主教，生活於西班牙，〔約〕560—636年

人生的階段　人一生共經歷六個階段：襁褓、兒時、少時、青年、壯年、老年。第一階段襁褓時期始自人的誕生，延續七年。第二階段是兒時，這是個清純階段，還未能繁衍子嗣，延續至十四歲。第三階段是少時，這階段成熟得足以繁衍後代，會延伸至二十八歲。第四階段是青年期，這是人生最強壯的歲月，結束於第五十年。五十是壯年開始的歲數，是人從年輕至年老的過渡。此時一個人還沒有步入老年，但已不再年輕。這階段始於人生第五十年，結束於第七十年。第六階段是老年，它沒有一定年限，因為去除前五階段的年數後，一個人剩下的餘年全算在老年範圍。耄耋是老年的最後部分，相當於第六階段的終篇。在人生的六階段裡，一個人會不斷經歷變化，這變化隨著死亡的接近而加快，最後以死亡作結。

——《詞源》（*Etymologiae*），第十一卷，第二章，西元七世紀

皆大歡喜

／莎士比亞（William Shakespeare）　英國人，劇作家，1564—1616年

整個世界是一座舞臺，
所有男男女女不過是些演員，
人人皆有出場之時與退場之時。
每人一生扮演多種角色
演出分為七階段。先是扮演嬰兒，
在保姆懷裡啜泣和嘔吐。
然後是扮演發牢騷的學童，揹著小書包，
臉上煥發著朝氣，腳步拖磨如蝸牛，
不情願上學去。
然後是扮演情人，像火爐般發出聲聲嘆息，唱著悲傷的歌謠
讚美戀人的眉毛。
然後是扮演軍人，滿口奇怪的誓言，蓄著豹般的絡腮鬍，
珍惜榮譽，動輒爭吵，

不惜面對砲口，
追逐泡沫般的名聲。
然後是扮演法官，圓鼓鼓肚子裡塞滿上好的閹雞肉，
眼神凌厲，鬍鬚修剪得規矩，
滿嘴的哲理和老生常談，便算盡了他的本分。
第六階段搖身變為穿拖鞋的瘦老頭，
鼻上架著眼鏡，腰邊懸著錢袋，
年輕穿到老的長襪子變得太大，
因為他的小腿已經皺縮；一度雄赳赳的聲音
又變回孩子似的尖聲尖氣，
像是吹著風笛和哨子。
這是全劇的最後一幕，
古怪而多事的一生至此終結，
他第二次進入童稚，被人遺忘，
失去牙齒，失去視力，失去食慾，失去一切。

——摘自《皆大歡喜》（*As You Like It*），第二幕第七場，1600 年

黃帝內經
／黃帝　傳說中的中國古帝皇，其在位時間約介乎西元前 2697—2597 年之間

〔岐伯③回答黃帝的問題〕：「上古之世，深懂養生之道的聖人在教導一般人時，總是強調：對一年四季中的各種病邪，要根據節氣的變化而謹慎躲避；同時在思想上要安閒清靜，不貪不求，使體內真氣和順，精神內守。這樣，疾病又何從發生？他們能節制意志，減低慾望，故心境安定而無有憂懼，形體勞動而不疲倦。真氣從容而順調，每個人都感到自己的願望得到了滿足，所以都能以自己所食用的食物為甘美，所穿著的衣服為舒適，所處的環境為安樂，不因地位的尊卑而羨慕嫉妒，這樣的人民堪稱樸實。沒有任何嗜慾可以誘惑這些清靜者的眼目，沒有任何淫亂邪癖的事物可以惑亂他們的心志。他們之中，無論是愚笨還是聰明的，無論是能力好或能力差的，都能追求內心的安定，不汲汲於追求外物，不因得失而動心焦慮，故而符合養生之道。所以，他們能活到一百歲以上而不顯老。這都是他們全面掌握了養生之道，身體不會被內外邪氣干擾危害的緣故。」

③岐伯相傳為黃帝大臣，精通醫理。

黃帝問道：「人年老之後不能生育，是因為精氣已經耗盡的關係，還是自然規定的宿命？」

岐伯答道：「人的生理過程如下。女子到了七歲，腎氣盛旺起來，牙齒更換，頭髮開始茂盛；十四歲，天癸發育成熟，任脈通暢，太沖脈旺盛，月經按時行動，所以能懷孕生育；二十一歲，腎氣充滿，智齒長出，生長發育期結束；二十八歲，這是身體最強壯的階段，筋肉骨骼強健堅固，頭髮長到極點；到了三十五歲，身體開始衰老，首先是陽明脈衰退，面容開始憔悴，頭髮也開始脫落；四十二歲，三陽脈氣血衰弱，面容枯槁無華，頭髮開始變白；四十九歲時，任脈氣血虛弱，太沖脈的氣血也衰少了，天葵枯竭，月經斷絕，所以形體衰老，不再有生育能力。至於男子，則是到八歲而腎氣充實，頭髮開始茂盛，乳齒也更換了；十六歲時，腎氣旺盛，天癸產生，精氣滿溢而能外瀉，兩性交合，就能生育子女；二十四歲時，腎氣充滿，筋骨強健有力，真牙生長，牙齒長全；三十二歲，這是身體最強壯的階段，筋骨粗壯，肌肉豐實；四十歲時，腎氣開始衰退，頭髮開始脫落，牙齒開始枯槁；四十八歲，上部陽明經氣衰竭，面容枯焦，髮鬢花白；五十六歲，肝氣衰弱，筋脈活動不能靈活自如；六十四歲時，天癸枯竭，精氣少，腎臟衰，牙齒頭髮脫落，形體衰疲。腎是人體中主管水的臟器，能接受五臟六腑的精氣而貯藏起來，所以只有五臟旺盛，腎臟才有精氣排泄。現在年紀大了，五臟都已衰退，筋骨懈怠無力，天癸也完全枯竭，所以髮鬢斑白，身體沉重，步態不穩，不再有生育的能力。」

黃帝問道：「為什麼有些人年紀雖老，卻仍然能夠生育，這是什麼道理呢？」

岐伯答道：「這是因為他們先天稟賦超過常人，氣血經脈保持暢通，而且腎氣有餘的緣故。這種人雖然能夠較長時間保持生育能力，但男子一般不超過六十四歲，女子一般不超過四十九歲。到這個時候，天地所賦與的精氣都已竭盡，也就不再有生育能力了。」

黃帝問道：「那麼，那些依『道』而行並因此活到快一百歲的人一樣能生育嗎？」

岐伯答道：「那些依『道』而行的人，能防止衰老，把身體保持在最佳狀態，所以雖然年高，一樣可以生兒育女。」

黃帝說道：「我聽說上古時代有所謂的『真人』，他們掌握了天地陰陽變化的規律，吸收精純的清氣，超然獨處，令精神守持於內，肌肉筋骨始終保持強健。所以，他們得以與天地同壽，沒有終了的時候。這全是因為他們順應於『道』的緣故。」

——摘自《黃帝內經》，西元前 2697—2597 年

醫學

／塞爾蘇斯（Celsus）　古羅馬名醫，西元前 25—西元 50 年

人生以中間階段最為安全，因為它既不受年輕的「熱」所擾，亦不受老年的「冷」

所擾。老年人易於被慢性病侵襲，年輕人易於被急性病侵襲。不肥不瘦的方正體格最是健康，因為高䠷骨架在年輕時固然會使人顯得優雅，卻會在老年時萎縮。纖瘦體格讓人脆弱，肥胖體格讓人行動遲緩。

論到人生的不同階段，則兒童與少年皆是以春天時最為健康，以初夏時最為安全；老年人最健康是在夏天和秋初；青年和成年人在冬天狀況最佳。冬天對老年人最不利，夏天對剛成年的成年人最不利。在這些階段，若有任何小病發生，則嬰兒和小孩最易罹患的是口腔潰瘍（希臘人稱之為「口瘡」）、嘔吐、失眠、耳朵流濃和肚臍發炎。出牙期的小孩特別容易牙齦潰瘍、輕微發燒，有時會痙攣和腹瀉。這些疾病在小孩長出犬齒時最為常見，又以那些營養最好的小孩和患有便秘症的小孩最是危險。年紀較大的小孩易得扁桃腺疾病、各種脊椎彎曲、脖子腫脹、長一些疼痛的肉贅（希臘人稱之為「垂疣」），以及好發一些其他的腫脹。青春期開始時，除上述的煩惱外，還會有慢性發燒和流鼻血的症狀。兒童時期有幾個時刻特別危險，首先是出生後第四十天，接著是第七個月，然後是七歲，繼而是青春期快到之時。在童年時期得著的病症，如果到了青春期或第一次交媾（女性則是第一次月經）之後還沒有痊癒，通常會轉為慢性病。但一般來說，兒童時期的疾病在倔強地持續一段相當長的時間之後，一旦進入青春期後就會自行結束。少年人容易得的是急性病，又特別容易得肺病：會吐血的一般是年輕人。過了這階段，比較易得腰痛、肺痛、嗜睡、霍亂、瘋癲以及從某些血管出口流出大量血液（希臘人稱之為「痔瘡」）。在老年時期，人容易發生呼吸與排尿困難、鼻腔阻塞、腎痛、痲痹、萎靡不振（希臘人稱之為「惡病質」）、失眠、更慢性的眼、耳、鼻疾，又特別是容易發生腸道鬆弛和由此引起的各種疾病，如痢疾。瘦的老人家容易因為肺病、腹瀉、流鼻水、肺痛和肋痛而疲勞。過胖者（這樣的人很多）易因急性病窒息，呼吸困難。他們常常會猝死，而這種事鮮少發生在較瘦的人身上。

——《醫學》（*De Medicina*），第二卷，奧古斯都時代（Augustan Age）

年輕人與老年人之差異

／培根（Francis Bacon）　英國人，哲學家、科學家，1561—1626年

人生的階梯由以下這些梯級構成：成孕，在子宮中蠕動，誕生，吸奶，斷奶，以半流質食物為食，兩歲時長出牙齒，十二或十四歲時長出陰毛，發展出生育能力，月經到來，膝上和腋窩長毛，長出鬍鬚，發育完全，體力與敏捷度達於高峰，頭髮轉白，開始禿頂，月經停止，生育能力停止，皮膚容易乾澀，三足動物④，然後是死亡……

④指年長者拄枴杖行動，將枴杖視為第三足。

年輕與年老的差別在於此：年輕人的皮膚潤澤光滑，老年人的皮膚乾澀起皺（額頭和眼角的皮膚特別是如此）。年輕人的肌肉柔軟有彈性，老年人的肌肉死硬。年輕人強壯、敏捷，老年人體力差而笨拙。年輕人消化好，老年人消化差。年輕人胃腸柔軟、濕潤，老年人胃腸猶如鹽醃一般乾巴。年輕人腰板挺直，老年人彎腰駝背。年輕人中氣足而穩定，老年人中氣弱、易發抖。年輕人多黏液質而血熱，老年人多黃膽汁而血冷。年輕人性慾強，老年人反應慢。年輕人的體液稠濃，老年人的體液稀清。年輕人的精子多而活動力強，老年人的精子少而活動力弱。年輕人感官敏銳，老年人耳目不靈光。年輕人的牙齒強壯完整，老年人牙力弱而齒落。年輕人髮色深，老年人髮色轉白。年輕人髮多，老年人轉禿。年輕人的脈搏強而快，老年人的脈搏弱而慢。年輕人多患急性而可治的疾病，老年人多患慢性而不可治之症。年輕人傷口痊癒快，老年人傷口痊癒慢。年輕人雙頰紅潤，老年人雙頰蒼白或是暗紅。年輕人不易得風濕，老年人易得風濕。老年人排汗能力和消化能力差，又容易變胖，這是因為老年人無法完全吸收食物的養分，過剩的養分遂被轉化為脂肪。老年人的這些和其他毛病，醫生歸因為天生的熱力和濕潤逐漸減少所導致，不過，在老年人，「乾」會比「冷」先來到。青春年華的旺盛熱力會先是退損為「乾」，再退損為「冷」。

年輕人與老年人的情感傾向亦復有異。我年輕時在法國普瓦捷（Poitiers）認識的一位慧黠年輕紳士（他後來成了聞人）曾如此挖苦老年狀態：「若是老年人的心靈看得見，我們將看到他們的心靈就像身體一樣扭曲變形。」他又以極諷刺的方式把老年人的惡德與他們的身體相提並論：「他們皮膚乾燥，所以厚顏無恥；他們腸子硬，所以不仁慈；他們老眼昏花，所以善妒；他們彎腰駝背，眼睛總是向下望，所以是無神論者；他們念茲在茲的對象是塵世而不是天國；他們身體搖晃而喜怒無常，手指扭曲而貪婪好貨，膝蓋發抖而畏首畏尾，滿臉皺紋而工於心計。」不過，如果真要嚴肅類比，我們應該這樣說：年輕人羞怯而謙遜，老年人則面皮厚；年輕人寬大而仁慈，老年人心腸硬；年輕人易仿效別人，老年人易嫉妒；年輕人因為對人生悲苦所知甚少，故宗教信仰狂熱，老年人則因閱歷豐富而不易輕信，虔誠與憐憫之心皆冷卻。年輕人敢於放縱慾望，老年人知所節制慾望；年輕人輕率而浮動，老年人持重而穩定；年輕人單純坦率，老年人拘謹而有所保留；年輕人重視追求慾望，老年人重視必需品；年輕人把時間用於玩樂，老年人把時間用於回憶往事；年輕人是長輩的仰慕者，老年人是長輩的責難者。另外，在與本課題相關的其他特徵中，年輕人與老年人的狀態差異也許還可以描述如下：由於身體會隨著年紀而變胖，所以老年人的判斷力會變強，不務空想，喜歡以安全可靠的方法做事情，不以表現為目的。最後，老年人喜愛喋喋不休，喜愛多說話少做事——唯其如此，詩人才會想像泰索尼斯（Tithonius）在晚年變成了一隻唧唧叫不停的蚱蜢。

——摘自〈年輕人與老年人之差異〉（The Differences of Youth and Age），載於《生與死的歷史》（*The History of Life and Death*），1638 年

基督徒的道德

／布朗爵士（Sir Thomas Browne）　英國人，醫生暨道德家、作家，1605—1682 年

千萬不要混淆老天在你人生所劃分的四階段：童年、少年、壯年、老年。也不要在這四個階段都以為你是同一個人。應該讓每個階段都表現出它恰如其分的美德，人也只有這樣子才會快樂；不要讓任何一種惡德橫跨這四者。應該讓每一個階段更勝前一階段，在每一階段都以挑剔眼光挑剔前一階段的不足，好讓審慎和美德在人生整體裡佔有最大的比例。孩提時做孩子當做之事，但二十歲時莫把蘆葦當成馬來騎。壯年時期若是不能把少年時期的糊塗給拋棄，若是未能跳出前一時期，就會把人生四階段的合宜比例給搞亂，使人生後期階段變得太擁擠，讓「智慧之齡」沒有容身餘地。

——摘自《基督徒的道德》（*Christian Morals*），第三部第八節，1643 年

歌德談話錄

／歌德（Johann Wolfgang von Goethe）　德國人，詩人、自然科學家、文藝理論家，1749—1832年

人們總是誤以為，人必須入老後才會變得有智慧，但實際上，人愈老反而愈不易保持原已擁有的智慧。一個人在人生不同階段固然猶如不同的人，卻不能說他會變得愈來愈高明。在某些問題上，在他二十歲時所持的看法便已經正確，無須等到六十歲才變得正確。

看這個世界的時候，我們從平原上看去是一個樣子，從海岬的高處看去是另一個樣子，從原始山峰的冰川上看去又是不同的樣子。從某立足點看到的世界也許比從其他立足點所看到的都要寬闊，卻不能說從這立足點看到的世界必然比較正確。所以，一個作家若是想在人生各階段都留下豐碑，那麼，除了需要有天生的基礎和善良立意外，主要條件是他能夠心無旁騖，切實地觀察和感受，並忠實而清楚分明地把所見所感給寫出來。只要他在某人生階段所寫的作品真能反映他當時的感思，那麼這作品就永遠會是正確的，哪怕他日後改變了看法或是有了更高明的看法。

——《歌德談話錄》（*Conversations of Goethe with Eckermann and Soret*），1831年2月17日的談話

人生像一首詩

／林語堂　中國人，文學家、發明家、語言學家，1895—1976年

從生物學的角度看，人生幾乎就像一首詩。人生有自己的韻律和節奏，有其固有的盛衰模式。人生始於天真無邪的童年，隨之是青澀的少年時期——帶著激情與無知、理想與雄心，年輕人會笨拙地設法適應成熟的社會。入壯年後，人會賣力工作，從經驗中獲益，學會更多有關人性與社會之事實。及至中年，人生的緊張得以稍稍舒緩，性格會如成熟果實或陳酒般趨於醇和，變得更能容人，人生態度更悲觀的同時也會更坦然。接下來是人生的黃昏，內分泌系統的活動會減慢，此時，一個人若是擁有一套正確的人生哲學，就會知道應以寧靜、安詳和知足的心態度日。最後，生命的微弱燭焰會熄滅，進入永恆的長眠，不再醒來。我們應去學習領會人生這種韻律之美，學習像欣賞偉大交響樂曲那般，欣賞人生的主旋律、激昂的高潮和紓緩的尾聲。人生樂章的模式在每個人都大同小異，但演奏巧妙則因人而異。在有些人，不和諧音會愈來愈刺耳，以致最後把主旋律給淹沒。有時，不和諧音會因為積蓄出太巨大的力量，讓樂曲無以為繼，此時，人只能以舉槍或投河結束生命。會有這種結果，乃是因為他缺乏良好的自我教育，讓他原先的主導主題（leit-motif）無法不被遮蔽。換成是一般人，通常都會以有尊嚴的運動和進

程把樂曲奏至固定的終點。很多人胸中常有太多的斷奏或強音，那是因為節奏錯了，生命的樂曲因此不再悅耳。我們應該以恆河為榜樣，學習它以恢弘的韻律和莊嚴的拍子緩慢而永恆地流向大海的樣子。

人生有童年、成年和老年，誰也不能否認這是一種美好安排：正如一天分為清晨、正午和日落，一年分為四季，人生也當分為幾階段才好。人生本無好壞可言，順應各階段的要求來生活便為美好。所以，若各位接受這種對人生的生物學觀點，並設法按照各階段的規定而生活，那麼，除了狂妄自大的傻瓜和無可救藥的理想主義者之外，誰又能否認人生可以活得像一首詩呢？

——摘自〈人生像一首詩〉，載於《生活的藝術》，1937 年

忠告與格言集／叔本華（Arthur Schopenhauer）

德國人，哲學家，1788—1860 年

伏爾泰（Voltaire）有一雋語，大意是說人生各階段各有專屬的心智特徵，若一個人在某階段未能與該階段的心智特徵協調一致，將會感到非常不快樂：

Qui n'a pas l'esprit de son âge,
De son âge atout-le malheur……

我於別處說過，人在孩提時代要更慣於運用智力而不是運用意志；我也解釋過道理何在。正是這個緣故，我們人生的第一季度才會如此快樂，以致日後回顧，我們會感覺這段歲月猶如一個失落園。在童年，我們與他人的關係相當有限，而我們的欲望亦寥寥無幾，換言之，我們的意志所受到的刺激甚少，主要的關心是擴大我們的知識。

以這種方式，一個人最早的歲月為他的世界觀奠定了基礎，不管這世界觀是膚淺還是深刻。雖然這一世界觀日後也許還會擴大並趨於完備，但其實質內容並不會改變。

人早年對外在世界的直觀知識（intuitive knowledge）既深且強，這解釋了童年經驗何以會在我們記憶裡牢不可拔。年幼時，我們完全沉浸在周遭的環境中，沒有其他事物可以讓我們分心。我們把四周事物看成是各該類別中僅有的，就像再沒有其他事物存在似的。後來，隨著我們慢慢發現世界有多麼複雜多端，上述的原始心靈狀態便消失了，我們的耐心亦隨之消失……

因此之故，在童年歲月，我們對世界外在或客觀的一面（即「意志」〔will〕的「表象」〔presentation〕）認識甚多，但對世界的內在本質（即「意志」的本身）卻認識甚少……所以，在年輕人眼中，這世界猶如另一座伊甸園——那就是我們所有人從中誕生的世外桃源。

稍後，這種心靈狀態會驅使我們去探求真實的人生，讓我們產生一種去實幹吃苦的衝動，要在喧囂忙碌的世界裡闖蕩一番。這樣，一個人便會認識到人生的另一面，即內在的一面，認識到「意志」每有所求都會事與願違。如此，一個大幻滅的階段便告展開，而這是一個非常漸進的成長過程。在這過程開始不久，雖然當事人會告訴你，他已克服了他的所有虛妄觀念（false notions），但這個過程其實才剛開始，它的主宰力會在人的後來整個人生漸次展開，佔有愈來愈大的比例……

年輕階段是人生前半的剩餘部分，其與人生的後半相比要佔盡優勢，卻仍然苦惱重重，備受對快樂的追求所折磨。年輕人毫不懷疑自己只要持之以恆，就必然會在人生某個時刻抓住快樂，但這希望卻總是無法實現，帶來失望和不滿足。

⁂

在我們那像明媚黎明的年輕時代，人生的詩歌在面前開展著一片美景，而我們滿心煎熬，渴盼把它化為現實。我們簡直就與想要抓住彩虹無異！

如果說人生前半生的主要特徵是不斷渴望快樂而不斷地得不到滿足，那後半生的特徵便是擔心碰到禍事。因為，隨著年事日增，我們會或多或少瞭解到，所有快樂在本質上皆是虛幻，唯獨痛苦是真真實實的。

後果就是，跟前半生相比，人的後半生就像樂章的第二部分：少了激情的渴盼而多了靜謐。為什麼會這樣呢？因為，在年輕時，一個人會誤以為世界多的是幸福快樂，只是自己還無緣碰上，及至老年，他就會明白根本不是這麼回事。於是，他會把心態調整過來，不再那麼在意得失，盡可能享受當下時刻，甚至會為一些微不足道的小事欣喜不已。

人生經驗帶給人主要的收獲是眼界的清明。這是邁入成熟之年的主要特徵，它會讓世界顯得大異其趣，截然不同於年輕人或小孩所認識的世界。只有這個時候，他會把事物看得透澈，按事物的原貌看待事物。反觀早年，真實世界對他是隱藏起來的，或說他對世界的觀點是扭曲的。人生經驗的一大功能正是讓我們能擺脫腦海裡的奇思異想，擺脫那些我們從繼承得來的虛妄觀念。

從上述的討論加以歸納，我們也許可以把人生比喻為一幅刺繡：**人在前半生看到的是這刺繡的正面，後半生看到的是背面。刺繡的背面不如正面漂亮，卻更有教益，因為它讓我們得知各根絲線是如何編織在一起。**

光是知性上的優越，並無法保證一個人可以在談話中取得優越地位，除非他已年過四十……

凡年過四十的人，只要是稍有思想力者（上天讓世間六分之五的人思想力低下，超出這些人的思想力便算是稍有思想力）都很難不會流露出一些憤世嫉俗的痕跡。

從年輕人的立場觀之，人生看似無窮無盡地向未來延伸；從老年人的立場點觀之，從年輕到年老的距離只是幾步之遙。所以，在人生的初期，每樣事物都彷似位於遙遠之處，就像是透過倒轉的望遠鏡所看到那般；但在人生快到盡頭之時，過去的事物都彷似近在眼前。所以，要明白人生有多麼短暫，一個人必須要活得夠老，換言之是要夠長壽。

另一方面，隨著年歲增加，每件事物看起來都會變得小一些，而且可以一眼看盡。年輕時，我們覺得人生堅實牢固，到了老年，我們覺得人生不過是一連串快速消逝的瞬間，每一瞬間都是幻影，以致最後我們會認識到，整個世間都是虛幻！

我說過，幾乎每個人的性格都會特別與人生的某一階段相恰，所以，每逢一個人到達與自己性格相恰的人生階段時，便是他最如魚得水之時。有些人年輕時魅力四射，之後不過爾爾；有些人在壯年時最活力充沛，年紀漸增後便失去了幹勁；許多人則是在年老時佔優勢，這時他們性格顯得比較溫和，飽經世故，能夠從容對待人生……

會有這些特殊性，必然是由於每個人的性格都與是否為青年、壯年或老年的特徵相關；或是跟這些階段相輔相成，或是可糾正某一階段的專屬缺點……

所以，我們也許可以說，在某個意義下，只有在年輕的時候，我們才是活在全幅度的意識之中，入老之後，我們只算是半活著。隨著年月的邁進，人對四周事物的意識會愈來愈縮小，一切都會匆匆而過，不在他意識裡留下任何深刻印象，就像我們把一件藝術品看過一千次而不再有任何感覺那樣。這時候，一個人只能夠手邊有什麼便做什麼，做完後就完全忘記了。

隨著意識愈來愈不清明，隨著意識完全停止的時刻愈來愈接近，時間的消逝速度也會顯得愈來愈快。

凡是無法活到老年的人都無法獲得一個對人生完整而充分的概念。因為只有老年人能看到人生的全部，知道它的自然軌跡；因為他們不只可以瞭解到人生的入口，還瞭解到其出口，所以唯有他們可以知道人生有多麼徹底空虛。反觀其他人則會繼續在虛妄觀念的驅策下勞碌不停，以為一切缺憾最終必獲補贖。

大體來說，**人生的頭四十年就像一部書的正文，餘下三十年皆是註釋。沒有註釋，我們將無法正確瞭解正文的真義和連貫性，也無法瞭解它包含的教訓和各種微言大義……**

但最為奇怪的事實乃是，只有當生命快要終了時，一個人才會真正認清和瞭解他的真我，即瞭解他一生所追求的目標，特別是瞭解到他與他人以及他與世界究係何種關係。通常，在獲得這種瞭解之後，一個人都會把自己看得比他原來自視的為低。但也有例外的情況：有些人在獲得這種瞭解後會把自己看得比他原來自視的為高。這是因為，他發現這世界比他原先所認定的還要**卑賤**，發現他一生追求的目標比其他人類都要高。

總之，人生的進程可讓一個人明白自己是何種料子。

~

幻滅是老年階段的主要特徵，因為到了此時，人已明白，那賦予人生魅力和為心靈帶來激勵的種種，皆是我們自己虛構出來的。世間的輝煌已證明為無用而空洞，它的排場、光輝與宏偉皆已褪色。老年人會發現到，他歷來所嚮往的許多東西、渴盼的許多快樂，本質上殊少意義。於是，他逐漸恍然大悟，人生虛而又虛……

——摘自《忠告與格言集》（*Counsels and Maxims*），1892 年

摩奴法典（Manu Smriti） 印度教聖典，約成書於西元初年前後

一個再生的沐浴者（Snâtaka）[5]按上述規定過完家居期（order of householders）以後，便應下定決心，歸隱山林，抑制感官，切實按照以下規定生活。

當家居者（householder）看到自己皮皺髮蒼，又有孫子繞膝時，便當退隱山林。

他應放棄村落裡的食物及一切財產，隱居山林去；或攜妻子同行，或把妻子留給兒子照顧。

他應攜帶祭火和一切家祭需要的工具，離開村落，隱居森林，抑制感官。

他應按規定行五大祭，祭品選用適合苦行者食用的各種清淨食物，或是使用野菜、根莖類和水果。

他應穿獸皮或破舊襤褸的衣服；應早晚沐浴；應蓄長髮，編成辮子；鬍鬚及指甲皆不得修剪。

⁂

他應吃野地或水中長出的蔬菜，清淨樹木的花、根、果，以及從森林果實提取的油。

不可吃蜂蜜、肉類和地上或別處長出的菌類，也不可吃缽斯陀利斯（Bhûstrina）、悉格盧伽（Sigruka）和斯黎俱磨多伽（Sleshmântaka）。

可吃用火煮熟或自然成熟的食物；他可使用石頭為磨，或是使用牙齒為臼。

他可以隨吃隨洗淨採集食物用的器皿，或是貯存夠吃一個月、半年甚至一年的食糧。

盡力採集食物後，他可以白晝吃一餐或晚上吃一餐，也可以每四頓或每八頓吃一餐。

他也可嚴格遵守瓦卡納（Vikhanas）的意見，僅以自然成熟或自然掉落的花、根、果為食。

在森林中如此度過一生的第三個時期後，他應該進入人生的第四階段，當個苦行者，棄絕對一切塵世的依戀。

---

⑤「再生的沐浴者」指已入婆羅門教（「入教」被視為一種「重生」）和學習完畢《吠陀》的人（學習完畢《吠陀》的人會接受一種如同畢業禮的沐浴禮）。

在次第經歷過人生每一階段，盡了所有祭祀的義務，學會經常抑制感官之後，苦行者在死後便可獲得最高的福樂。

當一個人清償了對聖仙、祖先和天神的「三債」後，便可潛心追求最後的解脫；若是未償「三債」便追求解脫，定必萬劫不復。

按規定學習過《吠陀》，按聖律生養過子嗣，按能力進獻過祭祀之後，一個人便可全心全意追求最後的解脫。

⁂

一個人熟讀過有關「梵」的聖典之後，離家當過苦行者之後，作過不傷害一切生物的承諾之後，他便會成為天界的一部分，放射出璀璨的光輝。

凡是不對生物引起最小傷害的再生者⑥，已經從身體獲得解脫，不會在世界任何角落遇到危險。

離家後，他應該帶足吉祥物，雲遊四方，嚴守靜默，對別人提供他的享樂置若罔聞。

他應該總是孤身雲遊，以求獲得最後解脫；他充分瞭解，孤獨者既非遺棄者亦非被遺棄者，而是唯一可以獲得幸福的人。

他不可帶著火，也不可有居所；他可在沿途經過的村落乞食，對一切無所介懷，只念茲在茲於「梵」。

以破瓷碗代缽，以大樹樹根為床，衣衫襤褸，孤獨度日，對一切無所介懷——這是將得解脫者的特徵。

他不應貪圖生，也不應貪圖死；應等待壽數自然了盡，一如僕人等待工資之發放。察看步履，使之淨化；以布來過濾要飲的水，使之淨化；以信實來淨化言詞；常保一顆清淨的心。

他應忍受任何侮辱而不侮辱任何人：不值得為會朽壞的身軀而樹敵。

他不可為一無所得而苦惱，不可為得到些許而欣喜。應只接受僅夠維生之資，全不計較食物的好壞。

他應不屑於卑躬屈膝地接受布施，因為若是如此，即便已經獲得解脫的苦行者也一樣會受卑躬屈膝所生的「業」來束縛。

他應少食，坐立皆獨處，遇感官誘惑時全力克制。

他應節制欲望，斷絕愛憎，避免傷生，如此者將可獲永生。

他應常常省思人們因罪孽而招致的輪迴、墮入地獄，在閻魔殿遭受的各種酷刑。

---

⑥見75頁註⑤。

若能不傷生、抑制感官慾望、完成《吠陀》規定的宗教義務，以及進行最嚴峻的苦行，一個人便可在今世達到梵我一如的最高境界。

應當拋棄身上的臭皮囊：它由五蘊構成，以骨為架、以腱相連，覆以血肉皮毛，散發著惡臭，充斥著屎尿，會衰老和悲傷，為疾病所苦，注定要滅亡。

⁂

知足、寬恕、節制、不偷盜、清淨、抑制感官、智慧、認識「最高我」、求實、戒怒：這「十德」，是義務的總綱。

凡是徹底學習並實踐「十德」的婆羅門，都可進入最高境界。

一個再生者若是全心全意奉行這「十德」，並按規定學習了《吠檀多》（*Vednta*），那麼，他們在償還完「三債」後便可去當苦行者。

盡好各種宗教儀式的責任、消除一切罪過、抑制感官和徹底學習過《吠陀》後，他便可在子嗣的扶養下過安適的生活。

盡好各種宗教儀式的責任後，他便可潛心於人生的唯一目標，透過苦行擺脫一切慾望，洗清罪孽，達到最高境界。

以上，就是婆羅門在人生四個時期該負的神聖責任，行之可以在死後獲得永恆不滅，來作為獎賞。

論老年

／西塞羅（Cicero）　古羅馬人，演說家、政治家、散文家，西元前106—43年

確實，思考這課題時，我找到了四個可以讓老年顯得不快樂的理由：一、老年會讓我們無法從事積極的工作；二、老年會讓我們身體羸弱；三、它會奪去我們幾乎一切的感官之樂；四、它讓人離死不遠。如果各位允許，且讓我逐一檢視這四個理由，看看它們包含多少道理。

「老年使我們無法從事積極的工作」，究竟它使我們不能從事哪一些工作呢？是指那些非得年輕力壯才能做的工作嗎？那麼，即使老年人身體羸弱，難道他們連從事腦力勞動也不行嗎？

⁂

所以，說老年不能從事有用的活動是沒有道理的，因為這就等於說舵手對船的航行沒有用處一樣。雖然舵手只是靜靜坐在船尾掌舵，不像其他水手或是在爬桅杆，或是在舷梯上上下下緊張地工作，或是在艙底抽污水，卻不能因此說舵手沒用。他雖然不做年輕水手所做的那些事情，但他的作用卻比年輕水手大得多、重要得多。完成人生偉大事

業靠的不是體力、速度或身體的靈活性，而是深思熟慮、沉著和良好判斷力。這些品質在老年人身上不只沒有更少，反而更多。

毫無疑問的是，若說莽撞是年輕人的特徵，那審慎便是老年人的特徵。

但是，人們常認為，人老了記憶便會衰退。對不常鍛鍊自己記憶力或天生就有點愚鈍的人來說，事情當然是如此，但卻不是人人皆然……以我自己為例，我不但記得還活著的人的名字，還記得他們父親和祖父姓什名誰。根據一般的迷信說法，讀墓誌銘會使人喪失記憶，但我卻不怕，因為讀墓誌銘只會讓我重拾對死者的記憶。事實上，我從未聽過有哪個老年人會忘記他們把錢藏在什麼地方！凡是跟他們切身利益有關的事情，老年人都不會忘記，例如，他們會記得上法庭的日期，會記得誰欠他們錢或他們欠誰錢等。

律師、大祭司、占卜師、哲學家老了以後會怎麼樣？他們的記憶力還好得很呢！只要是利益相關和繼續利用，老年人的腦筋便可保持良好。不只身居顯赫公職的老人家如此，那些靜靜安享晚年的老人家亦復如此。索福克勒斯（Sophocles）直到耄耋之年仍孜孜不倦地寫作悲劇，而由於太專心於文學創作，以致他的幾個兒子認定他疏於管理家業，一狀告上法庭，要求法官剝奪其管理家產的權力（希臘法律也跟我們的法律一樣，要是家長荒廢家產，通常會剝奪其管理家產的權力）。據說，這位年邁詩人當場把他剛寫完而且正在修改的劇本《伊底帕斯在科羅諾斯》（*Oedipus at Colonus*）遞給法官，問他：「這劇本像個智力低下的人寫的嗎？」結果陪審團判他勝訴。

另外，當凱基利烏斯（Caecilius）論及老年人可以為下一代提供何種預備時，他的意見比他在以下詩行所說的高明：

如果說老年的壞處只是
由於活太久而必然會看到
許多不願看到的事情，
那已經使我們夠不幸的了。

一個人活太久固然會看到許多他不願看到的事，但他同樣會因而看到許多他樂於看到的事。再說，年輕人不也常常會遇到不樂見的事嘛。凱基利烏斯還提到一種更糟糕的觀點：

我想，老年的最大悲哀是：
老年人覺得自己受年輕人討厭。

其實，年輕人並不討厭老年人，反而喜歡老年人。因為，正如明智的老年人喜歡跟有出息的年輕人交往，藉年輕人的親近愛戴以減低自己的老年孤寂一樣，年輕人也樂於聆聽老年人的教誨，因為這些教誨有助於他們過上有德的人生。我覺得，你們從跟我交往中所得到的愉悅並不亞於我從你們那兒所得到的。這足以向你們表明，老年不但不是疲弱和無所作為，反而是積極忙碌的，總是在進行或試圖進行某件工作，跟他們在早年的所為並無二致。有些老年人還繼續不停地學習呢！梭倫（Solon）便是一個例子：他在詩中曾誇耀，自己入老後還每天學習新東西。我也是這樣，因為我是入老後才學習希臘文。我熱切地閱讀希臘文學，就像是為了解一種長久的渴，正因為這樣，我才能取得第一手知識，可以（如你們所看到的）在這一番討論裡大量引經據典。當我聽說蘇格拉底晚年還學七弦琴時，我也很想學，因為古人都擅彈這種樂器，我希望見賢思齊。但不管這心願能不能實現，我在希臘文學上總是下過一番苦功。

體力不濟是人們詬病老年的第二個理由。然而，我年輕時雖然希望自己強壯得像頭牛或大象，現在卻不覺得有此需要。

⁂

老年會體力不濟，與其說是老年本身的一種瑕疵，倒不如說是年輕時揮霍體力有以致之。老年人會得到一副不中用的身體，往往是年輕時代的放縱所造成。

但還是回過頭談談我自己吧。我八十四歲了……體力無疑大不如前，遠比不上我在布匿戰爭（Punic War）中當士兵的時候，比不上我在西班牙當兵團司令的時候，或四年後隨阿基利烏思（Manius Acilius Glabrio）駐紮在溫泉關（Thermopylae）的時候。然而，正如你們看到的，年老並沒有讓我身心交疲或一蹶不振。不管是元老院還是民眾大會，不管是我的朋友、門下還是賓客，都從來不會覺得我精力不濟。我從不贊成那句流傳甚廣的古諺：「**想活得老一點的人，應該讓自己早一點老去。**」就我而言，我寧願不那麼長壽也不願在未老前先老。因此，迄今為止，凡是有人登門想要向我求教什麼，我都從不回絕……

所以，一個人只要把體力運用於恰當用途，把尚餘的體力用途發揮到最大極限，他便不會為體力的減少而有什麼損失。

老年人固然缺乏體力，但人們也沒要求老年人要有體力。正因此，法律和習俗才會同時免去我們這把年紀的人的許多義務。社會不但不強迫我們去做那些我們體力所不及的事情，甚至不要求我們去做那些體力所及的事情。當然，你們可能會指出，許多老年人是那麼的衰弱，所以不只無法盡任何義務，往往還連最基本的生活都無法自理。這話是不錯，但身體衰弱不是老年人獨有的現象，而是健康欠佳者的普遍特徵……

然而，我年輕的朋友們，我們仍有責任去抵禦老年：用小心翼翼的呵護態度去補償它帶來的種種缺陷；用跟疾病作戰的態度去跟老年作戰；學習和採行各種養生之道；從事適度的運動；攝取份量剛剛好的飲食，務求可以恢復體力卻不構成身體負擔。但我們不應光照顧身體的需要，而是應該把更大的關注放在心靈和靈魂上面，因為人的心靈和靈魂就像燈火，若不常常給它添入燈油，便會隨時間而變黯淡。另外，與體力運動不同的是，體力運動會使身體疲累，但智力運動卻只會使心靈更加輕盈。

現在讓我們來看看人們常詬病老年的第三個理由：它會剝奪人的感官之樂。然而，如果老年真能抹去我們年輕時代的最大弊病，那豈非天大美事！當年，我跟隨馬克西穆斯（Quintus Maximus）在塔蘭托（Tarentum）服役時曾讀過阿契塔（Archytas of Tarentum）一篇演講詞。兩位，請聽聽這位偉人是怎麼說：「感官之樂是自然賦予人類最致命的禍根；為了滿足感官之樂，人們往往會屈服於各種放蕩不羈的慾念。它是謀反、革命和通敵的主要誘因。實際上，沒有一種邪惡行為不是受感官之樂所誘使。亂倫、通姦和諸如此類的邪情私慾，無不是淫穢的慾念所激起。理智是自然或神明賜予人類的最好禮物，而對這神聖的禮物最致命的莫過於淫樂。因為，當我們受慾念支配時，就不可能做到自我克制。在感官之樂佔絕對支配地位的領域中，美德毫無立足的餘地。」

那麼，我何以又要長篇大論談感官之樂的問題呢？因為，老年人對任何肉體快樂都沒有太大慾望這一點，不只一點也不可悲，反而是最美的美事。老年人因為沒有鋪張的宴席和常滿的酒杯，所以也不會有醉酒、消化不良和睡眠不足的問題。不過，感官之樂既然是最難抗拒的一種誘惑，又被柏拉圖（Plato）稱為「罪的餌鈎」（明顯是因為人會像魚兒一樣被它釣上），那我還是可以稍微讓步，同意老年人雖然應該避免太豐盛的飲宴，但參加一些有節制的宴會還是可以的。

……沒有任何事情比有大量時間可以自由運用的老年時光更加讓人愉快。西庇奧（Scipio），我以前常常看到令尊的好友加盧斯（Gaius Gallus）從事丈量天地的工作。不知道多少次，他都是徹夜伏案，直到第二天早上太陽升起，才驚覺自己工作了一整個通宵！每次，當他向我們預告日蝕和月蝕將出現的日子時，他是何等的怡然自得啊。其他人在晚年所從事的鑽研雖不及加盧斯的殫精竭慮，但何嘗不也需要敏銳的智力？

現在讓我們來考察老年讓人不喜歡的第四個理由（它看來特別會讓我們這把年紀的

人感到沉重和不安）：死亡的臨近。老年確實離死不遠。然而，一個人若是活了許多歲數卻還不知道死亡不值一哂，那委實可悲！因為死亡只有兩種可能後果：要麼會毀滅靈魂，要麼會把靈魂帶到某個地方永遠住下來。既然死亡讓人感覺既非不快樂，也非快樂，那我們為什麼要害怕死亡呢？而且，一個人即便還年輕，他難道會那麼傻的確信自己能活到晚上嗎？實際上，年輕人凶死的機緣比我們老年人還多：他們更容易生病，生起病來更厲害，醫治起來也更困難。因此，只有少數人能活到老年，而這些人因為活到了老年，人生也變得更美好和更睿智。能夠做到深謀遠慮和作出明智判斷的正是老年人——要不是有他們，一個國家根本無法維繫。

正如我常說的，老年的好處是可以回憶從前歲月獲得的碩果。另外，凡是順乎自然的事情，都應被視為美好的，若是如此，還有什麼比老年人壽終正寢更順乎自然的呢？當然，死亡也會降臨在年輕人身上，但那是違背自然的。因此，在我看來，年輕人的死猶如烈火被大水澆熄，而老年人的死則有如燃盡的火自行熄滅。又好似樹上的果實，沒成熟的時候不易摘下，一旦成熟、熟透就會自行落下。所以，**年輕人的死是生命的劫奪**，**老年人的死則是生命的成熟**。我覺得成熟而死是快樂的，因為我愈接近死亡，愈覺得好像一個人在遠航後望見了陸地，終於可以進港泊岸了。

但老年沒有固定的極限，人在老年時也可以生活得好，只要他能盡好應盡的責任，便能視死如歸。因此老年甚至可以變得比年輕時更堅強、更剛毅……

因此，老年人既不應太貪戀剩下的壽數，也不應無故放棄生命。正如畢達哥拉斯（Pythagoras）所告誡我們的，在我們的指揮官即上帝下達命令之前，我們必須堅守生命的崗哨，不可擅離……

當然，人死前多少會感受到若干痛苦，但那只是轉瞬即逝，對老年人來說尤其如此。至於死後，人要麼感到快樂，要麼什麼感覺都沒有。但是我們必須從年輕時代便有這種認識，好讓我們能看淡生死，因為要是沒有這種認識，一個人將不可能獲得內心的寧靜。人總有一死，而誰也不敢說自己不會今天就死；既然我們每時每刻都備受死亡威脅，要是怕死，心裡怎能安寧？

許多人（包括博學者在內）常常抱怨人生，但我不打算仿效；我也不後悔自己曾經活過，因為我的一生多姿多采，讓我覺得沒有白活。然而，到了要告別人生時，我會認為自己是離開一家客棧，而不是離家他去。因為天地乃是萬物的逆旅，不是家園。

啊，那一天將會是何等愉快，到時我將離開這混濁喧囂的世界，前往他界參加高貴靈魂的聚會！……

親愛的西庇奧，基於上述理由，老年對我來說很輕盈，不但不是負擔，反而是樂事。我相信人的靈魂是不死的，而即便這是錯誤的信念，我亦樂於錯信下去，因為我不願在有生之年失去這可帶給我快樂的信念……此外，即便我們不是永生的，那麼在適當的時候死去也不是壞事。造化既然為一切事物設定界限，那人的生命自不應有例外。另外，老年乃是人生戲劇的最後一幕，當我們對它生厭，或一切該做的皆已做好，便應該謝幕。

朋友，以上所述便是我對老年的觀點。祝願你們兩位都能夠活到老年，並因此可以通過經驗印證吾言正確與否。

——〈論老年〉（Cato Maior de senectute），西元前 44 年

豪斯回憶錄

／豪斯（Abigail House）　美國人，1790—1861 年

我身處老年的親愛朋友：

當冬天過去，春天帶著它全部的美來到時，總會提醒我吾生之行休矣。我一度是個毫無獨立能力的小孩，然後長成為年輕人，變得歡樂，大概也有一點點自負。然後是更成熟的年紀，生活變得無比積極進取。沒多久老年便來到，我們愈來愈衰弱，憂慮重重，也得讓路給別人。此時，我們的知識和判斷過去了，我們的思考力和記憶力衰退了，而即便我們擁有若干財富，財富也會落入他人之手，剩給我們的只是一些老樹樁。

如果不是可以預期明天會更燦爛，老年或任何年紀有什麼可期待的？當然，在所有人生階段，都總有一些樂趣，會讓我們繼續眷戀塵世，然而，沒有任何時間或狀態可以讓我們豁免於審判和死亡。不過，基於很有根據的希望，我們可以這樣說：老年是蒙福的，因為當我們愈接近墳墓，便會愈成熟，天國的榮光也即在望；雖然我們老眼昏花得看不見窗外的風景，臼齒所剩無幾，各種恐懼充滿心頭，然而，這世界卻有些什麼可以讓人的精神振奮起來，那就是：大自然有它的合宜軌跡。太陽、月亮全都按照秩序運轉，春夏秋冬四季各有各的華美。正如創造天地的祂所言：播種有時，收割亦有時⑦。祂讓夏冬各有其時，讓冷熱各有其時，也同時給義人和不義的人下雨。這一切，在大自然中都是歷歷在目。所以，我們又怎能不相信祂充滿恩典的承諾：**只要你信賴死亡，我就會賜給你生命的冠冕**⑧。

——《豪斯回憶錄》（*Memoirs of Abigail House*）裡收錄的一封信，1861 年

---

⑦見《舊約．傳道書》。

⑧見《新約．啟示錄》二章十節。

別喊我年輕婦人

／露絲．雅各布斯（Ruth Harriet Jacobs）　美國人，作家，生於 1927 年

別喊我年輕婦人。

我有許多年是個年輕婦人，
但彼一時也，此一時也。
我也曾是個中年婦人，
並享受那段美好時光。

但如今我變得莊嚴、煥然一新，
是個預言家、智者、自傲的老嫗，
是那些有需要學習老婦人智慧的年輕人
的榜樣和導師。

回顧過去我的工作做得很好，
而今又學會做不同的事情。
我思想遠大，樂於與別人分享經驗。

別喊我年輕婦人。
這樣喊我只是透露出你對老邁的恐懼。
你也許最好是向我們這些
奇妙的老太婆學習
如何把人生的所有經驗和知識
相加起來，
並顯示出
一個充分發展的人生
會以過去做好的工作為樂
並以剩下的日子為樂。

別喊我年輕婦人：
那既非恭維亦非客氣
毋寧是一種刺耳的無禮。
老年是辛勤贏得的成就
不是可以等閒視之
嗤之為衰弱或醜陋，
或以「年輕婦人」一語掩蓋過去。

我是一個老太婆，一個長壽者。
我為此自豪，樂在其中。
我披帶白髮和皺紋
以之作為勝利的徽章
並打算活得更老。

——〈別喊我年輕婦人〉（Don't Call Me a Young Woman），1991 年

衰老：人生的後半葉
╱霍爾（G. Stanley Hall）

美國人，心理學家、教育家，1844—1924 年

學會承認我們真已老去，是一種歷時漫長、複雜和痛苦的經驗。每十年，大疲憊（Great Fatigue）的圓圈都會向我們收窄，限縮我們活動的強度和持久度。我們的運動能力在三十歲盛極而衰，因為此時肌力會開始衰退。我們還會喪失一些靈巧度、細緻度，並失去學習新技巧的能力。人從四十歲開始頭髮會轉白（若是男性則會開始變禿），視力會沒那麼敏銳，以致讀書或看報時得把書報拿得遠一點。我們會失去過「簡陋」生活或從事劇烈運動的興趣。我們也會對自身的成就或環境變得非常不滿，以致改變整個人生計畫。到了五十歲，我們會覺得半世紀是一段很長的歲月，並會把自己的精力較之於同

年紀的祖輩和同時代的人。我們也許偶爾會忘了別人的名字。我們會找醫生作「全身檢查」，以確定自己所有器官是否運作正常。我們知道，自己若想在這世上再多成就些什麼，就必須把努力的範圍收窄，放棄掉許多原有的憧憬與雄心，知道那是不可能達成的。我們大概也會讓自己沉溺於某些原先拒絕的享樂，以免來不及享受。六十歲的時候，明白我們只剩下一道門檻要跨過，必須加快步伐，才能把未竟之志給達成。所以，人在這十年最是容易過勞。我們拒絕向衰損的體力妥協，所以鞭策自己在比賽的最後一程比從前任何時候更加賣力衝刺。我們預期自己即將離場，但又覺得自己非留下些什麼成績才可以安心歇息。所以，我們會容易透支精力，不在乎健康有突然垮掉的危險。所以，有些人是以筋疲力竭的狀態跨過七十歲這條一般的終點線，而這種耗損是大自然所無法彌補的。雪上加霜的是，我們（六十多歲的男性尤其如此）總是拚命讓自己看起來年輕些，拚命讓自己保持重要性，想盡辦法不讓自己被比我們年輕的人所取代。因此，男性往往會比女性短命。這種心態更要不得之處在於，它會破壞掉當事人晚年的品質，使他們無法體會，**人若是按照自然的規律而活，將可在哪些方面有所發揮**。在五十歲和七十歲之間，我們只有抱著更從容的態度，才可以帶來成熟、健康和有活力的晚年。正如我在其他地方指出的，這種態度大概是今日西方文明最缺乏和最需要的。

——摘自《衰老：人生的後半葉》（*Senescence: The Last Half of Life*），第八章，1922 年

論老年
／赫塞（Hermann Hesse）　德國人，詩人、小說家，1877—1962年

老年是我們人生的一個階段，就像其他階段一樣，**老年有其自己的容顏，自己的氛圍與溫度，自己的樂與哀**。就像較我們年輕的其他人類手足一般，我們這些白髮老翁也有責任把意義帶給自己的人生。就連生重病、快要死，世界的呼喊聲到不了他床頭的人也一樣，有重要而必需的任務等待完成。**當老人就像當年輕人一樣，是件漂亮而神聖的工作，而學會如何面對死亡與臨終，其價值不低於學會任何其他技能，更是尊敬人生的意義與神聖的表現。**一個人若是惱恨年老與白髮，若是害怕死亡臨近，那他將無異於一個痛恨和逃避工作和日常責任的強壯年輕人，而這兩種人都無資格充當其人生階段的一個代表。

簡言之，若想實現老年的意義和履行其責任，**一個人就必須與老年達成和解，接受老年所帶來的一切。一個人必須對老年說「好」。沒有這個「好」，不順服於造化所加諸我們的要求，那不管我們是老是少，都將失去我們歲月的價值和意義，從而成了人生的叛徒。**

——摘自〈論老年〉（On Old Age），載於《我的信念：論人生與藝術》（*My Belief: Essays on Life and Art*），1952年

忒耳彌努斯

／愛默生（Ralph Waldo Emerson）　美國人，1803—1882 年

已是入老之時
該收帆了。
為每片海洋設定海岸之界神
最終找上我
說：「到此為止！
別再野心勃勃地
把枝根抽得更長了。
摒絕遐思，停止創發；
把汝之天空收縮為
帳篷大小。
汝已經沒時間做這又做那
只能二擇其一。
節約汝那減弱的河流，

但別減少對「施予者」的敬畏。
棄多以便可以留少。
及時醒悟不再強求，
腳步謹慎以減緩跌勢；
盤算歡笑，
還可以一小陣子，
然後，拜新品種細菌之賜，
不墜落的果實終要成熟。
要罵就罵汝之祖先。
枉為火的夫婿，
雖然賜予汝以呼吸，
卻未再一次賜汝必要的強壯肌腱，
無畏的骨髓，
光留給汝退潮的血管、
不穩定的熱和鬆弛的韁繩，
讓汝在繆思之間又聾又啞，
在格鬥士之間手足無措。」

猶如鳥兒會向狂風斂翅，
我亦向時間的暴風雨俯首稱臣。
我握穩著舵，收起了帆，
順服於黃昏的聲音，順服於創造者：
「小信的人啊，別畏首畏尾，
勇敢向前航，一切自當無傷；
港灣已然臨近，每道波浪都無比迷人，
讓人不虛此航。」

——〈忒耳彌努斯〉（Terminus）⑨，1867 年

冬天的伊甸園

／凱瑟琳·雷恩（Kathleen Raine）　英國人，詩人、評論家，生於 1908 年

我已老，不再受時間羈絆
生命變得何等廣袤，

---

⑨忒耳彌努斯為古羅馬的界神，主管界標、界石、界柱。

無始無終的天空風在吹
風中有不停飄過的雲和成群的八哥，
蒼頭燕雀與蘋果葉穿越我的花園草坪，
那是一個冬天的伊甸園
有它自己的鳥類與雛菊
而極目所及的各種遠近事物
每片草葉標誌著神祕
它們臉上掠過永變而不變的
夏與冬，日與夜。
未知的已知的大容顏
你在我的全部日子看顧著我
比愛人的臉更可愛，
比已說出的文字更有智慧，
像我們生存與活動的地球一樣單純。

——〈冬天的伊甸園〉（Winter Paradise），1977 年

在年老時致上的感謝

／惠特曼（Walt Whitman）　美國人，詩人、散文家、新聞工作者，1819—1892年

在老年時致上的感謝——我臨走之前的感謝。

感謝健康，感謝中午的太陽，感謝摸不著的空氣——感謝生活，只要是生活便該感謝；

感謝那些寶貴和永遠留駐的記憶（關於你的，媽媽；關於你的，爸爸；還有關於你們的，我的兄弟姊妹和朋友）；

感謝我的所有歲月——不特感謝和平歲月，也感謝戰時歲月；

感謝那些來自海外的溫語、愛撫和禮物；

感謝住宿和酒食的款待；感謝教人窩心的欣賞（那是來自你們的，我無數的、不知名的、或老或少的摯愛讀者

我們從未謀面，也不會再有緣相見——但我們的心靈長久地密契著）；

感謝人類、群體、愛、行為、文字、書本；感謝顏色、形狀；

感謝強壯勇敢的人，感謝堅貞不拔的人——他們曾在各時期和各地方

挺身保衛自由；
感謝那些更勇敢、更強壯、更堅貞的人（這是我走前要獻上的一個殊榮，獻給那些
在人生戰爭中的勝選者，詩歌和思想的砲手，
他們是人類靈魂的前導者）。
作為一個戰後復員的軍人，作為千千萬萬旅人中的一個，
我要向背後的長長的行列致上感謝。
感謝——滿心歡喜地感謝！——這是一個軍人、一個旅人致上的感謝。

——〈在年老時致上的感謝〉（Thanks in Old Age），約 1890 年

CHAPTER 2

變遷／變形

Change/Metamorphosis

本章是要探討更易（alteration）的兩個面向：一是「變遷」（change），即沿著一條連續線以幾不可覺的速度向前移動；另一是「變形」（metamorphosis），即從一種形式或狀態變化為另一種形式或狀態。人本心理學家布里奇斯（William Bridges）在《過渡》（*Transitions*, 1980）一書中指出：「人生就像自然界的其他部分一樣，其變遷會慢慢累積，幾乎不可察覺，然後，它會冷不防地以羽毛長齊或雪融或葉落的形式顯現自身。」本章關心的是生理變遷與人類發展。誠如莎士比亞在《皆大歡喜》中所言：「照這樣一小時一小時過去，我們愈長愈老，愈老愈不中用，這上面真是大有感慨可發。」

第一單元的幾篇詩文提醒我們，不管是好是壞，時間必然會帶來變遷，非任何想要維持現狀的人類努力所能抵禦。摘自《傳道書》的著名段落即指出：「凡事都有定期，天下萬務都有定時。」不過，同一部經卷又教導世人，應信賴上帝的全能和仁愛。類似的，索甲仁波切在強調過萬物無常的佛教觀點後，也是教導我們應該珍惜「當下」——這與詩人**艾略特**（T. S. Eliot）所說的「**人生燃燒於每一瞬間**」不謀而合。亨利・詹姆斯（Henry James）所提出的問題（「年老的容貌是怎樣來到的？」）邀請讀者進入第二個單元，其所關心的是人類對生理變遷的體驗。

廖沙（Eda LeShan）為我們談到了龍蝦脫殼的故事，以此比喻人到了中年應該繼續勇敢向前推進。唐寧（Christine Downing）、吉恩（Ursula K. Le Guin）和科扎琴科（Kathy Kozachenko）三人的主題都是更年期，但這三位女作者要談的不只是女性的生理轉變。她們都是把這種生理的「過渡儀式」當成自我認知或自我解放的契機。女性主義者吉恩更是強調，從婦人（woman）變形為老嫗（crone）的過程包含著巨大潛能，呼籲每位女性「到最後都必須自我孕育」。

下一單元的詩文以「成熟果實」作為基本比喻。勞倫斯（D. H. Lawrence）在詩作〈當成熟的果實掉落〉提出強有力的意象，主張死亡（特別是對那些實踐生命意義的人來說）是一種完成。但人畢竟不是果實。根據榮格在著名文章〈靈魂與死亡〉裡的主張，人如果想在後半生邁向成熟、自我實現和更為靈性充實，就必須坦然接受有生必有死和青春不再的事實。

下一單元的詩文涵蓋時代廣闊，既收入道家古典作品《莊子》的片段，也包含七世紀的日本詩歌〈我們莫之奈何者〉，見證著人們對疾病、戰爭、失能與痛苦的回應。這些作者的反應各自不同：有人安然接受命運，有人祈求上帝的援助，有人哀嘆身體的衰損，有人努力與疾病奮戰。

在人的一生中，確有一個真實的自我（real self）貫穿所有的情緒與生理變遷嗎？這個問題，是接下來的詩文選要探索的，它們聚焦在人面對體衰病苦時為重新建構一個自我所作的努力上。精神分析派自我心理學的創始人科胡特（Heinz Kohut）扼要地沉思了他本人老年自我的一個轉變。斯特恩（Richard Stern）的短篇小說〈卡恩醫生探妻記〉講述一個老邁失智的父親被帶到醫院探望臨終太太的經過。在這次短暫而憂傷的會面中，受愛的點燃，老醫生一度恢復了他早年的自我。

當一個人被愛了一段很長時間，他自然會變得真實——這是兒童故事《絨毛兔》所要傳達的信息。故事中，老邁的皮皮馬（Skin Horse）告訴玩具兔子，一件玩具等到能變成真實事物的時候，通常已經老舊破敗不堪。不過他又補充說：「當你變成了真實事物，就不可能是醜的——只有不瞭解你的人會那樣看你。」

十三世紀的伊斯蘭大詩人魯米（Jalal ad-Din Rumi），他斷言生命各種變形的極致乃是回歸到萬物的本源，呼應了《古蘭經》上所說的：「我們誠然屬於真主，並要復歸於祂之中。」瑞士牧師暨精神治療師圖利耶（Paul Tournier）則呼應著賓謝（Noah benShea）在短篇小說〈麵包師傅雅各〉裡的慧見，呼籲他的中年讀者向更廣闊的人生視界敞開心胸。

《希伯來聖經．傳道書》第三章一—十一節

凡事都有定期，天下萬務都有定時。
生有時，死有時；播種有時，收割有時；
殺戮有時，醫治有時；拆毀有時，建造有時；
哭有時，笑有時；哀慟有時，跳舞有時；
抛擲石頭有時，堆聚石頭有時；懷抱有時，不懷抱有時；
尋找有時，失落有時；保守有時，捨棄有時；
撕裂有時，縫補有時；靜默有時，言語有時；
喜愛有時，恨惡有時；爭戰有時，和好有時。
這樣看來，做事的人在他的勞碌上有什麼益處呢？

我見上帝叫世人勞苦，使他們在其中受經練。神造萬物，各按其時成為美好，又將永生安置在世人心裡。然而上帝從始至終的作為，人不能參透。

西藏生死書／索甲仁波切（Sogyal Rinpoche）　西藏人，藏傳佛教寧瑪派上師，生於 1950 年

我常常自問：「何以一切都變動不居？」我能想到的只有一個答案：**生命就是如此**。沒有任何一事一物是永駐的。佛陀說過：

三有無常如秋雲，有情生死等觀戲。
眾生壽行似閃電，如崖瀑水速疾逝。

面對死亡，我們有許多的痛苦和迷惘，會是如此，乃因我們忽視了「無常」的真理。我們太渴望一切都恆常不變，因此不得不相信一切可以始終不變。但這只是以假當真而已，誠如我們經常會發現的，信念和實相的關係很小，甚至毫不相干。因為秉持謬誤的資訊、觀念和假設，我們為自己建構出來的生命基礎遂相當脆弱。不管有多少否證出現，我們繼續努力保持。

我們總把變動看成是損失和受苦。每當發生變動，我們就儘可能麻醉自己。我們倔強而毫不懷疑地假設，恆常可以提供安全，無常則相反。但事實上，無常就像是我們生

命裡認識的一些人，起先難相處，但認識久了，卻發現他們比我們想像的來得友善，並不恐怖。

說來弔詭，無常正是我們唯一可以抓住的東西，大概也是我們唯一可以永遠擁有的東西。它就像天空或大地一樣，不管我們周遭的一切如何改變或毀壞得多厲害，它始終不動如山。比方說，即便我們經歷了椎心的創痛，即便我們的人生看起來分崩離析，即便我們的丈夫或妻子不告而別，儘管如此，天空還是會在那裡，大地也繼續會在那裡。當然，即使是大地也會不時震動一下，好提醒我們不要把任何事情視為理所當然……

即便是佛陀也難免一死。他的死是一種教示，足以震撼天真、懶惰而自滿的人，讓他們醒悟，一切皆無常，而死亡是生命無可避免的事實。佛陀在臨終前告訴弟子：

一切跡中，象跡為第一；
一切想中，無常死想是為第一。

當我們迷失方向或懶散的時候，念想死亡和無常往往可以震醒我們，讓我們回想起以下的真理：

有生必有死，
有聚必有散，

有合必有分，
有成必有毀，
有高必有墮。

科學家告訴我們，整個宇宙無非是變化、活動和過程而已，換言之，宇宙是一個流變不定的整體：

每一次的原子互動（subatomic interaction）都會帶來原本粒子的毀滅和新粒子的產生。次原子世界是一個不斷生滅的世界。在其中，質量會不斷變成能量，能量又會不斷變成質量。轉瞬即逝的形相會突然出現又突然消失，創造出一種永無盡頭、永遠創新的實相。

除了這種變化無常外，人生還有什麼呢？公園裡的樹葉，各位閱讀這書時的室內光線，四季、天氣、一天的時間，走在街上擦身而過的路人，哪一樣不是正在改變呢？我們自己何嘗不是如此？我們過去所做的一切，如今看起來不就像一場夢嗎？小時候的朋友、兒時玩耍的地方，還有我們曾經熱情支持的觀念和意見：它們全都已被我們留在後頭。當下，你讀著這本書，字字句句看來鮮明無比，然而，哪怕是你正在讀的這一頁也會很快成為記憶。

我們身上的細胞正在死亡、腦子裡的神經元正在衰壞，甚至我們臉上的表情也不斷隨著情緒的改變而改變。我們所謂的基本性格不過是「心識的流動」而已，別無其他。我們今天因為順遂而心情好，明天因為不順遂而心情壞。我們的好心情到哪兒去了？隨著情境的轉變，我們的心情亦會隨之改變。我們是無常的，情境是無常的，世間無一物是堅實或永駐。

試問還有什麼比我們的思想和情緒更不可預測呢？你可以預知自己的下一個念頭或感覺會是什麼嗎？事實上，我們的心識就像夢境那般空幻、那般無常、那般變動不居。看看我們的念頭：它來了，它停了，它又走了。過去的已經過去，未來的還沒生起。而即便是現下的感思，也在我們經驗到它的那一剎那成為過去。

我們唯一真正擁有的只是此時此刻，只是「當下」。

——摘自《西藏生死書》，1992年

《古蘭經》第二章二六六節

你們誰會喜歡這種事：擁有一個種滿海棗和葡萄，下臨諸河，能出產很多果實的園圃，然而，到老年之時，兒女還是弱小，這園圃卻遭挾火的旋風燒燬無餘？真主把這種事臨到你們，是為了以此作為徵象，好讓你們也許會加以反省。

黑麋鹿如是說

／黑麋鹿（Black Elk）　奧格拉拉蘇族（Oglala-Sioux）印第安人，先知，1863—1950年

黑友卡儀式（heyoka ceremony）後，我來到傷膝澗（Wounded Knee Creek）和草澗（Grass Creek）之間現在的所在地點，住了下來。其他族人也陸續前來，我們就蓋了你現在看到的灰色正方形小木屋。這並不是很好的居住方式，因為力量不會在正方形中出現。

你一定已經注意到，印第安人不論做任何事，都在一個圓圈裡，因為在圓圈裡，世界之力量（Power of the World）才會生效，所以萬物都努力讓自己成為圓形。過去，我族強大且快樂，我們擁有的所有力量都來自那個神聖的民族之環（hoop of nation）。只要民族之環不斷裂，我族就欣欣向榮。開花聖樹即民族之環的生命中心，四方位之圈會為它提供滋養。東方給予和平與陽光，南方提供溫暖，西方帶來雨水，挾帶寒冷和強風的北方則帶來力量和毅力。這都是隨著宗教信仰傳給們的世外知識。世界之力量所形成的一切，都以圓形呈現。天是圓的；聽說地也是圓的，像一個球；所有星星也是圓的。力量最強的風，迴旋前進；鳥類築巢成圓形，因為牠們和我們有同樣信仰。太陽從東方升起，以圓形運行，再從西方落下。月亮運行方式也是如此，而日月也都是圓形。即便四

季的轉移也都循環不息，而且總回到原處。一個人的生命也是循環的，從小孩到老年又返老還童。只要有力量在運行的一切，都是循環不息。我們的帳篷像鳥巢一樣是圓形，而且它總是圍成一個圓圈，即是民族之環，那是萬巢之巢，即偉大神靈為我們孵養孩子的所在。

但白人把我們逼進這種方箱子裡。我們的力量消失，奄奄一息，因為生命力已經不再。看看我們的男孩，你就知道那是怎樣的一種力量。過去，我們活在圓形的生命力中，十二或十三歲的男孩就已長成男子漢，但現在一個孩子長大成人要花更多時間。不過，這也沒辦法。只要在這裏等待，我們就是戰俘，但還是有另一個世界的。

作者後記

在講完故事後，黑麋鹿和我們坐在克尼高原（Cuny Table）的北緣，遠眺惡地（那景色就如老人所形容：「集美麗和詭異於一地」）。黑麋鹿指著隱隱呈現在天際的哈尼峰（Harney Peak）說：「我年輕時，神靈從那裡把我帶到幻景，去到土地的中心，讓我看到民族之環中一切美好的事物。我希望死前再站上峰頂，因為我有些事要對六位先祖說。」

於是我們開始安排哈尼峰之旅，幾天之後，我們就置身於哈尼峰下。在爬往山頂途中，黑麋鹿對兒子班雅明說：「今天會有事發生。如果我還剩下一點力量，西方的雷神會聽到我傳出的聲音，至少會打幾聲雷，下點雨。」結果應驗了，但是對那些瓦西楚（Wasichu，印第安人稱說英語的人為瓦西楚）讀者而言，它多少是純屬巧合。那天晴朗無雲，我們抵達山頂時，天空還非常乾淨明亮。那時正值旱季，是老人記憶中最糟的乾旱之一。直到儀式結束前，天空都還晴朗無雲。

「幻景中我站立的地方，就是那裡，」黑麋鹿指著石頭上一個點說：「但環繞四周的世界之環卻不同，因為我看到的是在內心想像的景象。」

他把自己裝扮、彩繪成和偉大幻景中一模一樣，他面對西方，右手拿著神聖菸斗。然後發出一個聲音，在四周廣袤大地中顯得特別微弱，哀戚動人：

嘿—啊—啊—嘿！嘿—啊—啊—嘿！嘿—啊—啊—嘿！嘿—啊—啊—嘿！先祖、先靈，請再次注意看地上的我，傾耳聽我微弱的聲音。你們先活過，你們老過一切，比所有祈禱者都老。萬物皆屬於你們——不論是兩隻腳的人、四隻腳的動物、天空的禽鳥及所有植物。你們設定四方的力量彼此交錯。你們讓幸福之路和恐怖之路彼此交錯；交錯之處就是聖地。日出日落，永遠，你們是萬物的生命。

因此我發出一個聲音，偉大神靈，我的先祖，請別遺忘任何你們創造之物，宇宙群星和土地之草。

當我年紀還小，還可擁抱希望時，你們曾對我說，困難時我應該四次發聲，每一次傳給土地上的一個方位，你們便會聽到。

今天，我為身處絕境的族人發出一個聲音。

你們曾給我一管神聖菸斗，我把它獻上，就是你們現在所看到的。

從西方，你們給我一杯活水和聖弓，代表復甦和摧毀的力量。從白色巨人居住的北方，你們給我神聖羽翼和聖草，代表淨化和治療的力量。從東方，你們給我破曉之星和菸斗；從南方，你們給我民族之環和會盛開的聖樹。你們曾把我帶到世界的中央，讓我看到善、美、綠色大地的強度，大地才是唯一的母親，那裡萬物都有本應具備的真正形狀，你們已經帶我去看，而我也看見了。在此聖環中央，你們曾說我應當讓聖樹開花。

淚流滿面，噢，偉大神靈，我的先祖，流著淚，我現在必須承認，那棵樹從不曾開過花。你們看到我一個可憐的老人在此，已日漸衰老，卻一事無成。曾經，就在這個世界的中心，我小時候，你們帶我來過，並且教導我；現在，我老了，站在這裡，那棵樹正在枯萎，先祖，我的先祖！

再一次，也許是我活著的最後一次，我回想你們賜予的偉大幻景。聖樹也許還有一點根，一息尚存。請滋養它，讓它再度枝葉茂密、花團錦簇、群鳥歌唱。請傾聽我的禱告，那不是為我自己，而是為了族人；我已經老了。請聽我的禱告，引領他們再次回到聖環，找到幸福的紅色之路，及守護的大樹。

我們在一旁聽黑麋鹿禱告的人注意到，薄雲逐漸聚攏頭頂。少許的寒雨開始滴落，還聽到不帶閃電的低沉雷鳴。老人淚水滾落臉頰，他提高音量，尖聲哭叫，並吟唱：「在悔恨中，我送出一個微弱的聲音，噢，世界之六神。請聽我在悔恨中的呼叫，因為這將是一次絕響，噢，願我族生生不息！」

老人在靜默中佇立，臉仰望上空，在細雨中哭泣。
過了一會兒，天空又明朗起來。

——摘自內哈特（John G. Neihardt）《黑麋鹿如是說》（*Black Elk Speaks: Being the Life Story of a Holy Man of the Oglala-Sioux*），1932 年
本書中文版由立緒文化出版

麵包師傅雅各
／賓謝（Noah ben Shea）　美國人，詩人、哲學家，生於 1945 年

小孩放學後去到他的店，身體挨在堆起的麵粉包上。熱烘烘的暖意反射在這些小孩的臉和雅各內在小孩的臉之間。

這種親密的暖意引起雅各反省沉思：「眼界所意味的，往往是我賴以看見眼前事物的距離。」

一個小孩鼓起勇氣問他：「為什麼你會說：『小孩可以看到我只能理解到的事物。』」

雅各有片刻不發一語，他的沉默引得那小孩把臉抬得高高的。

當雅各開始說話，他的聲音帶有一種回憶陳年往事的味道。

「一個小孩子，坐在山丘上，以純真的眼光眺望世界的美。」

「慢慢地，這小孩開始學習知識。他像收集小石頭一樣收集知識，把一塊石頭疊在另一塊小石頭上面。」

「假以時日，他的學識會變成一堵牆，擋在他前面。」

「現在，每當他往外望去，都只看到自己的學識，看不到外頭的景觀。」，

「這讓那個一度是小孩的男人既驕傲又難過。」

「發現自己的困境後，這人決定要把牆給拆下來。但拆牆是需要時間的，而等他完成這工作，他已變為一個老人。」

「老人坐在山丘上，透過自己的經驗眺望世界的美。」

「他理解發生在他身上的事情。他理解他所看見的。但他並沒有真正看見，也永不可能用他兒時那雙眼睛再次看到世界。」

一個小女孩忍不住插嘴：「話是沒錯，但……老人記得他從前看過的東西。」

雅各把頭轉向那女孩。

「妳說得對。經驗是會成熟為記憶，但記憶只是最微弱的真理。」

「你害怕長老（growing old）嗎，雅各？」一個小孩問他，邊問邊咯咯笑。

「會成長（grows）的人永不會老。」雅各說。

——摘自《麵包師傅雅各》（*Jacob the Baker*），1989 年

道德書簡
／塞內加（Seneca）　古羅馬人，哲學家，西元前 4 年—西元 65 年

塞內加生於西班牙的科多巴〔Cordoba〕，後奉羅馬皇帝尼祿之命自裁。在以下的片段中，我們可以略窺古羅馬時代年老奴隸的狀況，而這是大多數古代文獻都闕如的。

不管去到哪裡，我都可以看到顯示出我已年老的跡象。最近我回羅馬城外的舊居巡視，感慨於要維持這老舊莊園的花費有多麼巨大。管家告訴我，不是他疏於職守，他該做的都做了，實在是房子太老舊，無法保持原貌。這房子是我親自督建的——如果我親自督建的房子都老態龍鍾，那我自己又能好到哪兒去呢？我生氣了，便藉一適當機會對他大發雷霆。我說：「這些懸鈴木樹明明就沒照顧好。葉子都沒有了，樹枝節節疤疤，樹皮一塊塊剝落，樹幹斑斑駁駁。如果有人給它們鬆鬆土，澆澆水，就不會是這個樣子。」管家當著我面前發誓，說他確是盡了全力，但就是全不管用，因為那些可憐的樹實在太老了。唉，告訴你們一個祕密（可不要告訴別人），這些樹都是我親手栽種，親眼看著它們第一次發芽吐葉。當我往大門走去時，看見守門者是我不認識的人，便問管家：「這衰翁是誰？這扇門由他看守最是適合不過，因為他顯然過不久便要從這大門被

抬出去。但我好奇你是從哪裡把他弄來的？你是發了什麼瘋，把別人的屍體給偷來？」但那人對我說：「你不認得我了？我是費利西奧，你以前常常在農神節送玩偶給我。我是你僕人菲洛西特斯的兒子。我小時候是你的玩伴。」「這個人肯定是瘋子。」我說，「他竟然說小時候是我的玩伴。不過他的話也有可能是真的：看看，他就像個小小孩一樣，一顆牙齒都沒有了。」

——摘自《道德書簡》（*Epistolae morales*），西元 63—65 年

熱情的朝聖者

／亨利．詹姆斯（Henry James） 美國人，小說家，1843—1916 年

年老的容貌是怎樣來到的？……它是未被觀察、未被記錄、未被測量地自己來到的嗎？或者你得哄它，下餌設陷阱誘它，盯著它如同盯著一支海泡石的菸斗頭逐漸泛褐變黃；一等它探頭冒出來，當下就地逮住它，然後在它下方點獻一支小燭，每日上香謝謝它？還是你卯盡全力抵抗它，卻仍然發現它就像命運一樣無可抗拒，會慢慢在你身上沉澱和深化下來？

——摘自《熱情的朝聖者》（*A Passionate Pilgrim*），1871 年

無年歲的靈魂

／廖沙（Eda LeShan）　美國人，心理學家，1922—2002年

我在寫一本談中年的書時，一位海洋學家問我，知不知道任何關於龍蝦的事？「龍蝦？抱歉，在我好奇事物的名單裡，龍蝦不是據有很高的位置。」聽了之後，他說：「好，那我來告訴你。你曉不曉得龍蝦知道自己何時會脫殼？隨著愈長愈大，龍蝦身體會在三磅重的殼裡變得非常擁擠，非常不舒服，如果繼續待在殼裡，就無法活下去。所以，牠們必須脫殼，經歷一段在大海裡沒有保護的階段。這是非常危險的，因為有可能會撞上珊瑚礁，也可能會被另一隻龍蝦或魚給吃掉。但牠們非脫殼不可。脫去硬殼後，他們身上只剩一層粉紅色薄膜包裹，這層薄膜會慢慢變厚，最後成為一個更硬但更大的殼。」

起初我對此毫無感覺，但未幾即變得對龍蝦著迷。我會反覆去想龍蝦脫殼這回事，心想那真是再有意思不過。我還會夢見這情景。最後，我向我的治療師提及此事，她說：「艾達，這就是何以你會著手寫那部論中年的書。即使危險，你仍然要往珊瑚礁而去。」這確實是我的人生哲學，到了目前年紀尤其如此。**如果一個人老是僵在原有狀態，便等於在死之前就死掉。**

——摘自《無年歲的靈魂》（*The Ageless Spirit*），1992年

女性的過渡儀式

／克莉絲汀·唐寧（Christine Downing）　美國人，哲學與宗教學教授，生於1931年

五十歲生日那天，我意識到：如果我會活到像我媽媽那麼老，那此刻我就是剛開始過成年人生的後半部分。我知道自己正從成年期（adulthood）的早期邁入成年期的後期。我會知道這個，乃因為我是女人，而在女人，這種轉變會有一個明確的生理現象作為標記：停經。我懷疑，這種生理轉變會影響到我的社會、心理和靈性等各方面，而且影響是那麼大，以致會讓大部分男性談論中年危機的作品顯得不著邊際（對男性而言，老去是一個連續的過程）。然而，我幾乎完全不知道有哪種鮮明的女性方法可以在這旅程為我導航，而我所身處的文化又從未在這方面為我有所準備。我感覺孤單、手足無措，有點害怕，另一方面又好奇和有所期待。我站在一個無比重大的人生轉變的邊緣，卻沒有任何神話和儀式可以作為憑藉。類似的神話和儀式在歷史上屢見不鮮，它們幫助婦女可以帶著盼望、尊嚴和深度來經歷這個轉變。

我知道，在一些傳統文化裡，在人從出生到死亡之間的各階段，都會有一些儀式，幫助他們從一個社會範疇或生命階段過渡到下一範疇或階段。有時，個人必須單獨經歷

這種轉化，有時則會在同伴的陪伴下經歷。范根內（Arnold van Gennep）在他出版於七十五年前的經典著作《過渡儀式》（*Les rites des passage*）中指出，參與這一類儀式被認為是人生不可少的：

> 對個人以至群體而言，生命本身意味著被分離和再連結，意味著改變形式與狀態，意味著死而復生。那是行動和停止、等待與休息，然後再開始行動，但這一次是以一種不同的方式行動。每個人總是有新的門檻要跨過：冬與夏的門檻、季與年的門檻……出生的門檻、青春期的門檻、成熟的門檻、死亡的門檻，再來還有（對信徒來說如此）死後生命的門檻……
>
> 在某些人群看來，人生的系列轉變不是孤立的，而是跟天體的移動、行星的旋轉和月亮的月相有關。他們透過某種前科學的占卜方法，把人類的生命階段關連於動物和植物的生命階段，又由此連結於更大的宇宙韻律。

過渡儀式是用來揭示某些看似是個人危機的事情（性成熟、產子、疾病、遠行、死亡），其目的是整合個人與超個人（transpersonal）。透過參與這一類儀式，個人會發現他的苦痛與茫然並不是他所獨有。要放棄熟悉而珍愛的人生形態必然會帶給人痛苦，但這種痛苦乃是人作為人所必然會經歷的，是弗洛依德所說的「普遍的不快樂」（common unhappiness）。由於過渡儀式是公共性的，參與其中便會獲得一種保證，使一個人在通過引入經驗（initiatory experience）後變成一個全新的人。這時，不只他自己會覺得變成一個不同的人，別人也會把他當成一個不同的人對待。過渡儀式總包含相同的模式：被隔離（separation）、被引入（initiation）和重新被整合（reincorporation）。參與這些儀式可以讓人懂得欣賞生命的節奏，讓人感到進入下一個人生階段只是去了別的地方，不是走入死胡同。這些儀式還經常有神話作為補充，它們講述一位原初的男神或女神（或是英雄或英雌）如何經歷過同樣試煉，最後發現隱藏在其中的奧祕。這些儀式和神話有助於減輕重大人生轉化階段對個人或團體所可能產生的有害影響。

雖然現代社會少見這一類明顯的轉化儀式，但類似的引入模式說不定猶在作用著（那怕只是在潛意識的層次作用），會在我們經歷某些重大挑戰時作用於我們的想像力與夢中。以利亞德（Mircea Eliade，芝加哥大學教授，哲學家，1907—1986）相信，這種模式可見於「精神危機中，而任何人若想得到一個負責任、真實和創造性的人生，都必須經歷過孤獨和絕望的階段」：

> 就算這些磨難的導引性格不為當事人所知，但無疑的，人只有在解決了一系列嚴重的困難後，甚至是通過了一系列凶險的處境後，才會變成自己。換言之就是經歷過「折磨」與「死」之後，會對另一個生命甦醒，透過重生而變得截然不同。如果仔細觀察，我們就會發現，沒有人的人生不是由一系列的磨難構成，不是由一系列的「死」與「復活」構成……引入居於任何本真人生的核心。

讓我難過的是，每逢有人談及有關月經或停經的神話，都是把這些神話說成是虛假、荒謬和出於厭女情結所作的扭曲。我不能相信，我是唯一渴望跟這些女性人生的神祕事件發生更多象徵性關連的人。當我們把這些深邃的轉化階段看成無足輕重，看成是不名譽、孤立事件和禁忌時，我們與它們的關係便會大幅縮小，而我們與我們自己和我們姊妹的關係也會因而大幅縮小。

——摘自《女性的過渡儀式》（Female Rites of Passage），載於《穿過更年期之旅》（*Journey through Menopause*），1987年

太空老媼
／尤姝拉．吉恩（Ursula K. Le Guin）　美國人，小說家、詩人，生於1929年

「更年期」大概是我們能想像中最讓人掩鼻的話題。這挺有趣的，因為這顯示出，在我們這個「禁忌」寥寥無幾的社會裡，「更年期」話題是殘餘的「禁忌」之一。現在，任何人若是嚴肅地提到「更年期」三個字，聽者的反應總會不自在並保持沉默；又若是一個人是以開玩笑口吻說出這三個字，那對方的反應一般都是吃吃竊笑。不管是沉默或竊笑的反應皆明確地顯示出，「更年期」是一個「禁忌」話題。

大部分人大概會認為「更年期」是個醫學用語，而「人生的改變」（change of life）是

它的委婉語，可以讓人在不得不提到這碼子事時較好啟齒。然而，在我這個正經歷這種改變的人看來，事情可能是剛好相反：「人生的改變」一詞太坦白、太事實性了，毫無拐彎抹角的成分，反觀「更年期」一詞卻因為暗示這階段只是暫時性的①，讓它顯得只是小事一樁。

事實上，這「改變」絕不是小事一樁，而我好奇，有多少女性真有勇氣坦然面對這個過程。大多數女性在失去生育能力時都是不情不願的，又以為更年期所意味的不過是失去生育能力。她們會說：最起碼我現在不用受罪了，而我現在有時會感覺憂鬱，不過是荷爾蒙作祟；不管怎樣，現在我又變回我自己了。但這種心態只是在規避真正的挑戰，它會讓人不只失去排卵的能力，還會讓人失去成為一個「老媼」（Crone）的契機。

在舊日，那些夠長壽以致可以到達更年期的女性會更願意接受這個挑戰。這是因為，她們畢竟已經實習過。她們的生命前此已經經歷過一次激烈變化，那時，她們從處女變為成熟女性／妻子／主婦／母親／情婦／妓女等等。這轉變不只是一種生理變化，還是一種社會身分的公認改變：從「神聖」（the sacred）的狀態變為「世俗」（profane）的狀態。

然而，在今天，就連「處子階段」（virginity）也已經被完全世俗化，其結果就是，「處女」這個一度讓人敬畏的詞語會被人拿來開玩笑，不然也是個有點過時的用語，僅

①英語 menopause（更年期）一詞中的 pause 有「暫停」的意思。

指未交媾過的女子。也因此，人們遂看不出來，「第二次轉變」（the Second Change）可以是一個讓人獲得或重獲危險／神聖（dangerous/sacred）狀態的契機。

「處子階段」現在變成了一個候車室，能愈快離開愈好；它變得毫無意義可言。老年同樣變成一個候車室，專供那些被認為人生已結束的人使用，到那裡去等候癌症或中風的來襲。所以，月經歲月前後的年月都變成是發育不全，婦女唯一有意義的狀態就是能生育的狀態。有趣的是，這種意義性的限縮又是與另一個發展同時發生：隨著避孕藥品和器具的出現，生育能力變得與女性的「成熟」了無關係，頂多只是一種次要特徵。所以，在今天，「成熟」的意義變得不是有能力生育，而是有能力進行性事。而由於青春期和老化期的女性一樣有這種能力，遂使得人生階段的界線被模糊掉，甚至完全泯滅掉。既然女性的人生不被認為有重要的階段轉化，過渡儀式亦變得無存在需要。現在，三合女神（Triple Goddess）②變得只剩下一張臉，而這張臉也許可以用瑪麗蓮．夢露的臉作為代表。從十歲或十二歲以迄七十或八十歲，女性的整個人生變成是世俗的、劃一的、不變的。由於「處子階段」不再被認為具有任何美德，更年期也不再被認為具有任何意義可言。

女性因為模仿男性的人生狀態，遂棄守了自己一個堅強陣地。男性一向害怕處女，但他們卻有一個辦法治療這種害怕和破壞處女的處子之身：幹（fucking）。男性也害怕老嫗，但他們用於處女的那一招卻對老嫗不管用。面對已經自我完成的老嫗，除了最勇敢的男人之外，其他男人都會畏縮、垂頭喪氣和不舉。

然而，「停經宅邸」（Menopause Manor）並不只是一座防禦性的要塞，而且還是一個家，備有各種的生命必需品。如果放棄它，女性就會縮限自己的領地，貧化自己的靈魂。有些事是「老女人」（Old Woman）能做、能說、能想而「女人」（Woman）不能做、不能說、不能想的。「女人」在能做、能說和能想這些事以前，她需要放棄的不只是有月經的階段。她還必須起而改變自己的生命。

這種轉變的性質現在已比從前更清楚。老年不是處子階段，而是第三種狀態，是一種新的狀態：處女必須禁慾，但老嫗卻用不著。這一點曾有過混淆，但因著避孕藥的發明，隨著女性性功能與生育功能被區分開來，現在已得到釐清。失去生育能力並不意味失去性慾。但它確實會帶來一種改變，而這改變牽涉的事情比「性」還重要。

願意作出這種轉變的女性都必須能夠孕育自己。她必須懷上自己，必須孤單和艱苦地懷上她的第三個自我、她的老年。沒多少人會在這件事情上幫助她。更可斷言的是，當她開始陣痛時，不會有個男性的婦產科大夫拿著鑷子，站在旁邊待命，隨時準備好為她注射止痛劑和整齊縫好撕破的子宮黏膜。這年頭，她甚至難以找一個傳統的產婆幫忙。懷孕時間將會很漫長，臨盆過程將會很艱辛。只有一件事情比這更艱辛，那就是人生最後一件事，而那是連男性都必須經受的。

當然，一個人如果已經生產過別人或自己，那他面對死亡就會從容得多。這可以作為一個論證，指出女性經受許多不舒服和尷尬而變成一個老嫗是值得的。不管怎樣，規

②三體合一的女神，有三張臉。

避一個內建的過渡儀式和假裝什麼都沒變是可惜的。這相當於規避自己是個女人，假裝自己是個男人。男人一旦成年，便不會有第二個再生的機會。他們永遠不會再有改變。這是他們的損失，不是我們的。所以何必向他們借貸貧窮？

當然，在面對停經這樣一個明顯的改變信號時，努力保持不變、保持年輕是需要勇氣的。但那也是愚蠢的，拿自己來受罪，這種勇氣，更適合由一個二十歲的男孩來做，而非一個四十或五十歲的女人。就讓運動員為桂冠而早死吧！就讓士兵去贏得紫心動章吧。至於我們女人，則讓我們活得老才死，以白髮加冕，帶著一顆人的心。

如果牽牛星系第四號行星的友善原住民派一艘太空船來訪，而有禮貌的船長這樣說：「我們太空船空間足夠多載一位乘客，所以，不知你們是不是可以讓一位人類與我們一起回家，好讓我們在漫長的回程途中，可以有人聊聊天，從而也能以他為範例，瞭解人類的特性？」這時候，我猜大多數人都會認為應該派一位長相佳、聰明、受過高等教育和體能處於巔峰狀態的年輕人從事這任務。俄國的女性宇航員將是最適合的人選（美國的女太空人大部分都太老了）。一定會有好幾百個甚至好幾千個夠資格的志願者。但若是由我來挑選，我將不會選他們任何一個。我也不會挑任何年輕婦女作為志願者，不管她們此舉是出於高尚動機和知性勇氣，還是因為深信牽牛星系的生活環境對女性來說不可能比地球更差。

我會去鄉村的菜市場，從販賣小飾品的櫃臺或檳榔攤後面，挑一個年過六旬的老婦人。她的頭髮將不會是紅色、金色或烏黑亮麗，她的皮膚將不會是水嫩有彈性，她也不會有永保年輕的祕訣。然而，她也許會讓你看一張她孫子的照片，而這個孫子在內羅畢（Nairobi）工作。她對內羅畢位在哪裡不甚了了，卻非常以孫子為榮。她一輩子都賣力苦幹，幹一些無足輕重的工作：如煮飯、洗衣、帶小孩，賣小飾品之類。她一度是個處女（很久以前的事），然後是一個生殖力強的女性，然後進入更年期。她已經生產過好幾次，面對過死亡好幾次——每一次生產就是一次死亡。現在，她每天都會更接近一點最後的生／死（birth/death）。有時，她的腳會痛得厲害。她從未受過什麼教育，與生俱來的潛力被白白糟蹋，但如此尋常的一種罪行理當逃不過牽牛星人的法眼。不管怎樣，她都不是啞巴。她有豐富的常識、風趣、耐性和從經驗得來的機靈——這些，牽牛星人也許會，又也許不會看成智慧。如果他們比我們聰明，我們當然不會知道他們是怎樣看。然而，如果他們真比我們聰明，就理當看得見我們最內在的本性（這東西我們都只是假設其為存在）。不管怎樣，因為牽牛星人具有好奇心又友善，我們就應該給他們我們最好的。

麻煩的是，她會非常不情願當志願者。她會說：「像我這樣的老太婆在牽牛星系能幹什麼？」「你們應該派一個男性科學家去，他們才會跟那些長相滑稽的綠色外星人有話好聊。季辛吉博士也許勝任。或者派個薩滿巫師去如何？」你很難向她解釋，我們會想派她去，是因為只有像她這種經驗過、接受過和活出過全部人類處境（其基本特質是「變化」）的人，才有充分資格代表人類。「我是這樣的人嗎？」她會帶點靦腆地說，「但我什麼都沒有做過。」

但這話並不可靠。雖然不肯承認，她其實知道，季辛吉博士從未去過也永遠不會去她曾去過的那些地方，而科學家和薩滿巫師也從未做過她曾做過的事。進太空船去吧，老奶奶。

——〈太空老嫗〉（The Space Crone），1976年

中點

／凱絲．科扎琴科（Kathy Kozachenko）　美國人，當代（人權領域）

她隱忍了
二十五年，
然後，像是鋪開一桌飯菜般，
把怒氣攤在桌上。

「我已偷回我的
人生。」她說。
「我已經佔有了
雨水、太陽和

青草。」她說。

「妳說話怎麼
像個瘋女人。」
他說。

「我的雙手是岩石，
我的牙齒是子彈。」
她說。

「妳是
我太太。」
他說。

「我的喉嚨是鷹隼，
我的胸脯
是兩團白色颶風。」她說。

「別說了！」他說。
「妳再說我便要
把醫生找來。」

「我的髮
是黃蜂的巢；
我的唇
是條瘦蛇，
等著咬人。」

之後，
他自己煮了晚餐。

醫生的診斷：
是一般的更年期（change-of -life）症狀。

她自己也診斷
那是一種「人生的改變」（change of life）。

出院那天，
她對她的女性友人說：
「我的雙頰是
一隻年輕處女鴿子的
雙翅。
親吻她們吧。」
——〈中點〉（Mid-Point），1978 年

現在就給我成熟
／史坦嘉頓（Jeffrey Steingarten）　美國人，美食評論家，生於 1942 年

難道熟成（ripening）不是一種混亂、衰敗的過程，代表著一顆水果的果肉和果皮，漸次走向所有生命必然趨向的死亡與腐朽？你是哪來這種想法的？熟成是一個具有嚴格結構性和程式化的過程，在這過程中，水果會經歷一系列的變化，讓它們可以準備好誘惑四周任何雅好美食的動物。期間，水果所發生的任何變化幾乎都會讓它變得更誘人。這時，它的種籽已經準備好發芽。

這是一種近乎宗教性解釋目的論式的解釋嗎？是又如何？

熟成開始於何時？熟成只能開始於果實已經成熟（mature），到達最大體積和預定形狀之時。水果若是未成熟前便被摘採，將永不會熟成。即便水果是成熟之後才被摘採，它也不會有機會經歷熟成的全部變化，只會經歷其中一些。

熟成一共包括多少種變化？十二種，但我只會談其中一部分。大部分水果都會合成出一種稱為多聚半乳糖醛酸酶（polygalacturonase）的酵素，其用途是攻擊那些把水果細胞牢牢裹結在一起的膠質。經過這步驟之後，細胞便會鬆開，水果便會變軟，使它多汁；另外，細胞也會濺出它的內容物，讓水果變得多汁。蘋果不會產生多聚半乳糖醛酸酶，因此，直到變壞為止，果肉都會維持脆脆硬硬的。大部分水果還會產生一種天然的蠟質以保護表皮，可以在水果離開水供應源後減低水分流失的速度。

水果熟成之後會比原來甜上許多。它們有些業已貯存起相當多的澱粉或寡糖（如葡萄糖）。它們會合成出各種酵素，以把這些澱粉或寡糖轉化為蔗糖或果糖之類的濃甜糖類。另有一些水果則只會讓自己被甜汁液充滿，但這種事只會發生在尚連接於母株之時。大部分水果熟成後酸度都會減低，因為它們所含的酸會在其他熟成過程中耗盡。一般水果只消一到兩星期便可從充分成熟進入完全熟成的狀態。

——摘自〈現在就給我成熟〉（Ripe Now），1992年

當成熟的果實掉落

／勞倫斯（D. H. Lawrence）　英國人，小說家、詩人，1885—1930年

當成熟的果實掉落
其香甜點滴滲入大地的血脈。

當自我完成的人離世
其人生的精油進入
生存空間的血脈，為原子
為永恆混亂的身軀增添光澤。

因為空間是有生命的
靈動有如天鵝
其羽毛因人生所提煉的精油
閃爍出如絲光澤。

——〈當成熟的果實掉落〉（When the Ripe Fruit Falls），1929年

靈魂與死亡

／榮格（Carl G. Jung）　瑞士人，心理學家，1875—1961年

當我們看見一個青年為遙遠的目標奮鬥，努力形塑未來，另一方面又看見一個殘弱的老人不情願卻沒法子地慢慢走向墳墓時，兩人的生命意義在我們眼中是多麼大相逕庭啊！我們習慣於認為，年輕歲月是有目的、有未來、有意識和有價值的，反觀走向生命盡頭的則只是了無意義的終結。如果一個青年害怕這世界，害怕人生和未來，那每個人都會覺得他可悲、荒謬而神經過敏；他會被認為是個怯懦的逃避責任者。但如果一個老者想到自己餘年無幾心生畏懼悄然顫抖，我們會心有戚戚，顧左右而言他。我們不會用要求青年的標準來要求這個老人家。當然，遇到任何不幸事件，我們總有一兩句現成的陳言可以拿出來安慰別人，例如：「人總有一死」或「沒有人可以活到永遠」。然而，每當夜深人靜，我們一個人獨處，心裡數算著自己大概還有多少年好活時，會心生惶恐，並滿懷愁苦地想到牆壁所透出的漆黑最終會把我們所愛、所擁有、所嚮往、所為之奮鬥的人事物給吞噬。這時，我們對人生的所有哲思都會煙消雲散，而恐懼會像一張讓人透不過氣的毯子那樣包裹著我們的無眠之夜。

許多青年對人生都有一種發自心底的恐懼，然而，有為數更多的老年人對死亡懷有

相同的懼怕。在我認識的人之中，那些在年輕時最為恐懼人生者，到了晚年通常也會特別害怕死亡。你可以說，這些人既在年輕時對人生的正常要求表現出幼稚的抗拒，待入老後又再次表現出對人生正常要求的抗拒。我們都太相信死亡純粹是一個過程的結束，以致沒有想到，死亡也可以是一個目標或一種完成；反觀我們，總是毫不猶豫地認定年輕歲月的目標和目的就是往上爬升。

生命是一個能量過程。就像一切能量過程一樣，生命在原則上是不可逆的，因此總是毫不含糊地向著一個目標邁進。其最終目標就是靜止狀態。世間生發的一切莫不是開始於原有靜止狀態的打破，再從最初的擾攘努力回歸到靜止狀態。生命的目的性歷歷分明的：它本質上是朝一個目的奮進的。生物體乃是一個以目標為指向，追求自我實現的系統。每個過程的終點就是它的目標。所有能量之流就像一個拚盡全力向目標跑去的跑者。年輕人嚮往的是世界和人生，是一些遠大希望的目標，這是生命一種明顯的目的性驅力；然而，如果一個人在這過程中的某一點，戀棧過去或是畏縮於冒險，他就會害怕和抗拒人生。同樣地，人在到達成熟和生理的高峰點之後，仍然不停歇地朝一個目標邁進。中年之前，人總是激烈而不能自已地向上奮進，到了中年以後，仍然激烈而不能自已地奮進，不過這一次變成是向下奮進，此時，他的目標已經不再是山峰，而是他當初開始往上爬的那個山谷。生命的曲線就像是一件拋射體的拋物線，它開始於原先靜止狀態所發生的擾攘，然後再復歸為一種靜止狀態。

然而，生命的心理曲線卻拒絕服從這條自然律。有時，這種拒絕服從會出現得很早，在生命向上爬升的早期便告發生。就生理的層次而言，我們在人生的前半段總是不斷向上爬升，但在心理的層次，我們的生命卻可能會滯後。我們可能會激烈抗拒長大，緊緊抓住童年不放，就像我們若是被撕離於童年便會死掉。我們弄停時鐘的指針，幻想時間可以被停住。然後，經過一些遲滯之後，我們終於還是到達峰頂。這時，再一次地，我們可能想停下來休息。雖然我們看見自己正從另一邊山坡開始向下滑，卻戀戀不捨地不斷回顧那個我們已到達過的峰頂。即便承認我們當初曾因為恐懼心理延誤了向上爬的時間，但正因為這種延誤，我們現在反覺得更有理由不離開峰頂。雖然也許明知這種抗拒是徒勞，知道生命的軌跡不容改變，但我們置之不理，繼續設法讓它停下來。如此一來，我們的意識便失去了它的自然基礎：它不理會生命的拋物線以愈來愈快的速度往下墜，一任自己繼續懸浮在半空中。

自然的生命軌跡乃是靈魂的沃土。任何拒絕與生命軌跡同步的人都會變得懸空、僵化。這就是為什麼許多人入老後會變得像槁木的原因：他們老是向後看，執戀過去，心裡充滿著對死亡的悄然恐懼。他們因為從生命過程中退縮（至少心理上如此），遂變得像戀舊的鹽柱般，僵固起來，只對青春歲月保持著鮮明記憶，卻與當下毫無具體的關連。從人生的中期開始，一個人只有準備好與生同死，才算是繼續活著。因為在人生中午的祕密鐘點，拋射體會逆反過來，而死就是生。人生的後半部分並不意味上升、開展、增加和茂盛，而是意味著死亡，因為死亡就是它的目標。想與生命的實現討價還價，不啻於拒絕它的結束。兩者都意味不想活著，而不想活著相當於不想死亡。盈與虧構成同一條曲線。

我們的意識總是百般拒絕順應這個無可否定的真理。我們抓住過去不放，妄以為可以留住青春，並就此變得僵滯。「老」變得非常不受歡迎。沒有人想過，**拒絕接受長老的事實無異於不肯穿兒童尺碼之外的鞋子，其荒謬不言自喻。一個人到了三十歲還幼稚固然是可悲的，但難道一個「年輕」的七旬老翁又是值得歡慶的嗎？**兩者都違反常理，都缺乏風格，可說是一種心理上的畸形。年輕人若是不奮戰不進取，便會錯失青春歲月最美好的部分，但一個老年人在從山峰顫抖著走下山谷時，若還未學會聆聽溪水的密語，將是一樣可悲：他只是行屍走肉，是過去所留下的一具殭屍。他已經離開了生命，只會機械性地重複做一些最微不足道的瑣事。

從統計數字可以得知，今日的人會比較長壽，是現代文明的一種產物。原始人極罕見能夠邁入老年。例如，當我造訪東非的原始部落時，極少看見有超過年約六十歲的白髮老者。但他們全都顯得很老，看起來就像一直以來都那麼老，已經充分融入自己的年紀中。他們在各方面都和自己的年齡相適。反觀我們卻總是顯得比實際年齡年輕或年長。情形就像是我們的意識不知怎地從它的自然基礎中偷溜了出來，以致不太曉得要怎樣跟自然的步調合拍。情形就像是我們受到了一種意識的**傲慢**所愚弄，誤以為人生的時間只是錯覺，是我們可以隨心改變的（值得一問的是我們意識這種牴觸自然的能力是從何來，又意味著些什麼。）

就像任何拋射體都是以靜止為目標一樣，生命也是以死亡為目標。即便是其往上爬升的階段，亦不過是達到這目標的步驟和手段。這個說法看似弔詭，但它只是從一個事實邏輯地演繹出來，那就是，生命是為一個目的而奮進，並受該目標所規範。我不認為這只是在玩三段論戲法。我們既然認定生命的爬升階段包含著目標和目的，則何以不能認定生命的下降階段也如此？**既然相信人的誕生富含著意義，則何以不能相信死亡也是如此？既然一個小孩要花二十多年時間為充分發揮自己潛質而準備，則一個成人何以不能花二十年或以上的時間為死亡預作準備呢？**如果說一個人在到達人生頂峰時會獲得許多的話，那他在死亡時又會獲得些什麼呢？

對於這個問題，我並不準備從口袋裡拿出現成答案，要求讀者做沒有人（包括我本人）做得到的事情：即相信那是絕對答案。所以，我並不準備要求各位相信，死亡只是一種重生，可以帶給人另一段生命。但我至少可以指出，世界各大宗教對於何謂死亡都斷然有一種普遍共識。我們甚至可以說，大部分這一類宗教都是一個為死亡作準備的複雜系統，而且它們就像我在上述所提出的弔詭說法那樣，相信生命若不是為死亡這個終極目標而作的一種準備，就毫無意義可言。基督教和佛教這活躍至今的兩大宗教都認定，**生命的意義是在生命的末端達到極致。**

——摘自〈靈魂與死亡〉（The Soul and Death），1934 年

莊子

／莊子　中國人，思想家、哲學家、文學家，西元前四世紀晚期至西元前三世紀初期

莊子前往楚國途中，看見路旁有一個骷髏頭，光禿禿而完整。他用馬鞭敲敲骷髏頭，問它：「夫子是因為野心太大，做出踰越法度的事情，以致落得這般田地嗎？還是因為遇到亡國禍事，被刀斧砍殺成這個樣子呢？或者是你有不良的行為，唯恐留給父母妻子惡名，羞愧而自殺呢？或者是因為有凍餓的災禍而死亡呢？又抑或是你的天年已盡，故而壽終？」

問完了，他就拿骷髏頭當作枕頭睡覺。半夜時分，骷髏頭託夢給莊子說：「聽你的言談，很像是個辯士，而你所說的皆是人活著時會有的累贅，人死後就沒有這些問題了。你想聽聽從死人的角度看，死是怎麼一回事嗎？」

莊子說：「想。」

骷髏頭說：「死後，我上無君王，下無臣民，也無四時的變化，安然與天地共長存。即便是帝王的快樂，也不能相提並論啊！」

莊子不相信，就說：「若是我囑託掌管生命的神靈，恢復你的形體，再生你的骨肉肌膚，讓你回鄉與父母妻子朋友親戚團聚，你願意嗎？」

骷髏頭眉頭一皺，回答說：「我怎麼可能願意拋棄這帝王般的快樂而再回人間受苦呢？」

子祀、子輿、子犁、子來四個人互相說：「誰能夠把『無』當作頭，把『生』當作脊樑骨，把『死』當作脊尾骨？誰知道生死存亡是一體的道理呢？若有這種人，我將會跟他交朋友。」

四個人相視而笑，心心相印，就結成知交。

不久子輿生病，子祀前去探望他。子輿說：「你看造物者是不是很神奇，竟把我變成這副扭曲畸形的模樣：背骨向上凸起，五臟被拉到身體上方，下巴下陷到肚臍中央，雙肩高過頭頂，辮子指向天空，陰陽二氣也錯亂失調了。」

子輿心情依然閒適，對自己的病情滿不在乎。他拖著蹣跚腳步，走到井邊，望向井水中的倒影，說道：「看，造物者真把我變得有夠扭曲畸形！」

子祀問他：「你嫌惡自己現在的樣子嗎？」

「才不會，」子輿回答說：「我幹麼要嫌惡呢？造物者若繼續巧施造化，把我的左臂變成公雞，我便叫牠給我報曉；假如我的右臂扭曲而變成彈丸，我便用它來打貓頭鷹烤了吃。假使把我的脊尾骨變作車，把我的精神變作馬，我便用它們來乘坐，豈不是不用另覓車馬了？我會獲得生命，是時機使然；我會喪失生命，是因為時機的遞變。安於時機而順受變化，則哀樂皆無法侵入到心中來了。這就是古人所說的解脫了倒懸之苦，那些不能自解的人，是被外物束縛住了。人不能勝天，自古而然，我有什麼好厭惡的呢？」

不久，子來也生了病，喘氣急促，行將死去，妻兒圍在床前哭泣。子犁前往探望，看到這情景，便喝斥說：「嗤！走開！不要驚擾生成變化的過程！」

他靠著門對子來說：「造物者何等奇妙啊！他又將把你變成什麼，將把你送到何方？是要把你變化成老鼠的肝臟，或是蟲蟻的臂膀嗎？」

子來說：「無論父母吩咐子女前往東西南北，子女無不聽從。對人來說，陰陽變化無異於父母，若它命我死，而我不聽從，我就是忤逆不順了，它有什麼過錯呢！**天地給我形體，用『生』使我勞苦，用『老』使我清閒，用『死』使我得安息。所以，若我把『生』看成好事，便也該把『死』看成好事。**要是有一個高明鐵匠鍛冶器物，鎔爐裡的金屬卻跳起來說：『我非要當莫邪寶劍不可』，則鐵匠必然認為這金屬是不祥之物。相同道理，若我只因一時得到了人的形體，便大聲呼喊：『我非要當人不可』，則造物者一定會認為我是不祥之人。天地就是一口大鎔爐，造物者就是一位高明鐵匠，若是如此，我何往而不自適？我將會安然入夢，然後又驚喜地醒過來。」

——摘自《莊子》

自畫像／瑪格莉特・伯克—懷特（Margaret Bourke-White）

美國人，攝影家，1904—1971年

我的神祕疾病開始得無聲無息，以致我幾乎不相信自己有哪裡不對勁。唯一的異象只是上下樓梯時會感覺左腿微微麻痛。稱之為「痛」有點誇大，因為它唯一讓我感受到的，只是腿上的脛骨無法再充分勝任載負著一位攝影師到處行動。這種不適感和我以前有過的任何疼痛都不相同。我做夢也沒想到這是我人生被圍困的開始，不知道我將要在自己的字典裡加入一個新詞：「無藥可治」。

有半年時間，我的症狀沒有惡化，唯一變化是那種麻痛感覺會以任意方式轉移到我其他部分，甚至入侵到我的手臂。不過，此時它的遊走範圍還只是侷限在左半身。然後，另一個微小但古怪的變化又潛入我的人生。我發現，每當坐了一小時（如吃過一頓晚飯後），要從桌邊站起來的時候，我前三步腳步都會有點奇怪的彆扭。踏出第四步便恢復正常。我第一次遇到這種困難是在東京新聞會社的一個餐會上，而在那之前，我已經進出過韓國許多次。

我對彆扭的步履備感難為情，便想出一些小法子來掩飾，例如故意讓手套掉到地上，站起來之後先彎腰撿起。這些法子可以讓我拖延一點點時間，恢復行走自如的能力。我向每個我偶然碰上的醫生求教，但我的症狀在他們眼中（在我自己眼中也是一樣）顯得殊少意義。

回到美國後，我發現症狀沒有消失，便到處求教專家，這過程又累人又耗時。我因此認識了一長串病名，但無一是我得的病。我沒得癌症、沒得心臟病、沒得小兒痲痹症，也沒得關節炎。我採訪過兩場戰爭，但都無病無痛，無災無難。我一向對自己的健康和耐力自傲不已，深信強壯的男人也許會倒斃路邊，但我卻是「打不死的瑪姬」。

~

然而，幾個星期後，發生了一件讓我嚇破膽的事，讓我不再敢鬼扯自己「打不死」。我發現自己逐漸喪失在打字機打字的能力，哪怕我用的是電子打字機，按鍵輕如羽毛。我的手指變得太僵硬，無法隨心所欲到達按鍵。例如，C字鍵就像是離我幾里遠，不是我的手指所能抵達。當時我正在寫作這部書。我不喜歡用口授方式來寫作，因為說到寫作，最能讓我文思泉湧的是打字機。我開始驚恐萬分，擔心自己會不會連手頭這書也無法寫畢……

自此以後，我不錯過任何一個能做運動的機會。例如，有一次，《生活雜誌》委託我去拍攝科羅拉多沙塵暴，包括一些空照圖。為了趕在日出前與飛機師會合，我照理應該把鬧鐘調在早上四點，但我卻調成三點三十分，以便利用多出來的時間捏報紙。每當我離開睡了一個晚上的招待室或汽車旅館時，房間地板會撒滿爆米花大小的紙屑：那是我把報紙撕碎後捏出來的。不管是坐飛機、火車還是巴士，每次走出這些交通工具時，我的座位下面也會是布滿爆米花球。一間陳設完備的飯店浴室是做運動的最佳地點，它掛在暖水龍頭下方的漂亮土耳其浴巾很適合扭擰。浴室踏毯是最後一件運動器材。每次把攝影器材裝好箱，匆匆把手提行李箱塞得鼓脹後，我會走入浴室，把踏墊擰成一團，扔進浴缸，再走出房間。

❧

對我的鬥志貢獻厥偉的一點是，我發現自己某種程度上仍然能繼續工作。工作對我而言是神聖事務：寫書對我很重要，攝影則是我的專業。我最害怕的事莫過於人們知道我的病況後會為我著想，減少我的工作量。不過，與我合作的主編都很神奇地知道我的心思。當我告訴他們，醫生吩咐我一天要走四英里的路時，他們會聳聳肩，想一想，然後派給我一些我有很多機會跑、跳、攀爬的任務。

❧

因為不知道得的是什麼病，我便想像自己是得了一種罕見疾病。其實我的醫生不需要那麼猶豫地對我說出病名。當我得知自己患的是帕金森氏症之後，這個病名並沒有讓我感到害怕，因為我壓根兒不知道這是什麼東東。然後，一個回憶慢慢浮現我的腦海。我記起，大約八或十年前，在一個攝影師的晚餐聚會上，斯泰肯上尉（Captain Steichen）曾淚流滿面地提到，偉大的攝影界老前輩韋斯頓（Edward Weston）罹患了帕金森氏症。他當時斷斷續續的說話聲我至今言猶在耳：「那是一種可怕的疾病……它會讓你無法工作，因為你會無法拿穩東西……你的身體會一年比一年僵硬，最後會變成一座有腳的監獄……目前還無藥可治……」

不過，最讓我驚訝的是，當我研究這疾病時，發現它不但不罕見，反而相當普遍。實際上有多少人患這種病不得而知，但應該是數以千計。它的存在在四千多年前便為人所知（《聖經》所記載的震顫麻痺應該就是帕金森氏症），而它被命名和有案可稽的時間已超過一個世紀。

這疾病的古怪名字來自帕金森醫生（Dr. James Parkinson），他是一位古生物學家，又是開診醫師。一八一七年，他發表了他對六個罹患這種病的病人的觀察報告，列舉出每一種古怪和醜陋的症狀。這報告已成了醫學經典，然而，自帕金森醫生身故至我發病為止，雖然已經過了一百二十八年，但醫學界對這種疾病的瞭解幾乎毫無寸進。

帕金森氏症不會影響腦部的思考功能，卻會損壞腦部負責協調自主性動作的運動中樞。它就像九頭蛇妖的頭：你在某個部位把它壓下去，它就會從另一部位冒出來。要列舉帕金森氏症的兩大症狀很容易：僵化和顫抖。不過，要真正感受到何謂帕金森氏症，你必須曾經驚訝地發現，自己的站姿竟會大幅傾斜，宛如一座活的比薩斜塔。你必須試過被壁櫥困住，走進去便出不來。你必須經驗過在廚房轉身有多麼困難：這動作從前輕而易舉，但得病後卻要分解成十一個緩慢謹慎的步驟。你必須瞭解當你有需要走過一屋子人的時候那種恐慌感覺，還必須體驗過，問自己以下這些問題時的不自在感：我無法在床上翻身只是自己想像出來的嗎？如果我被一群人圍繞著，要怎樣才能脫身？我要怎樣才不會撞到他們？當我靜靜站著的時候，要怎樣隱藏雙手的顫抖？我要怎樣切餐盤裡的肉？浪費一塊好牛排真是可惜！如果你自己切肉的話會笨手笨腳，如果請人代切的話又等於不打自招。這一次我表現如何？有過關嗎，還是說別人已經發現我哪裡不對勁？

⁂

若只容我從這經驗中篩選出一個忠告，那就會是：對別人開誠布公。如今我已明白，費盡心思隱瞞病情有多麼徒勞無功。大多數情形下，你都是隱瞞不住的，而且，這做法還是最有傷害性的，因為它讓你無法向人傾吐，紓解壓力。我後來得知，很多朋友其實早有所覺，有些人甚至比我自己還要知道得早。最令他們無奈的是不知道怎麼幫助我。我被一道沉默的牆包圍著，沒有人敢破牆而入。

帕金森氏症是一種奇怪的惡疾。它會滲透到人生的各方各面，入侵到生命中各個優雅和自然而然的部分，把它們全部加以毒化。

我常常覺得感激的是，雖然我被某種頑疾所困，所幸它是我多少可以靠己力去抵擋的。我驚訝地發現，只要你堅持不放棄，身體的潛力便不可小覷。透過堅持不懈地做運動，我一再取得一些小改善。這讓我覺得我還是自己的船長：這種態度對我非常重要。

立意善良的人常常規勸我們，人應該學會接納自己的病痛。我的看法卻相反。沒錯，人是應該面對現實，但要我接納病痛卻休想。要我在作戰中途放下武器是不可想像的。除此以外還有一個更深一層的理由。我總是不可動搖地相信，我若是努力撐住，讓自己保持戰鬥力，那就總有一扇門會在哪裡為我打開。

而那扇門也真的打開了。

——摘自《自畫像》（*Portrait of Myself*），1963 年

茅屋為秋風所破歌

／杜甫　中國人，詩人，713—770 年

八月秋高風怒號，卷我屋上三重茅，茅飛渡江灑江郊。
高者挂罥長林梢，下者飄轉沉塘坳。
南村群童欺我老無力，忍能對面為盜賊，公然抱茅入竹去。
脣焦口燥呼不得，歸來倚杖自嘆息。
俄頃風定雲墨色，秋天漠漠向昏黑。

布衾多年冷似鐵，嬌兒惡臥踏裡裂。
床頭屋漏無乾處，兩腳如麻未斷絕。
自經喪亂少睡眠，長夜沾濕何由徹！
安得廣廈千萬間，大庇天下寒士俱歡顏，風雨不動安如山！嗚呼！
何時眼前突兀見此屋，吾廬獨破受凍死亦足！

——〈茅屋為秋風所破歌〉

語譯：

八月秋深狂風怒吼，捲走蓋在我茅屋頂上的三重茅草。
茅草飛過江水，散落在野地荒郊，
飛得高者掛在樹梢，飛得低者落入池塘和窪坳。
南村一群兒童欺我年老沒力氣，忍心當著我面作賊，公然把茅草抱進竹林去。
我脣焦口燥，無力喝止他們，只能回家扶著枴杖獨自歎息。
一會兒風停了，雲色黑如墨，密布在天空，一片天昏地暗。
布被子多年來冷得像鋼鐵，寶貝兒子睡不安穩把它蹬裂。
屋子漏雨，床頭附近沒處是乾地，雨水如蠟珠滴下，無時或已。
自安史之亂後我便少能睡好，漫漫長夜滿屋濕漏如何了得！
唉，真希望世間有寬廣大宅千萬間，普天下寒士盡得蔭庇，笑逐顏開，在風雨之中依然安穩如山！
若能看到這些高房大屋突然蓋起，那即使我個人房子破了凍死亦無憾矣！

《希伯來聖經．詩篇》第一〇二篇一——十三節

困苦人在發昏的時候，於耶和華面前吐露的苦情禱告：
耶和華啊，求你聽我的禱告，容我的呼求達到你面前！
我在急難的日子，求你向我側耳；不要向我掩面！我呼求的日子，求你快快應允我！
因為，我的年日如煙雲消滅；我的骨頭如火把燒著。
我的心被傷，如草枯乾，衰弱到連飯都不能吃。
因我劇烈呻吟，我的皮肉為之見骨。
我如同曠野的鵜鶘；我好像荒場的鴞鳥。
我警醒不睡；我像房頂上孤單的麻雀。
我的仇敵終日辱罵我；輕我者指名道姓地罵我。
我吃爐灰如同吃飯；我喝的攙雜眼淚。

這都因你的惱恨和忿怒；你把我拾起來，又把我摔下去。
我的年日如日影偏斜；我也如草枯乾。
惟你—耶和華必存到永遠；你可記念的名也存到萬代。

我們莫之奈何者

／山上憶良（Yamanoue Okura）　日本人，奈良時代的詩人與漢學家，西元 660—733 年

我們莫之奈何者，
時間之奄忽也。
苦痛千百種，
一一接踵至。
花樣之少女，
手腕戴唐玉，
攜手共嬉戲；
唯青春之花朵，
勢必無法留住。
烏黑豐盈的秀髮，

怎會忽地染上白霜？
粉紅嬌嫩的面容，
何以片刻便滿是皺紋？
精力充沛之男子，
腰間配著長刀，
手上持著獵弓，
跨騎在栗馬上，
意氣何昂揚；
但這種黃金歲月是可永久的嗎？
他們夜間推開木門，
找著愛人同衾枕，
兩情相悅共繾綣。
但這樣的良宵能有幾何？
不多久，他們便會手持柺杖，
彎腰駝背步履蹣跚，
走到這裡被人笑，走到那裡被人嫌。
世事便是如此：
百般想留住青春，

卻無力回天！

反歌：

誠願如岩石，
長存至永遠；
唯在這人世，
無法不老去。

——〈我們莫之奈何者〉，載於《萬葉集》，四世紀至八世紀

論青春過程作為一種自我的轉化

／科胡特（Heinz Kohut） 奧地利裔美國人，心理學家，1913—1981 年

老去，還有面對個人生命最終必然解體的不可改變現實，在在會讓人產生一種轉變。如今，我已不再那麼充滿熱忱（更不再那麼過度樂觀），而是更在意我活出那些價值的連續性（亦即存活性）。

不過即便如此，我想要強調的是，即便是那個**核心**自我（*nuclear* self）一樣是會轉變

的，而在新的內、外因素的衝擊下，改革自我的任務會反覆加諸我們身上，或反覆在我們身上喚起。直到一個新的自我堅固建立起來之前，我們會活在舊自我破碎的恐懼之中。

——摘自〈有關伍爾夫、格度和圖曼之《論青春過程作為一種自我的轉化》的討論〉（Discussion of "On the Adolescent Process as a Transformation of the Self", by Ernest S. Wolf, John E. Gedo, and David M. Terman），1972年

而今我變成了我自己

╱梅・薩頓（May Sarton）　美國人，詩人、小說家，生於1912年

而今我做我自己了。這需要
時間，經歷許多年月和許多地方；
我一直誠惶誠恐，
戴著別人的面具，
瘋也似地奔跑，就像**時間**
（老得可怕的**時間**）向我吶喊警告：
「趕快，以免來不及便死掉……」
（來不及什麼？來不及等到明天？
來不及寫完這首詩？

還是來不及在有圍牆的城裡安全地去愛？）
現在我停定下來，活在此處，
感受自己的重量與密度！
紙上的黑影
是我的手；一個字的影子
有如思想塑造這塑造者
重重落在紙上，清晰可聞。
而今一切都融合在一起，
從願望到行動，從文字到靜默，
我的工作、我的愛、我的時間、我的臉
全聚攏成一種濃烈的生長姿態，
一如成長中的禾苗。
像漸漸成熟的果實，
消耗了樹的養分，從樹枝脫落，
卻不曾使樹根因此而枯竭。
詩所能賜我的便是這個：
讓我生長，變而為歌；
由愛造就並以愛扎根。

現在有的是時間而**時間**是年輕的。
啊，在這一小時裡我活著
全屬於我自己，一動不動。
我這個被追逐者，這個瘋也似奔跑的人，
站定，站定，也把太陽給停止了下來！

——〈而今我變成了我自己〉（Now I Become Myself），約 1952 年

庫勒莊園的野天鵝
／葉慈（W. B. Yeats）　愛爾蘭人，詩人、劇作家，1865—1939 年

群樹展露著它們的秋之美，
林間小徑乾燥，
十月暮靄的籠罩下，湖水如鏡
反映著寧靜的長天；
在滿盈湖水的石頭之間
雜錯著九十五隻天鵝。

自我第一次為牠們點算數目，

這是第十九個秋天；
數算快要結束之際，我看見
牠們猛地全部躍起，
大聲拍打著翅膀
盤旋出一圈圈虛線大圓環。

此刻我仰望著這些璀璨的禽鳥，
內心只感到酸楚。
一切都變了，自我初次
在這湖濱的暮色裡聽見
牠們鐘鳴般的翅聲在我頭上響亮——
那時我的腳步還輕盈。

牠們成雙成對，迄未厭倦於
在冰冷怡人的湖水中划行，
或是向長空振翼；
牠們的心尚未衰老，
不管漫遊到何處，

熱情和雄心依然不減。

如今，牠們浮游在靜水上，
神祕而美麗；
等哪一天我醒來，
發現牠們都已飛走時，
牠們會是在什麼樣的草叢築居，
會是在哪個湖濱或池塘
取悅於人們的眼目？

——〈庫勒莊園的野天鵝〉（The Wild Swans at Coole），1917 年

流金歲月─圓滿人生

／盧雲（Henri J. M. Nouwen）　荷蘭人，天主教教士、作家，生於 1932 年
／加夫尼（Walter J. Gaffney）　美國人，生於 1938 年

老去是一條通向黑暗還是光明的道路？這問題不是任何人說了算，因為其答案只能來自每個人內心的最深處。沒有人可以為他人決定他或她的老年會是如何或應是如何。

人的不凡之處在於，生命的意義不是盤算得了或預測得了的。最終來說，這意義只能透過心之自由來發現和肯認。我們有能力自行決定選擇隔離還是連結，選擇憂傷還是盼望，選擇失卻自我還是重創一個新的願景。每個人都會老會死，但這種知識並不包含固有的方向性。它可以是摧毀性也可以是創造性，可以是壓迫性也可以是解放性。

所以，人生看似最恐怖的一個階段（它以被革逐和被拒斥作為特徵），是有可能轉化為一個最讓人愉快的契機，讓我們可以教導我們的社群辨別東西南北。

——摘自《流金歲月—圓滿人生》（*Aging*），1974 年

卡恩醫生探妻記

／斯特恩（Richard Stern）　美國人，作家、教育家，生於 1928 年

「還有多遠，喬治？」

坐老人旁邊的是他兒子威爾。喬治是老人的弟弟，早在小羅斯福總統逝世翌日作古。

「幾乎要到了，爸爸。」

「什麼叫『幾乎』？」

「這裡是八十六街和派克街交界。醫院位於九十九街和第五大道交界。媽媽住在克林根斯坦醫院。」

「媽媽不舒服嗎？」

「對，媽媽不舒服。兩星期前我和莉絲把她送進了醫院。」

「我一定是糊塗了。」老人一雙碧綠色眼睛黯淡下來。「我相信你們的決定不會錯。那是家好醫院嗎？」

「非常好。你半個世紀前在那裡上班。」

「對，一定是的。應該是許多年前的事了吧？」

「五十年前。」

「有那麼久！」

「開慢一點，老哥。太過晃動老人家吃不消。」

計程車司機不是省油的燈。「你自己來開吧。」

「快到了嗎，喬治？」

「再兩分鐘。」

「今天的天氣真不好相處，」卡恩醫生說，「我不記得什麼時候有這麼……這麼……」

「這麼熱過。」

「紐約真熱。」他脫下軟呢帽，伸手搔有褐色斑點的禿頭皮。血液循環不良讓這頭皮乾燥發癢。經他一搔，頭頂中央的柔軟皮膚出現血痕並且紅腫起來。

「真是熱得要命，就像你一樣，是九字頭的③。」

「什麼意思？」

「我是說天氣熱得像你的年紀。你九十一歲。」

「九十一歲不是好事。」

「那是很棒的年紀。」

「那只是你的看法。」

「媽媽也八十了。你們的人生都長壽而美好。」

「媽媽不舒服嗎，兒子？」

「不太舒服，所以我和莉絲覺得你應該去看看她。媽媽盼著看到你。」

「當然。我應該去陪陪她的。這是我第一次去看她嗎？」

「對。」

「我應該陪陪她的。」

過去幾星期很艱困。一直以來，卡恩醫生都是家人關注的焦點，但突然間，這焦點卻變成他太太。起初，她在家裡由看護照顧著。每當他問她什麼，她都不回答，這讓他很惱火。等她口腔的潰瘍改善後，她的聲音變得刺耳，脾氣也變得大壞。「我但願你可以有五分鐘不抽菸。看看你衣服上有多少菸灰。拜託別抽了。」

「沒問題，親愛的。我不知道我抽菸會讓妳不快。」菸灰像個從三十樓高跳樓的人般翻滾而下，然後菸屁股被捻壓在死去的兄弟身上。「我到外頭抽去。」他說完就走了，但不到兩分鐘又回到房間來，點起另一根香菸。他有時會一次點兩根菸，或是把火點在濾嘴的一端。房間內菸臭味沖天，但他太太有時會因為身體太衰弱，懶得表示憤怒。

夫妻倆一個坐著，一個躺著，相隔幾碼遠，默默無語。卡恩醫生總是坐在他最喜歡的那張單人沙發，《紐約時報》的橋牌專欄離他叼著的香菸只有幾英寸遠。他可以把那專欄讀上一整天。橋牌術語有時會摻進他的說話裡，讓他不知所云。「我需要一些梅花」指的也許是「我餓了」；「我的黑桃累了」意指他疲倦了，或是指他的眼睛累了。稱讚一個人的時候，他也許會說：「他這一手真是漂亮」。他太太臥床在家那幾星期，這些口誤惹得她格外生氣。「他已經變成了小氣鬼。」她對莉絲說——當時莉絲幫卡恩醫生買了一包菸，但他卻不肯付她錢：「一包菸不可能這麼貴，妳被騙了。」

「莉絲已經付了錢，把錢還人家。」

「妳是在教我怎樣出王牌嗎？我打橋牌已經打了一輩子。」

「你當然打了一輩子，這正是我最受不了的。」

結縭六十年來，夫妻倆從未這樣互憎過。當威爾從芝加哥過來勸母親住院時，看到父母失和的樣子讓他備感沮喪。

所以，他拿不定主意該不該讓父親探望母親。何必讓她在人生最後的日子心煩呢？再說，卡恩醫生幾乎從不出門。他不喜歡跟黑人看護走在一塊（他從前很喜歡黑人護士，喜歡逗她們，也會被她們逗）。他自己也不願出門。「我遲些再去。我的腳今天不

---

③指華氏九十多度，約相當攝氏三十多度。

好相處。」或者放下報紙說：「我的腿不能出王牌。」

莉絲也反對讓卡恩醫生探望妻子。「媽媽怕他會大吵大鬧。」

「這不是重點，」威爾說，「我們必須讓他多少意識到將會發生什麼事情。他們一輩子都是彼此生活的重心，不讓他們見上一面說不過去。」

大家一直認定卡恩醫生會比太太先過世。他比她年長十歲，腦子在許多年前便變得不中用。卡恩太太頭腦清楚，而且雖然年紀老大，仍然精力充沛。她喜歡旅行，又特別想到芝加哥探望威爾（她迄今沒看過他的新居），卻不願意離開丈夫哪怕一天的時間。「我怕會有什麼萬一。」「那就帶他一起來嘛。」「他無法出遠門。我怕他到時會鬧得不可開交。」

只有老朋友還受得了卡恩醫生，會跟他一起打橋牌，會原諒他的晃神和動輒批評別人。「如果你到現在還搞不懂什麼叫『二叫牌』，就永遠不可能搞得懂。」卡恩醫生本來是最溫文有禮的男人，但記憶力的衰退卻讓他變得尖酸刻薄，就像一輩子的自我克制終於不敵小鼻子小眼睛的天性。

「他被寵壞了。」卡恩太太評論說，而她就是寵壞他的罪魁禍首。

「到了，爸爸。」

計程車停在一片藍色遮陽棚下面。卡恩醫生掏出皮夾，挑出幾張鈔票，遞給兒子（以前搭計程車或出外吃飯看電影一貫是由他付錢）。威爾謝過父親，拿了一美元，加上自己的兩美元，交給司機。

「這電梯真是慢吞吞。」他在其中一部載運病患上下樓的巨大電梯裡抱怨。中途，一個護士推進來一張病床，他脫下軟呢帽。

「媽媽在八樓。」

「明妮住這裡？」

「對，她生病了。到了，可以出電梯了。」

「我不需要你扶。」

她佔據的床鋪面積一天比一天小。她的臉因為少了假牙支撐，看來就像垮了下來。看著她熟睡的臉，威爾感覺整個宇宙都挨靠在這張皺縮了的臉上。每次親吻她臉頰，他都會害怕這一吻會把她嫩不禁風的皮膚壓為塵泥。她剩下的唯一虛榮心是愛被注意，想到還有人在意她，是她的唯一慰藉。這裡親切的護士和她們的小孩讓她激賞。如果媽媽們在忙，這些小孩便會幫她換睡袍。她們也會給她端來尿盆。雖然每次她都會建議她們到外面等，但她們還是會在床邊陪陪她，等她在被子底下把衰弱身體裡面的廢水清乾。

這是威爾自成年以來第一次覺得媽媽漂亮。她的肌膚顏色斑駁，就像一幅波洛克的油畫；她的臉部皮膚皺紋深陷，猶如是她挖來自衛的最後壕溝。但她的目光會讓他融化。那是一種慈祥之美。

講究禮貌就像她的眼睛（這雙眼睛挑剔、跋扈、好打聽），幾乎是她這個人的一部分。但她對禮貌的講究一日少於一日。她的鉛華已經褪盡，只剩下最根本的部分。

自他孩提時代以後，她便未曾把他抱得如此的緊，未曾用過如此大的力量親吻他的臉頰。「這是我的骨肉。這是我會留下來的。」那力量說。

那他之於她又是何種感覺？有時，他會覺得她只不過是他自己老景的寫照。有時，他又會覺得她是他人生意義之所繫。「哈囉，親愛的，我好高興見到你。」她會這樣跟他打招呼。她的聲音從不悅耳，像是生了鏽，但卻動聽。沒有女演員可以與之比肩。

「你好嗎？有發生什麼事情嗎？」

「沒什麼特別的。妳今天好嗎？」

她告訴他最新消息。「沃卡里安醫生來過，說想給我再做一次化療。我說免了，不要再給我用藥了。」自從那一次為時五小時的鉬療法把她最後一絲力氣抽乾後，她就暗暗下了一個決定。她把老天給詛咒了一番，責怪命運之神不應帶給她這麼不合理的悲慘遭遇。這是一個抱怨老冠軍的最後抱怨，自那之後，她就做好等死的心理準備，沒有再談任何有關回家的話題。

「哈囉，親愛的，你今天好嗎？」她說。

威爾彎下腰，讓母親吻他臉頰，再用雙手捧住他的頭。「媽，爸爸來了。」讓他高興的是，她現出高興的神色。「他在哪裡？」卡恩醫生一直等在門邊。此時，他往房間裡走，望向病床，忽然明白了自己身在何處，躺在床上的又是誰。

「多夫，親愛的，你好嗎？我好高興你來看我。」

老人探下身體，把她的臉捧在雙手之間。有幾秒鐘時間，兩人相對無語。「最最親愛的，」他說，頓了一下又說：「我不知道。我一直很擔心妳。但現在不擔心了。妳氣色看起來好極了。大概只是有一點點瘦。我們會幫妳搞定。我們馬上會讓妳出院。」老先生此時噗噗跳的心臟想必是把血強壓過堵塞的血管。他沒說些王牌之類有的沒的。

「妳可以親親我，心肝。」卡恩醫生說，把嘴唇湊向妻子的唇。

他在病床旁邊的椅子坐下，雙手穿過低矮欄杆握住妻子雙手。他反覆說她看來氣色很好。她問了他家中的情況。他有一陣子對答無礙。然後他的神情開始恍惚，身體開始疲倦。他對威爾說：「我不喜歡她現在的樣子。你確定她有一個好醫生嗎？」

卡恩太太當然聽見這話。她的快樂因此而淡化了一點點，但影響她心情的不是丈夫所說出的事實，而是他的分神。但她仍然強自支撐。她知道丈夫無法在一個陌生的房間坐太久。「謝謝你，親愛的，我好高興你來看我。」

卡恩醫生聽出這話的暗示，便站了起來。「我們不能再讓妳累了，明妮。我會很快再來看妳。」

她伸出瘦小的雙臂，他勉力彎身。兩人再一次親吻。

在計程車裡，他非常疲累。「到家了嗎？」

「幾乎到了，爸爸。看到媽媽你一定很高興，對不對？」

「我當然高興。但今天不是好日子。是個很差的日子。完全不適宜叫牌。」

——〈卡恩醫生探妻記〉（Dr. Cahn's Visit），1980 年

絨毛兔，又名玩具如何變成真實事物

／瑪格瑞・威廉斯（Margery Williams） 英國人，童書作家，1880—1944年

皮皮馬是托兒所裡最資深的玩具。他很老了，身上的褐色毛皮已多處禿掉，露出下面的縫線；尾巴的毛也大都被拔掉，拿去串珠子。他很有智慧，因為他看過不知凡幾的機械玩具，剛到托兒所時都是大搖大擺，一副不可一世的樣子，但或遲或早都會因為發條壞掉，被棄如敝屣。他知道它們終歸只能是玩具，不會轉化為別的東西。托兒所裡的魔法非常古怪和神奇，只有像皮皮馬這種夠老、夠有智慧和閱歷夠多的玩具可以明白箇中奧妙。

「什麼叫**真實**？」有一天兔寶寶這樣問他，當時保姆還沒收拾玩具，兩人肩並肩躺在圍籬旁邊。「那是指你裡面會有什麼嗡嗡作響，身上帶根曲柄嗎？」

「真實與你被造成什麼樣子無關，」皮皮馬說，「那是一件發生在你身上的事情。當一個小朋友愛你愛了很久，當他不只是用你來玩，而是**真真實實**地愛你，你就會變成真實的事物。」

「那樣會痛嗎？」兔寶寶問。

「有時候會，」皮皮馬以他一貫的誠實回答，「但當你是真實事物的時候，就不會

把痛當一回事。」
「那是像上發條一樣，一次完成的嗎？還是一點一點發生的？」
「那不是一次發生。」皮皮馬回答說，「要花很長的時間，你才會成為那樣。所以說真實不常發生在易壞、帶稜角或必須百般呵護的玩具身上。通常，等到你變成真實事物的時候，你大部分的毛髮都已脫落、眼珠子掉了、關節鬆脫，而且變得非常破舊。但這些改變無關緊要，因為當你變成了真實事物，就不可能是醜的——只有不瞭解你的人才會那樣看你。」

——摘自〈絨毛兔，又名玩具如何變成真實事物〉（*The Velveteen Rabbit, or How Toys Became Real*），1922 年

瑪斯納維／魯米（Jalal ad-Din Rumi）　波斯人，詩人，1207—1273 年

我的礦物之身死去，轉生為植物
植物之身死去，轉生為動物，
動物之身死去，轉生為人。
我何必有懼？死亡於我何損焉？
但再一次，我將以人之身死去，與

蒙福的天使共翱翔；然而，就連我的
天使之身亦會過去，因為**唯有真主長存不壞**。
當我供奉出我的天使靈魂
便會變得非任何心靈所能思議。
啊，讓我不存在吧！因為
非存有會以風琴之聲讚頌：「我們將復歸於祂之中。」

——摘自《瑪斯納維》（*Masnavi*），十三世紀

工作與休閒

／圖利耶（Paul Tournier）　瑞士人，牧師暨精神治療師，1898—1986年

各位，我四十和五十歲的讀者，你們都曾經必須在自己的專業上專之又專，才得以享受今日的成功。你們曾不得不放棄許多自己感興趣的事情。你們一直埋頭苦幹。你們一度只把時間花在行樂和休憩，但後來卻學會律己，不把太多時間花費在這一類事情上。你們把精力集中在事業上，努力磨練自己專精於某個非常狹窄的領域，以追求成功，而事業成功又進一步把各位束縛於你們的專業。所以，你們不斷抱怨沒有多餘時間可以做其他事。想想，這是多麼大的損失啊，所以，現在應該致力的乃是確保各位的人

生可以再一次擴張。對各位來說，**朝一個反方向行動的時機已經成熟：離開專業化，讓心靈朝一個更開闊的視界重新開啟。**

——摘自〈工作與休閒〉（Work and Leisure），載於《學習入老》（*Learning to Grow Old*），1971 年

CHAPTER 3

孤獨／寂寞

Solitude/Loneliness

孤獨（solitude）和寂寞（loneliness）是孤單（alone）的兩個面，也常常不是完全分得開的兩種體驗。孤獨是孤單的積極面、反省面和沉思面，寂寞則是孤單的可怕面、憂鬱面、悲劇或可憐的一面。老去無可避免會暴露出我們的脆弱性，讓我們在生理和情緒上都需要依賴他人。當莎士比亞筆下的老李爾王（King Lear）決定自動退位之後，宮廷小丑無情地嘲笑他說：「如今你只是個前面沒有數字的零。我比你強：我還是小丑，可你卻什麼都不是。」對這個駭人的現實，李爾王（他這個人一向「對自己只有微薄的瞭解」）並沒有有效的反應。

當一個人再沒有社會面具與社會成規可以界定自己的公眾自我（public self），必須直接面對存在的孤單時，這種經驗有時可以很可怕。然而，這種狀態又充滿潛力，足以讓我們深化自我瞭解、培養愛的關係、透過接受生命的事實而增加靈性的厚度。本章篇幅較短，用意是讓讀者可以對其中的觀念和感情玩味再三。它包括三個單元，分別探討了人在孤獨時所感受的瑰麗；伴隨著老、病、孤單而來的對愛、意義與安全感的渴求；失去配偶與追求靈性的成長。

本章以兩位二十世紀英國作家的小品揭開序幕。薩松（Siegfried Sassoon）的詩作〈每當我孤單之時〉即喚起孤單的奇異之感，又肯定人在這世上歸根究柢是孤單的：我們在身體上就是與他人分開的，哪怕我們兒時從父母的愛與照顧中所獲得的安全感也一樣只是幻象。波伊斯的主張「我們愈老**便會愈孤單**」奠基於一個認知：變遷（不管是歷史變遷、生理變遷或心理變遷）無可避免會奪去我們感到熟悉和舒適的事物，有時候還會帶來一種深深的錯位和失落感。他建議我們應學習享受孤單，以此先嚐嚐無精打采的滋味。

第二單元始自非洲查薩人（Chaza）的傳說〈葫蘆瓜小孩〉，結束於德國女藝術家珂勒惠支對自己高齡母親的描寫，揭示出人們對肉體衰損與疾病的不同反應。就像世界各地的「老人故事」（eldertales）一樣，〈葫蘆瓜小孩〉是以一個貧窮、孤獨、勞累的老人為主角，意在教人認識老年人性格的某一面。故事中的老婦人曾向住在山頂的大仙禱告祈求，而接下來選自《希伯來聖經．詩篇》第三十一篇的段落也是一個祈禱，是一個被敵人和衰老身體圍困的老人對上帝的哀哀求告。《這床是我的中心》是對現代安養院的一個憤怒指控，作者愛倫．紐頓（Ellen Newton）雄辯地指出，安養院有必要設計得能回應個人的需求並促進他們創造性的社會參與。正如培根爵士的名言所指出：在沒有愛之處，再多的臉孔也不過是一幅幅空洞的圖畫。

最後一個單元聚焦在寡居的體驗，有些描寫喪偶之痛，有些是守寡多年者的心聲。當代英國女作家萊辛（Doris Lessing）的短篇小說〈老婦人和她的貓〉講述寡婦赫蒂（Hetty）因為被子女厭棄，獨自住在倫敦貧民窟，靠著野貓提比（Tibby）獲得感情慰藉；赫蒂堅強得驚人，但最後還是貧病交迫而死。在義大利作家羅多利（Marco Lodoli）的小說《大使》（*Ambassador*）裡，主角羅倫佐（Lorenzo）喪妻後頓失人生重心，變得茫然失措，對愛妻卡泰麗娜（Caterina）思念不已。埃及女作家阿麗法．拉法阿（Alifa Rifaat）的〈電話鈴聲〉把場景設在開羅，描寫一個哀傷的寡婦如何努力讓自己順服於真主的旨意。本章最後一篇作品〈打開的籠子〉出自移民美國的猶太裔俄國人安絲亞．葉齊爾斯卡（Anzia

Yezierska）手筆，故事發生在紐約一棟老舊分租大樓（這大樓裡三百個住客都是各自在他們孤清的套房裡煮他們孤清的三餐）。

所以，這一章既不否認老年有時會帶給人痛苦、孤立和絕望，同時又肯定老年是一個契機，可以讓人獲得自我認知和變得樂天知命。借狄金森的詩句（見第一章）來說，任何個人，不管他是多麼身強體壯或有權有勢，都總得「不帶槳櫓／順時間的千古奇流而下」。加在一起，本章詩文選所建議讀者的乃是，人的精神若要能夠通過人生的孤單試煉，就必須找到信念和力量，堅持在自己的支流裡繼續航行，並泰然面對不可能改變的現實。

當我孤單時

／薩松（Siegfried Sassoon）　英國人，詩人、作家、軍人，1886—1967年

「當我孤單時」——這話滑下他的舌頭
彷彿孤單不是什麼陌生的事情。
「當我年輕時，」他說，**「當我年輕時……」**
這讓我想到老年、孤獨和變遷。
我想到自己孤單時會變得多麼古怪，
多麼不同於平素的自己：碰面、談話、
吹熄蠟燭和互道晚安。
孤單……這字道盡了人生。
寂靜到靈魂可以在那兒行走
最深邃的信念之外其他全都可拋。

——〈當我孤單時〉（When I'm Alone），1918年

長老的藝術

／波伊斯（John Cowper Powys）　英國人，小說家，1872—1963年

斯多噶哲人因為極強調人應該順應自然，所以也對無止境學習這個觀念作出了明智的貢獻。在我看來，只要我們觀察一下老狗、老馬、老貓，甚至老樹的習慣，便會發現許多有用的線索，讓我們知道如何才能技巧地處理我們的老年階段。在這方面，有一條準則是我們必須接受的：必須積蓄、挖深和收窄……

如果我們到六十歲還不明白生命是一個弔詭與矛盾的結，不知道我們的每個行為裡糅雜了多少的善與惡，不知道我們的女主人真理女士（Lady of Truth）性格有多麼妥協，那就表示我們是白老了。

我認為，對於所謂的「成熟老年」，最難學習到和最傑出不凡的就是這種知識：雖然大膽無畏是行動力之所繫，但如果我們在順潮流而行的時候，內在靈魂的某些部分不能保持抽離和批判性，不能睜著一隻警惕的眼睛打量兩邊的地平線，那麼，我們只是在迎頭邁向一場新的災難！……

那麼，出路在哪裡？真理在哪裡？真實在哪裡？休息和保證在哪裡？這出路只在一個方向：神聖的「現在」（Present）。這個「現在」不是我們自己的歲月，也不是我們父

親或子女的歲月，而是那循環不已的**瞬間**（Moment），在其中，所有的「過去」、「未來」和「現在」會形成、轉化、會合、混合、旋轉和分解，直到沉降到「時間」（Time）的自身（它是它們的創造者、維持者、摧毀者與恢復者），直至沉降到我們每個人孤單的靈魂為止。這時，它們會成為永恆（eternity）的一個亞種（sub-species），而這個亞種大概也是我們唯一能認識的永恆。

享受老年就是享受若干可以跟超人（super-human）與次人（sub-human）生命意識發生巨大呼應的年月。有生生不息生命的萬古（aeons）是尾隨著未實現的神似生命的萬古而來。不管是拉車老馬在日出時的急速刺耳呼吸聲，還是食腐肉的老鴉在日落時的急速刺耳嘶鳴聲，其背後都有著幾百萬年的自足宇宙。

我們愈老**便會愈孤單**，這表示，喜歡孤單的人入老後快樂會增加，反觀不喜歡孤單的人入老後快樂會等比例地減少。這就是為什麼許多老人家——包括荷馬筆下有權有勢的涅斯托耳（Nestor）——會那麼聒噪多話：他們對於把他們包圍得愈來愈緊的孤單感到不是滋味，想要反抗。他們會聒噪，一如學童在放學回家的路上看到天色開始變暗，便會吹起口哨。世界上沒有一種狀態比「無生」（Inanimate）①更加孤單，而一個老人如果能在陽光下自得其樂，那他將可與一小片在陽光下自得其樂的大理石發生無言的應和。

所以，老年會不會快樂，端視我們在「無生」這個最終紀元開始以前，能不能執行

①指無生命的狀態。

享受「無生」的膜拜。

——《長老的藝術》（*The Art of Growing Old*）的序言，1944 年

葫蘆瓜小孩

／坦噶尼喀（Tanganyika）的查薩人（Chaza）的故事

高山山腳有一座村子，住著一個孤伶伶的婦人。她丈夫死了，又沒有子女，一想到自己將晚景淒涼，她便非常害怕。

她每天打掃茅屋，從河裡汲水，在森林裡採集木柴，煮自己孤獨的三餐。她在河邊有一大片地，用來種植蔬菜和香蕉樹。婦人大部分時間都在除草和鋤地，總想著這些工作要是有兒女幫忙該多好。村子裡其他婦女都不喜歡她，嘲笑她，說她一定是個壞女人，不然老天怎會讓她無兒無女。

非洲這地區的人都相信高山山頂上住著一位大仙，所以每天清早和深夜都會仰頭朝著積雪的山峰禱告。那孤單的婦人也是每天禱告，祈求有人會幫她分擔工作。最終，大仙回應了她的所求。

事情的經過如下：一天早上，她把一些葫蘆種籽種到田裡，葫蘆未幾便長出幼苗，長得異常健壯和快速。每個早上，她都驚訝於葫蘆植株長得何其快，轉眼便開花結果。

婦人小心翼翼為每棵葫蘆植株除草，心知很快便可以收成。到時，她會把葫蘆瓜割下，風乾，拿到市場去賣。這一帶的人都用挖空的葫蘆瓜當碗和杓子使用。

有一天，當她正在鋤地時，忽見一個陌生人站在田邊。她非常訝異，因為一路下來，她都沒有看見或聽見有人從小徑朝這裡走來。對方高大英俊，一副酋長的氣派。他面露微笑，對那婦人說：

「我是山上大仙的使者。他派我來告訴妳，妳的禱告他已聽到。只要妳全心全意照顧好這些葫蘆瓜，大仙就會賜給妳好運。」

然後男人就不見了，消失得如同出現時一樣突然。

婦人驚訝得不得了，但斷定自己不是在做夢，於是比之前更加賣力工作，心裡好奇葫蘆瓜將會帶給她什麼好運。

大約一星期之後，葫蘆瓜可以收成了，婦人便小心翼翼地採收，帶回家去。她把每個瓜的瓜肉挖出，掛到椽子上風乾，等著它們變得堅硬後賣給人當碗用和拿來打水。其中一個葫蘆瓜的形狀特別漂亮，婦人把它放在煮飯的爐火旁邊，希望它可以快點乾燥，好讓自己使用。

第二天，婦人一早便到田裡為香蕉樹除草。她離家後，大仙的使者出現在茅屋中，把手放在位於爐火旁那個葫蘆瓜上，使它變成一個大小孩。然後，使者又摸了摸掛在椽子的每個葫蘆瓜，把它們也一一變成小孩。

使者消失後，茅屋裡響起一片小孩的喊叫聲。

「肯特特！肯特特！大哥哥，幫我們爬下來！」

於是，爐火旁的小孩便站起來，幫助其他小孩從椽子上爬下來。但村子裡沒有人知道這事情。

一群小孩笑鬧著跑出茅屋。他們有些拿起掃帚，打掃茅屋，其他則為院子拔草、餵雞。其中兩個去河邊汲水，把放在屋門兩旁的大水缸給灌滿。還有好幾個小孩跑到森林裡，帶回幾綑木柴。只有肯特特什麼事都沒做。大仙沒有把他創造得像其他小孩聰明，所以他就光坐在爐火邊傻笑，聽著其他小孩的談話聲和笑聲。

一切做好後，那些小孩齊聲說：

「肯特特！肯特特！把我們放回原來的位置。」於是，最大的孩子把其他小孩一一放回椽子上去。他們一回到原位便馬上變回葫蘆瓜。肯特特在爐火邊重新躺下，也是一下子就變回葫蘆瓜。

傍晚，婦人扛著一大綑準備用來修補屋頂的乾草，吃力地回到家裡。當她看見家裡整齊乾淨的樣子，不禁驚呼了一聲。她打量茅屋和院子的每個角落，卻誰也沒看見，便到鄰居家去一問究竟。

「有人在我種田時幫我把家裡所有工作做好。你們知道是誰做的嗎？」

「我們看到有許多小孩在妳院子裡跑來跑去。」村裡的其他女人說，「我們以為是妳的親戚。但我們沒跟他們說話。」

婦人非常困惑，回家煮晚餐去，納悶她在外面工作時家裡發生過什麼事情。然後，她突然想起使者在河邊對她說過，只要她把葫蘆瓜照顧好，大仙自會賜她好運。這會不會就是他所說的好運？

第二天，同樣事情再次發生。屋頂上的小孩呼喊肯特特，他幫助他們一一從椽子上爬下來。然後，一群小孩賣力為婦人工作，有些甚至用她昨天帶回來的乾草把屋頂修補好。

鄰居聽到聲音，便輕手輕腳走到院子外頭，偷看小孩工作。不多久，他們看到這群小孩回到茅屋裡，然後再也沒有聽到任何聲音。

婦人回到家，看到家事都有人幫忙做好，便走出茅屋，仰望山頂，向大仙禱告，感謝他的仁慈。但她仍然不知道這一切是怎樣發生，因為她還沒有看到過葫蘆瓜變為小孩子的情景。

然而，她的鄰居愈來愈好奇了。所以，到了第三天，一等婦人去田裡工作，他們便靜悄悄到茅屋門口，向內窺看。

忽然間，爐灶邊的葫蘆瓜變成了一個小孩，椽子上也紛紛傳來喊叫聲：

「肯特特！肯特特！大哥哥，幫我們下下來。」

看見一群小孩子從屋頂上爬下來，偷看的鄰居嚇了一大跳，趕快離開。她們才一出院子，小孩們便已笑著走出茅屋，準備展開一天的工作。

當婦人在黃昏回到村子，等著她的村民都迫不及待告訴她，他們看到了什麼事。這愚蠢的婦人不知道她不應該窺探大仙的賞賜，反而決定要親自一看究竟。

第二天，她假裝到田裡工作，但沒多久便往回走，輕手輕腳走到茅屋門邊，適時目睹了屋內發生的一切。一群小孩興高采烈走出門口，卻看到婦人不勝驚訝地瞪著他們看，全都愣住了。

「這麼說，你們就是幫忙我做家事的小孩。」婦人說，「真是非常謝謝你們。」

他們靜靜看著她，什麼都沒說，但馬上便照常工作，只有肯特特一個閒坐著。等所有工作完成，他們又一如往常，要求肯特特幫他們回到椽子上去。但婦人不讓他們回去。

「不，不要，」她喊道，「你們現在是我的小孩了，我不要你們變回葫蘆瓜。我會煮晚餐給你們吃，然後大家一道睡在爐火旁的地板上，就像別家的小孩一般。」

所以，婦人將那些小孩視為己出，而他們也幫她在田裡和院子裡做了許多事，讓她很快變得富有，擁有許多菜田、香蕉樹、綿羊群和山羊群。

只有肯特特一個人不做事。他是個蠢小孩，整天坐在爐火邊，用弟妹從院子撿回來的藤枝保持爐火不滅。每個小孩慢慢長大長高，婦人也每天感謝大仙賜她這些子女。然而，隨著她愈來愈富有，她對肯特特的笨頭笨腦和無所事事也愈來愈不耐煩，常常罵他。

有一天下午，當孩子們在外頭幹著各種活兒時，婦人走入茅屋，開始煮晚餐。屋子內外的明暗落差太大，她一時間沒看到肯特特就躺在爐火旁邊。她被他的身體絆到，整個人連同手上一鍋燉蔬菜一起跌落地上。鍋子摔成了碎片，食物散滿一地。

婦人怒沖沖站起來，撥掉沾在臉上的食物，罵道：

「你這傢伙真是一無是處！我跟你說過多少次別躺在門邊。但以你這樣一個笨小孩，我又能指望什麼！你只是個一文不值的葫蘆瓜。」她愈想愈氣，而這時，在田裡工作的小孩紛紛回來了。聽到他們走入院子的聲音，她更大聲地罵道：

「你們全都只是葫蘆瓜！我搞不懂自己幹麼要自找麻煩，燒飯給你們吃。」

然而，當她望向腳下時，不禁尖叫了起來，因為肯特特已經變回一顆葫蘆瓜。下一刻，她的尖叫聲變得更加尖銳，因為每個孩子一走進茅屋，都馬上仆倒在地，變回葫蘆瓜。

婦人知道為什麼會發生這種事。

「我是個大蠢才！」她雙手扭絞在一起，哭喊著說。「我罵這些孩子作葫蘆瓜，所以魔法消失了。大仙生我的氣，把我的孩子收回去了。」

她說得沒錯。那些孩子自此沒再出現過。那婦人孤單地生活在茅屋裡，變得愈來愈窮，最終死去。

——〈葫蘆瓜小孩〉（The Calabash Children），由阿洛特（Kathleen Arnott）記述，1962 年

《希伯來聖經．詩篇》第三十一篇九——十三節

耶和華啊，求你憐恤我，因為我在急難之中；

我的眼睛因憂愁而乾癟，連我的身心也不安舒。
我的生命為愁苦所消耗；我的年歲為嘆息所曠廢。
我的力量因我的罪孽衰敗；我的骨頭也枯乾。
我因一切敵人成了羞辱，在我的鄰舍跟前更甚；
那認識我的都懼怕我，在外頭看見我的都躲避我。
我被人忘記，如同死人，無人記念；
我好像破碎的器皿。

這床是我的中心
／紐頓（Ellen Newton）　澳洲人，生於 1896 年

星期日　今天沒有訪客。沒太多人會願意再來。不只是因為這地方又冷又不舒服。這房間帶點侵略性，哪怕你習慣了它之後還是如此。只有少數人可以像阿曼達和蘿絲那樣，去到哪兒都可以讓那兒陽光明媚。這樣的人寥寥無幾。

因為沒有多少對外聯繫，而對內的交流又不值得一提，是故住在安養院會讓人產生一種奇怪的感覺，彷彿是受到了隔離。就像在大霧中迷路，當你以為看到路的時候，霧又更濃密地籠罩起來。

以床為家不是一種需要培養的習慣。在外頭，我們會在一個可接受的鐘點醒來，伸伸懶腰，從床上跳起，呼吸從花園飄來的清晨空氣，接下來花一整天在**人們**之間，做一點事、一點休閒活動，再疲倦地，舒服地回到床上：**那種床**是不同的。但願我現在的床墊能硬實一些。我每動一下它都會凹陷一點，看來遲早會把我整個人給裹住……

今天，在我小小的楔形天空裡出現了太陽的跡象，但陽光並沒有撫觸到我的房間。這裡的被隔離感太強烈了，讓人隨時覺得自己像是被一個繭緊緊裹住。除送牛奶的人以外，破曉前你不會聽到任何人車行走的聲音。一切都教人洩氣。在這裡，你不會聽到年輕人的歌聲，不會聽到參加完派對夜歸人喋喋不休的說話聲，甚至不會有公貓發情的叫喊聲。你不會聽到小孩的聲音，不會聽到他們在街上笑著、叫著彼此追逐的聲音。你唯一聽到的是從幾扇門外，間歇傳來的尖叫聲，讓人不寒而慄。但他們告訴我這裡從來沒有會劇痛的病人。住在這裡就像是生活在外太空。但這裡自有一種陰森的永恆，因為我們都是送到這裡來服我們不自然人生的刑期。而除非你是個「生活在夢幻裡」的人，否則，從同類之中被連根拔起持續的痛苦足以把你給摧毀。這種心情又無人可說去。

星期二　一個女作家（她的散文和書信都深有見地，會被有幸擁有它們的人當成寶）曾問過我，我有沒有寫日記的習慣。我告訴她：「沒有。」

「從今天開始寫吧。」她用清脆俐落的聲音說。

我常後悔沒有早早聽她的忠告。日記是不會臉紅的。我可以暢所欲言，不用擔心讀者的評論。我目前的安全閥門是這本相當破舊的筆記本，其中許多紙頁都寫滿原子筆字跡。如果你必須搜索自己的心，那麼與其把時間浪費在自憐悲苦，倒不如把你找到的東西給寫下來。

黑頓（Haddon）這地方一共有二十九個病人和一個淋浴間。淋浴間沒裝浴簾，蓮蓬頭和瓷磚都髒兮兮而需要整修。緊鄰其旁的是兩個單間廁所，門是半扇式的，就像馬廄。「國家保育志工信託組織」②也許會有興趣把徽章印在門片（還有馬桶的抽水箱）上頭。我的同道旅人沒幾個受過如廁訓練，又或者他們只是忘了這種基本的人生技能。

唉！

星期五　今天下午，在水氣氤氳的陽光下，我們一共五個人，坐著輪椅，被推到草地去，圍成一個緊密的半圓形，正對大門。其中有一人是盲的。有三人是聾的，戴著助聽器，但他們故意把助聽器關掉。我們五個人之中，只有一個完全不笑，閉鎖在自己之中。我試著與她溝通，卻沒得到回應，可憐啊。我備感挫折，心情大壞。我坐在愛麗絲小姐旁邊，她有一頭盤捲得整整齊齊的白髮，眼睛是毋忘我的藍色。護士告訴我，她是一個古老開拓者家族尚餘的最後成員。她向我微笑。她大概是聽得懂一點脣語。天空很快被雲遮蔽。她望向我，微笑著說：「美好的主耶穌賜我們這天氣。」她每過一陣子便會把這話重說一遍。在他們四個人之中，似乎只有她一個快樂地活在一個看不見的、屬於她自己的小世界裡。她甚至也許還有能力砌拼圖，或從看電視中獲得樂趣。其他人都只是直直地看著前方。雖然我們穿得夠多，但不到半小時，推輪椅的人便認為天氣太冷，不宜讓我們繼續待在室外。老實說，我不認為剛才這一段時間算是什麼美好時光，不過，我倒是樂於帶著書本，一個人在新鮮空氣中多待一會兒。在黑頓這裡，幾乎每個人都不被當成有血有肉的人。最能夠反映我們生命之空洞的，莫過於連普通人最微末的生活樂趣都不可得。但願有誰可以做點改革。只能消極被動接受別人的安排，會讓一個人感到自己是死灰槁木。大概，一隻甲蟲的一生要比我們這二十九個同處一屋頂下的病人更有趣和更有伴。

星期五　海倫來探望我，帶著她所能想到的各種生活便利品。其實她只要把自己帶來就好，那就是一切。「沒有人是一座孤島」這話固然說得好，但一個人若是無法有人跟他一起笑、共享一頓簡餐、小酌一杯葡萄酒、聊一本書或是交換八卦，他就會是一座孤島，是孤島上一縷遊魂。疼痛還可以忍耐，但讓自己的精神和感官在這地方被撕裂卻是另一回事。只有聖人耐得住。我可不是聖人。

十一月

星期一　過去幾個星期一溜煙地過去，轉眼便進入十一月。突然間，我意識到自己已一

②致力於維護古蹟名勝的民間機構。

整個月沒聽過淒厲的叫聲。這裡有一些非常老的病人，卻沒有一個人的疾病是被記在「老」的頭上。這裡都是把老年照其原來的樣子看待：一個過渡階段。在這裡，老年沒有被當成一種病，而是被當成一個人生的事實。

我剩下的日子已溜走了快一半。還有些其他男女是末期病患。就像我一樣，他們頂多只能再活三個月。他們不時都需要專業治療，但仍然可以下下棋，有時在陽光照耀的陽臺或花園小徑慢步行走，以及與其他院友消磨一天的時光。

蘿絲從巴黎和都柏林回來了，氣色很好，穿著入時。她下午來探望我，帶了一束清新的紫蘿蘭和一幅塞尚的版畫——已經鑲框的。畫面大部分都是精緻的綠色，畫著一座栩栩如生的橋，讓人感覺你可以從它走到另一頭。還有一些靜靜的水和靜靜的睡蓮。這裡的燈光並不適合欣賞這幅畫，但即便如此，它仍然讓我的靈魂很受用，就像海倫的小女兒吃過她人生第一片西瓜後所說的。

蘿絲談了巴黎、都柏林和倫敦的音樂和戲劇，說得很精彩。這一代的年輕人會迫不及待想出國長長見識，並不讓人奇怪。蘿絲離開後，她帶來的勃勃生氣在我這裡繼續留駐了一陣子。

但交誼室裡那些人臉圖畫③仍然盤桓在我心裡。他們每個人都戴著一張悲苦面具似的，訴說著一個不快樂的老年。其實，把他們束縛住的那些處境應該不是太難改變的。

只要有一個未受嚴格管理的空間（沒有電視的），讓人可以與一個仍然以名字相稱的朋友喝一壺茶和閒聊八卦，情況也許就會大為不同。另外也許還應該有一些安靜的角落，讓人可以打多米諾骨牌、下跳棋、砌拼圖、抽菸斗、聊板球和緬懷舊事。然而，這裡卻沒有可以安靜聊天的地方，甚至沒有可以寫一封信的角落。

那些坐在交誼室裡的人有些也許還有些小技能是可以發揮的。但這個地方並不是為生活而設計。有些老年人具有大智慧，因為時間和人生閱歷而變得馥郁。為什麼不讓他們有意義地運用自己的智慧呢？光是生存著並不算是活著。

有時，要阻止自己把我對人類深深的愛轉變為恨，真是一大掙扎。這種痛苦，在我二十多個院友之中，只有一或兩個不會體驗到。對我來說，這些充滿恐懼的寂夜讓人無處可逃。我不知道，病人的家屬和醫生會不會終有一天明白到，住在這種地方會讓人的精神承受多大的折磨。有時，這種生活會讓人失去理智。它有一種深層而持久的痛。這種痛不同於被燙傷或肢體被碾碎，但疼痛的程度不遑多讓。這是任何因為末期疾病或精神疾病，被送進所謂的老人醫院的人必然會感受到的。

——摘自《這床是我的中心》（*This Bed My Centre*），1979 年

③這是用了培根的比喻，見下一則文選。

論友誼

／培根（Francis Bacon）　英國人，哲學家、科學家，1561—1629 年

很少人知道孤獨是什麼，它可以延伸出多遠。人群並不等於同伴；因為在沒有愛之處，一張張臉只如同一室圖畫，談話只如同敲響的鑼鈸。

——摘自〈論友誼〉（Of Friendship），載於《隨筆集》（*The Essayes, or Counsels Civill and Morall*），1625 年

老的公蚱蜢

／貝尼特（Stephen Vincent Benét）　美國人，詩人、小說家，1898—1943 年

……夜裡醒來，人雖輕鬆
但不快樂，
我病了，我病了，
我是個被削到見肉的蘋果。
……一石是一石

一樹是一樹，
但老去的我
又算是什麼呢？
——摘自〈老的公蚱蜢〉（Old Man Hoppergrass），1936 年

一個老年人的冬夜
／佛洛斯特（Robert Frost）　美國人，詩人，1874—1963 年

諸室空蕩，
窗玻璃上薄霜如星
屋外的一切向內窺伺著他。
手上一燈照眼，
使他無法回望。
使他記不起自己何以走進這個吱嘎作響房間的
則是他的年紀。
站在木桶之間，茫然若失。
腳步沉重地進來，他驚動了地窖

腳步沉重地出去，又驚動一次
並驚動了外面的夜。
夜的聲響可不陌生，
彷彿群樹咆哮枝椏碎語。
但最像敲打一只空箱
他是一盞只能照到自己的燈。
坐著，若有所思
一盞安靜的燈，甚至連這都不是。
他把照管屋頂積雪和牆頭冰柱的責任
交託給月亮，哪怕它
升起得很晚和殘缺不全，
但好歹比太陽勝任；
他睡著了。火爐裡的木柴
跳動一下，受到驚擾，他挪動一下，
粗重的呼吸轉為緩和，但沉睡依然。
一個老人——一個老翁——無法看守一棟房子、
一座農場、一片鄉村，即便能，
在一個冬夜裡能做的也不過如此。

——〈一個老年人的冬夜〉（An Old Man's Winter Night），1916年

毛皮之歌

／伊高（Aig Higo）　奈及利亞人，作家，生於1942年

一拳揍在明天的臉上
昨天呻吟著說：
「請留心今天的腳步。」
我丟下它們與今天同泳。

毛皮之歌
鳥雀之歌
進入我的靈魂：
什麼樣的火葬柴堆會拒絕你的骨骸？
我的蜘蛛靈魂吐著絲
吐著絲
無窮無盡地吐著絲。

有如甲蟲，我拖著自己的日子
獨自拖著自己的死亡走著。

——〈毛皮之歌〉（Hidesong），1963年

日記摘錄

／凱綏．珂勒惠支（Kaethe Kollwitz）　德國人，版畫家、雕塑家，1867—1945年

今天，走進媽媽房間要帶她下樓吃飯時，我看見了奇特的一幕。就像童話故事中的景象，媽媽坐在桌前、立燈旁、祖父的搖椅裡。她正在翻看一些照片。克林格霍夫太太（Frau Klingelhof）的大貓斜伏在她肩膀上。

媽媽以前很受不了貓，現在卻喜歡讓那大貓坐她大腿上。貓能溫暖她的手。有時，媽媽似乎是把那貓當成一個小嬰兒。當牠想要下來，媽媽會緊張地把牠抱緊，彷彿生怕小嬰兒會墜地。然後，她的表情會充滿關切。她確實是在跟那貓掙扎。

在哈特（Helmy Hart）給媽媽拍的那張臉部特寫照片裡，媽媽帶著一副奇怪的表情。其中蘊含著一種高齡者的智慧。但那不是一種透過思考而得的智慧，毋寧是一種透過朦朧感情運作的智慧。這智慧不是歌德所說的那種「迄今沒人想到過的思想」，而是一種生活了八十七年的經驗總和，如今被當事人隱約感受到。媽媽的樣子就像在沉思。但沉

思不是一個精確的說法，因為「沉思」還是意味著思考。很難說得清這照片表達出什麼。她的表情並未明確表達出這件事或那件事。正是由於媽媽不再思考，她獲得了某種統一性。所以，這照片顯示的是一個非常老的女人，她安住在自己裡面，沒有分別心。對，就是這樣，但要補充一點：她還顯得是個根據一種純淨與和諧秩序而活的人。這是媽媽一向以來的天性。

媽媽愈來愈不曉得那隻貓是貓，把牠當成小嬰兒看待。她常常用毯子把貓裹住，抱小孩那樣抱著牠。看到我的老媽媽做這事，我既感動又覺得可愛。

——1924 年 10 月 22 日的日記

老婦人和她的貓

／多麗絲．萊辛（Doris Lessing） 英國人，作家，生於 1919 年

她名叫赫蒂，和二十世紀同年誕生，七十歲時死於寒冷和營養不良。自喪夫後，她獨居了很長一段時間。她丈夫是在二戰後不久的一個嚴冬過世，死於肺炎，死時不過是個中年人。她四個子女現在都已屆中年，各人的子女也皆成年。這些子孫中，只有一個女兒會每年給她寄張聖誕卡片，其餘的都當她不存在。他們都有房子、有好工作、有車子，是體面的人，而她卻不體面。難得提到她的時候，他們都說她這個人怪里怪氣。

當她丈夫弗雷德．彭尼法瑟尚在人世，而幾個子女還未成年時，一家人住的是國宅，又擠又不舒服，座落地點離倫敦幾個大火車站（尤斯頓站、聖潘克斯站、英皇十字站）都不超過半英里，人潮來來往往，簡直像個出海口。他們住的國宅是那一帶最早出現的幾棟國宅大樓之一，樣子陰森森、灰濛濛，面目可憎，四周幾英畝土地上散布著一些有花園的獨棟房子（它們很快便會被拆除以建築一些更高的灰濛濛大樓）。彭尼法瑟一家是好房客，總是準時交租，從不拖欠。他幹的是建築工，很以自己擁有「穩定」職業而自豪。當時的赫蒂生活正常，毫無跡象顯示出她日後會脫離常軌，若說有這跡象，頂多是她常常會溜到火車月臺去一兩小時，看火車進站出站。她說她喜歡聞火車站的氣味。她也愛看人來人往，愛看「來往外國各地的人」（她說的「外國各地」是指蘇格蘭、愛爾蘭和英格蘭北部）。她喜歡待在嘈雜而人潮洶湧的地方，就像上癮一樣，一如別人沉迷於喝酒、賭博那般。她丈夫開她玩笑，喊她作吉卜賽人。其實赫蒂真有一半吉卜賽血統。媽媽是吉卜賽人，後來選擇脫離族人，嫁了個過定居生活的丈夫。弗雷德覺得赫蒂跟他認識的其他女人都大不相同，所以喜歡上她，並因此娶了她。但她的子女卻擔心母親的吉卜賽血液除了會讓她流連在火車站，還會做出更古怪的行徑。她身材高䠷，頭髮濃密亮澤，皮膚容易曬黑，眼睛烏溜溜而炯炯有神。她穿著鮮豔，容易發脾氣又容易消氣，年輕時高傲而漂亮，十分引人注目。這就不奇怪同一條街的鄰居會私底下稱她為「那個吉卜賽女人」。聽到人家這樣說她，她會回過頭，高聲說她不會因為別人說三道四而有損失。

及至她丈夫去逝，幾個子女相繼成家以後，市政府把她遷置到同棟大樓一個小單位去。她在附近一家雜貨店找到一份賣食品的工作，但覺得無聊乏味。獨居的中年婦女大多從事這種工作，她們人生中繁忙和應負責任的年歲已經過去，剩下來要做的事便只有喝喝酒、賭賭博，找另一個丈夫，試一兩段露水姻緣。赫蒂也過了一段這樣的日子，把上述各項目當成消遣般一一試過，但最後都膩了。從當薪水微薄的售貨員開始，她便做起買賣二手衣物的生意。她沒有店面，都是從各家各戶買進舊衣物，再賣給攤販和二手商店。她極愛這項工作，熱情投人。後來，她辭掉那份正經的工作，也忘掉對火車和旅客的熱愛。房間總是放滿顏色鮮豔的小布塊、珠鍊、舊皮毛、刺繡和花邊。有時，會因為喜愛某件二手衣裙的圖案而捨不得賣出，留著自己穿。國宅大樓裡也有一些住客是從事擺攤的工作，但由於她的經營手法有點什麼問題，她失去了朋友。相處了二、三十年的鄰居都說她人變怪了，不願再和她交往。她不在乎。她非常自得其樂，特別是喜歡推著一輛舊嬰兒車（裡面堆滿買來或要賣的衣物），在路上走來走去。她喜歡跟賣方說長道短，討價還價，在他們面前裝可憐。鄰居們受不了她的正是最後一點（她自己對此也十分清楚），因為那形同乞討。顧顏面的人是不會乞討的。她再也不是顧顏面的人。

一個人住在小公寓讓她感覺寂寞，所以，她儘可能外出，更喜歡流連在生氣勃勃的街道上。但有些時候她畢竟得待在家裡。有一天，她看到一隻小貓縮在一個污穢角落發抖，便把牠帶回家去。她住在六樓。等小貓長成強壯的大公貓之後，活動範圍便遍及整棟大樓的各樓梯、各電梯和各樓層，儼如生活在一個小鎮。國宅禁止飼養寵物，但不嚴格取締。自養了貓以後，赫蒂與別人打交道的機會要多於從前。她的貓愛跟其他人家交朋友，有時會一連數夜不歸，讓她得逐家逐戶敲門尋找；有時，她的貓會被踢或挨揍，或是跟同類打架，流著血或跛著腳回家，遇到這種時候，她都會找踢貓人或貓主人興師問罪。她也會跟其他愛貓人交換心得，好多瞭解該怎樣為她可憐的貓提比包紮和護理傷口。提比不久就變成傷痕纍纍的鬥士：少了一隻耳朵，滿身蝨子，毛髮參差不齊。牠是一隻雜色貓，有一雙黃色小眼睛。論外表，牠比那些顏色細緻、身材優美的名門貓差一大截，但個性卻非常獨立：每逢吃膩了赫蒂給牠的貓罐頭或是盒裝肉汁拌麵包時，牠就會自己抓鴿子來吃。每次赫蒂感到寂寞，把牠抱在胸前，牠都千依百順，低聲咕嚕。但赫蒂感到寂寞的次數愈來愈少。她已經明白，子女以有她這個買賣破爛的母親為恥，想要離她遠遠的。她認命了，心中的怨忿只有遇到聖誕節之類的日子才會湧起。這怨忿總帶著自嘲。她會對著貓這樣或唱或吟：「你這骯髒的老東西，沒人要你。可不是，提比，沒有人要你。你只是隻野貓，只是隻愛偷吃的老貓。活該啊，小提，真是活該。」

大樓裡到處都是貓，還有一兩隻狗。牠們在灰色的水泥走廊上追逐打架，有時也會留下大小便，在鄰居之間引起諸多是非恩怨。許多人向當局投訴。最後，市政府終於派人過來，宣布要嚴格執行禁止飼養寵物的規定。這表示，赫蒂和其他養寵物的國宅居民一樣，得把她的貓給人道毀滅。不巧的是，碰到這危機的當兒，她又交上別的惡運。她得了重感冒，無法做生意又無法出門領取老人年金，債臺高築。她還欠了好幾期租金。她沒繳電視機的租金，被人上門催款。鄰居又閒言閒語，說她「野性大發」。事情的起因是，有一次，她的貓從外面啣回一隻鴿子，沿著樓梯和走廊滴了一地鴿子血和落了一地羽毛，有個女人為此上門找她理論，結果發現她在拔鴿子毛，要燉來吃。原來她一直都和提比把鴿子分著吃。

把燉好的鴿子放到盤子裡吹涼時，她有時會這樣對貓說：「你這老髒鬼，什麼不好吃偏要吃髒兮兮的鴿子。你以為自己是野貓不成？正經貓不會吃髒鴿子，只有可憐巴巴的吉卜賽人才吃野鳥。」

一天晚上，赫蒂請求一位有車的鄰居幫忙，把她連同她的電視機、貓、幾綑衣服和嬰兒車一起載到倫敦另一頭一個貧民區。那兒有許多準備拆除重建的空房子。那鄰居替她跑了另一趟，把她的床和床墊綁在車頂上載過來，又帶來了她的一個抽屜櫃、一口舊行李箱和一些鍋子。就這樣，她離開住了三十年（換言之是近半輩子）的街區。

她在其中一棟房子的一個房間裡重建家園。因為害怕被追討欠租和被追究偷走電視機的事，她不敢去領老人年金和登記地址。她重新做她的小買賣，所以小房間一下子又堆滿五顏六色的布料、花邊和金屬綴片。她用一個小瓦斯爐燒飯，用水槽洗澡。因為沒有熱水供應，她只能用燉鍋燒水。那棟早晚要拆的房子裡還住著另外幾個老太太和一對有五個小孩的夫妻。

她住的是一樓後頭的房間，有一扇窗戶開向被遺忘的花園。她的貓可樂了，只覺得主人這個新居真是棒，因為房子方圓一英里內的範圍都可充當牠的獵場。房子附近有條運河，流過的是城市人家的污水。運河中佇立著幾個小島，貓可跳過一艘艘停泊的小船跳到小島上。島上有的是老鼠和各種鳥類，而屋外人行道也多的是肥大的倫敦鴿子。提比捕獵技巧高超，很快便在當地的貓群中取得不低的地位，而且用不著打太多架來維護這地位。牠是隻強壯的公貓，繁衍出十幾隻又十幾隻的小貓。

赫蒂和提比在這地方渡過了五年快樂時光。她的買賣做得不錯，因為附近住著一些有錢人，他們丟棄的東西都是窮人願意用廉價購買的。赫蒂並不寂寞，她和住頂層的一個老太太雖然常常吵架，卻也建立起還過得去的友誼。對方就像她一樣，和子女不相往來。至於同屋那五個小孩，赫蒂對他們很兇，罵他們吵，嫌他們亂，但又會偷偷塞點錢和糖果給他們，一方面又對他們母親說：「不值得為子女做牛做馬，太蠢了，他們不會感激的。」所以，雖然沒有了老人年金可領，她還算過得不錯。她賣了偷來的電視，拿這錢請樓上的朋友到海岸區去了幾趟一日遊，還買了部小收音機。她從不看書也不看雜誌，因為她不識字（起碼是識字不多），無法從閱讀獲得樂趣。她養那隻貓不但不花錢，反而有賺，因為提比會自己覓食，還會抓鴿子回來給她燉著吃。她則以牛奶回報。

「貪吃的提比，你這貪吃鬼，別以為我不知道你在外面幹了些啥。其實我全知道。我告訴過你多少次，吃生鴿子會讓你生病的？」

那條街後來終於開始重建，出現了一些供中產階級購買的房子，不再是千篇一律有礙觀瞻的模樣。這固然表示，赫蒂有更多機會買入一些品質好而保暖的舊衣物（嚴格來說不是「買」而是「乞」，因為她仍然忍不住要用如簧之舌和仍然閃亮嫵媚的眼睛打動對方，把東西白白送她），但她就像她的鄰居一樣，知道他們住著的房子不久便會被拆掉，裡面一群窮鬼也會被掃地出門。

就在赫蒂七十歲生日那個星期，大家從貼出的告示得知，這裡的小社群得結束了。他們有四個星期時間另覓住處。

倫敦房屋短缺（世界何處不然），照理說，這些人只能各奔東西，自求多福。然而，由於市議會即將舉行改選，這條特殊街道的命運受到了關注。街上無家可住的窮人成了焦點，被認為可以充分反映全區甚至全市貧富兩極化現象：一半人口袋滿滿，住的是華宅美廈，而像赫蒂之類的另一半人則只能棲身在破敗的危樓裡。

在市議員和教會人士的大聲請命下，當局不敢對重建計劃的受害者置之不理。一個小組被派去訪視赫蒂這一屋子的人，其成員包括一位就業輔導主任、一位社工和一位房屋重建部門主任。他們看到的赫蒂是個高大憔悴的老太太，身穿一套陳舊的猩紅色呢絨套裝，頭戴一個黑色的針織茶壺套子，腳上是一雙大一號的愛德華時代款式的銅釦靴子。正因為這樣，她要領著他們走進自己房間時，不得不拖著腳步走路。這些政府人員雖然見慣一窮二白的場面，卻沒人敢走進她房間，只是站在房門口告訴她當局的德政：他們可以幫她申請老人年金（他們都奇怪她怎麼一直不申領）；另外，她和其他四位老太太也會被安置到北部郊區一間市政府開辦的安養院去。幾個老太太過慣倫敦市的熱鬧生活，很不願意搬到郊區，但因為別無選擇，只好同意。大家心裡都很不是滋味，陷入鬱鬱不歡的心緒。赫蒂也勉強同意了。幾個老太太之中，她大概是最都市化的一個，因為她整天推著堆滿破布爛衣的嬰兒車，走遍大街小巷，對倫敦的肌理和味道無比習慣熟悉。然而，上兩個冬天都冷得她骨頭痠痛，而她的咳嗽也從未完全停過。所以，對於要搬到「綠野之中」這事情，她反而比其他幾位老太太更無所謂。事實上，她們預定入住的安養院附近並無綠野，但出於什麼原因，幾位老太太喜歡用「綠野之中」這句老歌歌詞來想像她們的新居，就像住在綠野附近最是與離死不遠的老婦人身分匹配。「能再次住在綠野附近真挺不錯。」她們邊喝著茶邊這樣彼此安慰。

房屋重建部門派來一個年輕官員向他們宣布最後的安排：赫蒂和其他人都必須在兩星期內搬走。在她東西塞得滿滿的房間裡只有一把椅子，那年輕官員坐在這椅子裡向她說明情況。但他只敢坐在椅子的最邊邊，因為那椅子油膩膩的，而他也懷疑上頭有跳蚤或是其他更可怕的東西。他也儘可能放輕呼吸：空氣中瀰漫著惡臭。這屋子唯一一間廁所的馬桶已經壞了三天，而這廁所和赫蒂的房間只有薄薄一面牆壁之隔。即便不是這樣，整棟房子也是臭氣薰天。

這年輕官員太知道房屋短缺讓多少人無家可歸，太知道有多少被子女遺棄的老人家欲求政府的照顧而不可得，所以忍不住認為面前的糟老婆子得以被安置到安養院，可說是走了狗屎運——哪怕他也知道，安養院的老人在有幸謝世之前，都是被當成不聽話和不懂事的小孩對待。

他告訴赫蒂，當局會派一輛小貨車來幫她和其他四位老太太搬家，又說她們除衣服之外什麼都不必帶，頂多是再帶幾張照片。說到這裡，他看見他原以為是五色碎布堆的一團東西忽然動了起來，伸出一隻皮肉不整且黑中帶黃的爪子碰碰赫蒂的裙子——這裙子是她用印花窗簾布釘成，她說她喜歡那上面的粉紅色和大紅色玫瑰圖案。

「妳不能把貓帶在身邊。」年輕官員脫口道。他有需要作此宣布的機會很多，也深知這一類宣布會帶來多少悲苦，所以措詞通常會比較婉轉。這一次他是被嚇了一跳才會脫口而出。

提比看起來就像一團沾滿灰塵和雨水的陳舊絨毛。牠一邊的眼瞼只能半張開（這眼瞼一條肌肉在一次幹架中給撕裂），一隻耳朵只剩一丁點，腰間有一大片無毛地帶，帶著一道深深的疤痕（牠有一次被一個恨貓人用空氣槍射中，傷口過了兩年才癒合）。除此之外，提比還全身發臭。

然而，論外表的邋遢，牠的女主人不遑多讓。此時，這位女主人坐姿僵硬，以猜疑而帶敵意的目光望著梳理整齊的市政府官員。

「這東西幾歲了？」

「十歲，不，才八歲。其實牠還年輕，大約才五歲。」赫蒂回答說，心裡慌亂不已。

「妳讓牠早點脫離苦海對牠未嘗不是好事。」年輕人說。

那官員在赫蒂答應一切後離開。這一群老太太中，只有她一個有養貓。其他老太太或是沒養寵物，或是只養了相思鸚鵡。安養院不禁止養鳥。

赫蒂另有打算，也把這打算告訴了其他屋友。所以，當小貨車來接她們，要把她們連同衣服、照片和相思鸚鵡送去安養院時，赫蒂不見蹤影。她們為她撒謊掩飾：「我們真不知道她去了哪兒。」老太太們反覆對那事不關己的司機說。「昨天晚上還看到她。

啊，對了，她好像說過要到曼徹斯特去找女兒。」小貨車接著開走，把一群老婦人載到安養院去等死。

赫蒂知道，樓房搬空後有時要等上幾個月甚至幾年才開始重建，不見得會立刻拆除。她打算繼續住在原處，等建築工人來了再作打算。

那年秋天不冷。這是她平生第一次過得像她的吉卜賽祖先，晚上不是如正經人家那般在屋子裡的床鋪睡覺。一連幾晚，她都是帶著提比，蜷縮在離她原來住處一箭之遙的一棟空樓房的大門口。她非常清楚員警會在什麼時候巡邏到這邊，也知道員警來時她可以躲到蔓草叢生的院子的哪裡。

一如她所料，那房子沒有馬上要拆除的跡象，於是她又搬回去住。她打破後窗一格玻璃，讓提比可以自由進出，省去給牠開門的麻煩（她不乾脆讓窗戶整天開著是避免引人起疑）。她搬到頂層靠後面一間房間去住，每天一大早便出門，推著載滿各種破爛的嬰兒車，在路上度日。夜晚，她會在地板上點根蠟燭以供照明。廁所仍然不能沖水，所以，她就用一樓的一個桶子便溺，晚上再偷偷倒到運河去（這運河白天小船穿梭，釣客雲集）。

這段期間，提比多次給她帶回來鴿子。

「哈，你是隻聰明的貓咪。提比真聰明，對不對？你知道門道，對不對？提比知道怎麼找吃的。」

然後天氣變得非常冷冽；聖誕節來了，又走了。赫蒂咳嗽復發，大部分時間都是裹著層層疊疊的毛毯和舊衣服打盹。晚上，她注視著燭影在地板上和天花板上的燭光飛影：窗框因為無法密合，氣流會灌進房間裡。有兩次，她聽到樓下來了打算夜宿的流浪漢，然後又聽到員警把他們趕走的聲音。因為擔心員警把她留給提比那扇破窗子給封住，她不得不下樓察看。員警沒那樣做，不過，她倒是看見一隻黑鳥死在地上。看來，那鳥是從窗洞中飛進來，想要再飛出去時不小心撞死。赫蒂拔了毛，拆了點地板當柴（瓦斯當然早已切斷供應），在煎鍋上煎了吃。她一向吃得不多，所以，現在只要有大堆衣服可裹在身上，那她光吃點麵包乾和碎乳酪也儘可將就過去。她雖然仍舊不夠暖和，但也不怎麼理會。屋外到處都是泥泥雪雪的。她回到自己的窩，心想寒流大概很快會過去，讓她可以恢復營生。提比有時會鑽進她被窩，供她緊緊抱住取暖。「唉，你這聰明的貓咪，你這聰明的老傢伙。你懂得照顧自己，對不對？好乖，我的心肝小寶貝。」

之後，雪融了（但只是暫時融化，因為那時還是一月天，冬天才剛開始），赫蒂正想出去走動走動，卻看到一輛建築公司的小貨車開到屋外，兩三個人從車上卸下一些器材。他們沒進屋裡來：第二天才會動工。等他們再來時，赫蒂已推著嬰兒車離開了，嬰兒車上堆放著舊衣物和兩條毯子。她還帶走了一盒火柴、一支蠟燭、一口老舊鍋子、一把叉子、一根湯匙、一個開罐器和一個捕鼠器。她一向怕老鼠怕得要命。

兩英里之外是氣氛怡人的漢普斯特德區，住著許多有錢、有學問和有名的人。赫蒂曉得，在他們那些帶花園的獨棟房子之間，座落著三棟空置的大屋。這是她幾年前搭公車路過時看到的。她極少搭公車，因為她知道，以她那身怪異至極的裝束，還有她那副既像落魄老太婆又像小頑童的外貌，在在會引起同車乘客的側目和議論。真的，隨著她愈來愈老，衣衫愈來愈襤褸，稚氣也愈重愈逼人。兩者的強烈混合會讓任何靠近她的人不舒服。

她起初擔心三棟空屋已被拆掉重建，但去到的時候發現屋子還在。它們全都半倒半塌，非常危險，連流浪漢都不太光顧，更不用說那成千上萬的倫敦露宿者了。屋子裡一塊窗玻璃也不剩。一樓地板幾乎全爛掉，只剩下一些邊緣，畢露出整個積滿水的地下室；要走過去，只能靠一些倒塌在地板邊緣之間的厚木板。天花板也是支離破碎，屋頂已不翼而飛。三間大屋都像是給轟炸過。

在那個陰暗寒冷的傍晚時分，她把嬰兒車拉上搖搖欲墜的樓梯，上到三樓，小心翼翼在不牢靠的地板上移動，巡視了一番。地板上有個大洞，直通地面，看下去就像望向井底。她點了蠟燭檢查牆壁的狀況，發現牆壁還算完整，又看到有個角落還算乾燥，不太受從破窗戶吹進來的風或雨影響。她就在那角落安頓下來。窗外有一棵黑桑樹，遮擋住二十碼開外的大馬路。一路下來，提比都是被她放在嬰兒車裡，跟一堆舊衣物擠在一起，此時，牠一躍而起，跑下樓梯，潛到無人打理的花園中捕捉晚餐去。飽餐一頓之後，牠神情愉快地回來，任由女主人用瘦骨嶙峋的手臂把牠緊緊抱在懷裡。赫蒂一直盼著牠回來，因為只有靠抱著一團暖暖的皮肉，她骨頭裡揮之不去的冷痛才能稍稍紓緩。

第二天，她賣掉她那雙愛德華時代款式的靴子（這種靴子又時興起來了），得到好幾先令，買了一條麵包和一些培根屑。回到廢墟般的破房子之後，她在遠離自家的窩的一個角落，拆了幾塊木頭地板，生了個火，動手烤麵包和培根屑。提比抓了一隻鴿子回來，她也拿來烤，但怎麼烤都烤不熟。她既擔心火苗太高會引起大火，又怕煙太旺會暴露行藏，引來員警的注意。她不斷壓低火勢，所以鴿子怎麼烤都血淋淋的，讓人沒有胃口，大半隻都是提比吃掉。她心緒煩亂，意志消沉，但又認為這只是冬天太長、春天遙遙無期所引起的憂鬱情緒導致。事實上是她病了。在肯承認自己生了病之前，她還出過幾次門，試著做點買賣掙點錢餬口。她曉得自己病得還不算嚴重，這是因為她一輩子的生病經驗豐富，若真是得了什麼天大的重病，她不會分辨不出來。不過，她還是很難受：全身骨頭痠痛，頭也疼，咳得比什麼時候都厲害。儘管如此，她仍然不認為自己挺不過風寒——哪怕是下雪雨的一月天苦寒。包括那兩個國宅單位在內，她一輩子從未住過真正夠溫暖的地方。國宅雖設有電火爐，但為了省電費，他們一家除非遇到極冷的寒流是不會使用的。他們的禦寒方法是多穿幾層衣服，或是早早上床睡覺。但她已經知道，如果不想慢慢死去，就不能像以往那樣對寒冷掉以輕心。她必須多吃點東西，也必須讓自己再暖和一點。於是，在那個雪花和雨雪比較不會侵襲到的角落，她為自己築了另一個窩——她人生的最後一個窩。她先在瓦礫堆中找來一片塑膠布，鋪在地上，用來阻絕濕氣，再鋪上兩張毯子和疊上一大堆舊衣服。她希望可以在最上面再鋪張塑膠布，卻找不到，只好用報紙代替。造好窩之後，她放一條麵包在旁邊，再鑽入其中。她時而打盹，時而咬一小口麵包，一面望著輕輕飄進屋來的雪花，一面等著提比。稍後，老貓回來了，走到從被堆中露出的鐵青色蒼老臉孔旁邊，伸出爪子，輕輕碰觸這張臉。牠坐立不安，喵喵叫了幾聲，跳出屋外，衝入結霜的清晨大地，帶回來一隻鴿子。鴿子仍然微微撲翅和掙扎，提比把牠放在老太太旁邊。赫蒂好不容易才把被堆睡暖，不敢離開。再說，她也沒有力氣爬到外頭拆一些木頭地板生火或拔光鴿子的毛烤來吃。她伸出一隻冷冰冰的手撫摸貓咪。

「提比，你真貼心，懂得帶東西回來給我吃。你真貼心，對不對？來，進來，進被窩來……」但貓兒這一次不想跟主人待在一起。牠喵喵叫了幾聲，把鳥往她再推近一點。鴿子這時已經斷氣，變得軟綿綿的。

「你吃吧。我不餓，你吃就好。謝謝，提比，謝謝你。」

但老貓對鳥屍體不感興趣。牠回來前已經吃過另一隻鴿子。牠把自已養得很好。雖然毛髮亂成一團，身上傷疤纍纍，還有一邊的眼瞼只能半張開，牠還是一隻健康強壯的貓。

大約半夜四點的時候，樓下傳來腳步聲和說話聲。她飛快爬出被堆，跑到房間後頭，躲到一個由剝落灰泥和塌下樑木形成的小堆後面。這廢物堆因為靠窗，上面蓋著一層雪。二樓的地板已經全部垮塌，她可以從三樓地板上的大洞直接看見一樓的情形。她看到，有一個穿厚大衣和戴皮手套的男人，拿著強光手電筒，照亮地板上一個細長的衣物堆。她看得出來，衣物堆下面躺著個男人或女人。她對有人闖進她的地方來睡覺感到生氣，另一方面又感到害怕：這個廢墟裡一直住著另一個人，而她竟然不知道。這個人有沒有聽過她對貓說話呢？貓到哪兒去了？牠要是不小心，就會被抓到，那就完了。持手電筒的男人離開了一會兒，再連同另一個男人一道回來。手電筒的強光在一片墨黑中形成一個光窟窿，赫蒂看見，在這片光的空間裡，兩個男人彎下腰，把地上的人連衣物堆一起抬起，往回走過地上顫危危的厚木板——這些厚木板形同跳板，只要一斷掉，走在上頭的人便會掉到積滿水的地下室去。因為要抬屍體，持手電筒的男人無法把手電筒拿穩，光束在樹間和草叢間劃來劃去：兩人穿過矮樹叢，最後把屍體抬到車上。

他們是清運屍體的人員。每逢深夜兩點到清晨五點之間，當貨真價實的倫敦市民正在熟睡之際，會有一隊人員查看各棟空置和腐朽的房子，看看有沒有人死在裡面，有的話就搬走，免得這些窮人的屍體在白天會把市民給嚇著，引起不快。如果看到有活人住在裡面，他們就會勸這些人搬到安養院或遊民之家去住宿。

赫蒂害怕得呆住，無法回到溫暖的被堆去。她拉了毯子裹在身上，從地板上的大洞往下看，打量這房子的結構、形狀和每一個洞窟、水坑和瓦礫堆。她眼睛已經習慣了黑暗，像貓一樣有著夜視能力。

然後她聽見沙沙的聲音，知道是老鼠走路時所發出。她本來是想設置捕鼠器的，但又怕她老友提比的爪子會被夾到，因而作罷。她一整夜都坐著，直到灰濛濛、冷冰冰的晨光照進屋子為止，而當時已是九點過後。此時，她終於意識到自己病情嚴重且十分危急，因為她先前從被堆取得的些許暖意此時已從她的骨頭流失殆盡。她全身劇烈顫抖，像是要四分五裂。在每兩次痙攣的間歇之間，她筋疲力竭，全身癱軟。從頭上的天花板（那其實不算天花板，只是一些布滿蜘蛛網的石板和木塊），她看到了原本是閣樓的黑漆大窟窿，又從閣樓上的破屋頂看到灰色的天空。天空開始下起大雨。這時，老貓回來了，坐到了赫蒂大腿上，給她的腹部添了點暖意。她正在思考自己的處境，而這是她最後一次頭腦清楚地想事情。她告訴自己，除非肯讓「當局」發現她，把她送院治療，否則她鐵定熬不到春天。但她也知道，自己出院後肯定會被送進安養院。

到時提比要怎麼辦，她可憐的貓咪要怎麼辦？她用大拇指輕揉老貓的癩痢頭，喃喃說道：「提比，他們抓不到你的，一定抓不到。你不會有事的，提比，我一定會把你照顧好。」

快中午時，太陽從油膩灰溜的萬里雲層中滲出了一點黃光。她搖搖擺擺走下朽壞的樓梯，去到街上。哪怕倫敦市民對各種怪事習以為常，但看見赫蒂走過，還是忍不住轉過身多看她兩眼。他們看到的是一個高個子而骨瘦如柴的老太婆，蒼白的臉上一片片潮紅，鐵青色的雙唇緊抿著，黑色眼珠閃爍不定。她身穿扣緊鈕釦的男用大衣，手戴破洞的棕色呢絨手套，頭上蓋著一頂老舊的毛皮兜帽。她推著嬰兒車（裡面是全糾在一起的繡花布片和破鞋爛衫），走過排隊的人、聊天的人和逛街的人身邊，口中唸唸有詞：「好心人，把舊衣服送我吧，送給我你那漂亮的舊衣服吧。給赫蒂一點東西吧，可憐的赫蒂好餓。」有個女人給了她一把銅板，她用其中幾枚買了個番茄生菜捲餅。她不敢進小吃店吃東西，因為雖然頭腦不清，她仍然知道自己是不受歡迎人物，有可能會被趕出來。她向一個路邊攤販討了杯茶，而當那又甜又熱的液體流入她身體時，她感覺好多了，心想自己也許可以熬得過這個冬天。她又買了一盒牛奶，才推著嬰兒車，穿過泥濘積雪的街道，回到廢墟堆去。

提比不在。她從木頭地板的裂縫向下小了個便，自言自語說：「真是麻煩，都是那杯茶。」然後她用一張毯子裹住身體，等待天黑的來臨。

提比稍後走進來，一隻前腿上沾著血。先前她聽到一陣廝打聲，所以猜想提比一定是跟一隻或幾隻老鼠打了一架，還被咬了一口。她往斜擱著的燉鍋倒入些牛奶，提比喝了精光。

她整晚都把貓擁在冷颼颼的胸前。他們沒有睡著，只是斷斷續續地打盹。晚上是提比的活動時間，牠通常都會出外獵捕，但迄今為止，牠已一連三晚沒有外出，陪在老婦人身邊。

第二天一大早，她又聽到屍體搬運人員在一樓瓦礫堆行走的聲音，看見手電筒的光束在潮濕的牆壁和倒塌的樑柱之間劃來劃去。有一下子，光束幾乎直接照在赫蒂身上。但沒人上樓。這不奇怪，試問誰會想到，有人竟會走投無路得膽敢爬上破爛的樓梯，睡在隨時可能坍塌的木頭地板上？更何況現在正值嚴冬？

此時，赫蒂已不再去想自己的病——不去想自己病得有多重、有多危險、有多少可能活下去。她已把寒冬及其致命的寒氣從腦子裡抹去，把春天當成近在咫尺。要是她和提比當初被迫搬來這裡的時候是春天的話，那她倆說不定就可以安全和舒適地住上幾個月又幾個月。一想到自己的生死竟是取決於建築商的一念之間（即決定在一月而不是四月改建房子），她便覺得這種事太荒謬，無法置信，自動把它排除在腦子之外。到昨天為止，她的頭腦還算清醒，但此時卻變得一片混沌。她開始大聲自言自語和大聲笑。一度，她還爬著站起來，往自己收藏的破爛堆中翻找女兒四年前寄給她的聖誕卡片。

接著，她用粗嘎憤怒的聲音指責四個子女，說她現在老了，需要有一間自己的房間。她對他們吼道：「我一直是個好媽媽，從沒讓你們缺過什麼，從來沒有！你們小時候我總是讓你們穿最好、用最好的！不信的話可以問問他們，問啊！你們問啊！」她對著四周比手勢，彷彿那裡站著一些看不見的證人（從前的鄰居、社工和一位醫生）。

她動來動去，又吵吵鬧鬧，提比不敢待在她身邊，便縱身跳上嬰兒車，弓著身子注視她的動靜。牠行動不太靈活，前腳血跡仍在。老鼠那一口咬得很深。天色泛白後，牠看見赫蒂似乎睡著，便下樓去到花園去，從那兒看到人行道邊有隻鴿子正在啄食。牠縱身一跳把鳥撲倒，拖回灌木叢中吃個精光，沒啣回去給樓上的女主人。吃食過後，牠繼續藏匿在灌木中，打量往來經過的路人。牠的兩隻黃色眼睛聚精會神，閃閃有光，像是在思考些什麼，或是在計畫些什麼。就像知道早回家也沒用似的，牠到了很晚才回到破房子去，爬上濕答答又搖搖欲墜的樓梯。

牠找到赫蒂時，她背靠著一個牆角，似乎正在熟睡，身上鬆鬆垮垮地裹著一條毯子。她的頭垂在胸前，一大撮白頭髮從猩紅色呢帽的帽緣垂落，把她半邊臉遮住。這臉泛著粉紅色，看似血色紅潤，但其實是因為凍昏所引起。當時她還沒斷氣，要等半夜才會完全死亡。這時，一些老鼠爬上了牆頭，沿著支架走動。老貓大吃一驚，馬上夾著尾巴向樓下逃跑，一拐一拐地跑進了花園的灌木叢中。

赫蒂的屍體要再過兩、三個星期才被人發現。當時天氣回暖，陣陣惡臭把負責找屍體的隊員吸引到搖搖欲墜的樓梯底下。她的遺體還剩下一些，但剩不多。

至於那隻貓，則是在厚密的灌木叢裡流連了兩三天，有時觀察人行道上往來經過的路人，有時觀察大馬路上洶湧的車流。有一次，一對男女停在人行道上說話，提比看到四條腿，便從灌木中跑出來，挨在其中一條腿上磨蹭。一隻手伸下來，撫摸和輕拍了牠幾下。然後那兩人便走開了。

老貓明白自己不會找到另一個主人，便上路去，沿途又嗅又摸，走過一個又一個花園，穿過一間間空屋，最後去到一片古老的教堂墓地。墓地早住著兩三隻流浪貓，提比便加入到牠們中間。漸漸地，流浪貓愈聚愈多，不可收拾。牠們捕殺野鳥和草叢中的田鼠為食，飲泥水坑的水解渴。冬天結束前，這群貓吃過一段日子的苦頭，因為在兩次強烈寒流來襲期間，地上都結了冰，沒有泥水坑的水可喝；另外，在一片雪白的背景中，貓的身影很容易被小鳥發現，抓鳥變得大不易。不過，牠們大致上還應付得過去。貓群中有一隻是母貓，所以，小貓便一窩接一窩誕生。一大群野貓橫行無忌，讓人難以想像這裡是市區一隅。牠們還只是方圓一平方英里內五、六大群野貓的其中之一。

最後，市政府派出人員來抓貓。牠們有些逃過搜捕，躲了起來，風頭過後再返回原來的地盤。但提比卻給抓著了。不只是因為牠又老又不靈活（牠被老鼠咬過後始終是一跛一拐），更是因為牠不怕生。看到有人來捉，牠不但不逃，反而乖乖任由對方抱起。

「你是隻老鳥了，對不對？」抱他的人說。「看得出來你是真正的老薑。」

說不定，提比這時會以為，牠已經找到了另一個人類朋友和一個新家。

但事實並非如此。那星期被抓到的野貓數以百計。如果提比年輕一點，牠說不定可以找到新家，因為牠又溫和又喜歡親近人類。問題是牠太老了，又一身臭味且破了相。所以他們給牠打了一針，好讓牠（如一般所說的）「可以睡覺去」。

——〈老婦人和她的貓〉（An Old Woman and Her Cat），1972 年

大使
／羅多利（Marco Lodoli） 義大利人，作家、記者，生於 1956 年

無聊乏味是最糟糕的感覺。不幸的是，當你七十歲的時候，你不會睡得好和睡得久，一天會變得很漫長。我破曉便起床，盥洗，仔細刮鬍子，再找出一件乾淨襯衫穿上。就這樣了，我沒有其他事情可做。所以，我往外走，像個從慢慢沉沒的小舟跳船的人那樣，在無邊無際的大海隨處漂流。我朝任何方向走去，踏步於柏油路面，為的只是離開家裡，不用當一個整天只會呆坐在單人沙發裡的老鰥夫。有時，我會一直走到鐵軌上方的陸橋，等待四、五班火車經過，努力看看它們的標示牌，想知道它們是要往哪個城市奔馳而去。我有時也會故意讓自己在一些不熟悉的街區迷路，期待碰到什麼刺激的事，期盼有人把我喊住：「羅倫佐！」然後把我帶到一個有趣的地方。我會是這個樣

子，是因為人不像一般所以為的，老了以後會變得有智慧，會像是站在一個天空般的高處，俯瞰一切，看破一切。起碼我自己不是這個樣子。我仍然喜歡待在紅塵，抓住任何從眼前匆匆而過之物。其實，一般老年人都是因為不受歡迎，才會被逼縮到角落，變得有智慧，說出一些空洞的哲理。有些早上，我會覺得自己還是二十歲，覺得自己肌腸轆轆、充滿愛和各種愚蠢夢想，很想到老人中心打打加納斯塔牌，喝四杯一公升的啤酒，大聲吆喝。只可惜，我並不會打加納斯塔牌，而且搞不懂出牌、墊牌和裝成莫測高深的樣子樂趣何在。我寧可到綜合商場的保齡球館去滾滾球。我是寧可那樣做，卻沒有那樣做，因為與一群玩瘋了的年輕人做一樣的事會讓我難為情。所以，我只會到那裡駐足一下，呼吸一下那被年輕氣息震得噼啪響的空氣，並嫉妒那些一球就打倒十個瓶子，然後笑著跟男朋友扭在一起的女孩子。我的問題是，這個世界變化得太快了，我完全跟不上。街上牆壁上寫的東西是我看不懂的，名字是我從沒聽過的，但我猜它們一定非常重要，否則不會招來那麼多愛或恨。我聽見汽車飄出的收音機歌聲，卻完全不明白那是在唱什麼。在酒吧裡，人們用來交談的就像是一種我不懂的外語。有時我會去看電影，而雖然我努力保持專注，努力讓自己不睡著，但就是無法搞懂它在演些什麼。散場走出戲院時，每當聽到有人說「好棒的電影」這話，我都希望他能告訴我，電影棒在哪裡，而我又是身在哪裡。老人中心的老人打完紙牌都會到後街的電影院看黃色電影，一張票可以連看三齣。每個人都是一個人坐，頭上帶著帽子，以銀幕上互相擠壓的肉團作伴。我也試過以這種方式打發時間。然後我就會回家去，喉頭像噎著硬塊似地把卡泰麗娜的一些圓領襯衫和裙子攤開在床上。它們全都大而輕，就像船帆，看似只要一陣微風便足以把它們吹過屋子，看似這世界要是真有公道的話，床就會動起來，飄起來，把我帶到她那兒去。

——摘自《大使》（*The Ambassador*），1992年

電話鈴聲
／阿麗法．拉法阿（Alifa Rifaat）　埃及人，作家，生於1930年

鄰近一戶人家的電話響了又響。然後鈴聲停了下來，過一會兒又再度響起；在晚上的這個時候，是什麼事情讓某個人非要把電話打通不可？是攸關生死的事情嗎？還是攸關愛的事情？除了愛以外，沒有別的事情可以讓人這麼鍥而不捨，沒有其他理由可以解釋打電話的人何以如斯倔強。所以，打電話的人必然是個被愛人拋棄，想要尋求復合的人。他必然知道，他所愛的人就在電話的另一頭，只是不肯拿起話筒罷了。

至於我，則是已經在自己的公寓裡坐了幾小時，明知不會有人打電話來，明知不會有人會向我要求復合：因為墳墓是沒有對外聯絡管道的。然而，難道不是任何身處最幽暗處境的人都會設法尋求一線希望，不是就連站在絞刑架前的死囚都會指望僅剩的幾秒鐘能出現什麼奇蹟，讓他得免一死嗎？但我並沒有指望奇蹟出現，至少沒有指望會有那

麼具體的奇蹟出現。我唯一敢奢望的，只是他會從墳墓的另一頭捎來一個最小的信息，告訴我他正在等待我。我別無他求，只求得到一個我能明白的小信息。這難道是不可能的嗎？例如，為什麼我不可能在起床後發現原本放在靠窗小桌上的花瓶變成放在書架頂上？我祈求的不過這麼小。

電話鈴聲已經停了。是打電話的人已經認命了嗎？還是他已睡了，暫時往夢中尋找平靜？夜已深。深宵的黑色天空橫掠著灰色紋理。接下來幾小時將是開羅難得的短暫安靜時光，在這段時間之內，路上將只會偶爾有一、兩輛車開過，開車人也不會有按喇叭的需要。窗外的街道闃無一人，只有幾隻晝伏夜出的貓在垃圾堆裡翻找食物。

不久之後，呼喚人們晨禱的宣禮聲④就會像團團雲霧般飄過這座沉睡中的城市。屆時，我將會聽到宣禮聲從三個不同方向傳來，分別來自三座不同的清真寺。三者的宣禮聲不完全同步，所以，當它們其中之一在唸著「舍哈達」⑤的時候，另一座清真寺則會告訴我「禱告要勝於睡覺」（這對我而言是多此一說，因為我一整晚都醒著）。

環繞我四周的夜充滿著一種會訴說記憶的寂靜。房子裡各種熟悉物事告訴我，我的人生是多麼的充實，而這人生又是如何隨著他的離世戛然而止。自那之後我一直在等待。否則，人死後的那四十天又有什麼意義呢？法老王們（他們都是死亡的專家）不是

---

④「宣禮」是伊斯蘭教的用語，指從清真寺的宣禮塔呼喚信徒禱告或做禮拜。

⑤「舍哈達」是伊斯蘭教的基本信仰表白，內容作：「萬物非主，唯有真主。穆罕默德是真主的使者。」

告訴過我們，在這四十天內，死者會繼續盤旋在我們四周，之後才會另赴他處嗎？如果他要給我信息，就肯定會是在這段期間捎來，因為在這之後，我們就會真真正正地分處不同的兩個世界。

我必須努力抑制，才能不去想何種恐怖的變化，已經發生在那個我愛得如此之深的人的臉容和身體上。我從前不知道祈求過多少次，求老天讓我比他先死，好讓我不用活在沒有他的痛苦中。

這時，我一如往常地等待著宣禮聲響起，而待晨禱過後，我會回臥室再睡幾小時。女傭有大門鑰匙，她會自行進屋，帶來各種生活必需品放入冰箱，打掃過後帶著我留給她的工錢離開。這是我現在唯一能活下去的方式，即把日夜顛倒：靠著安眠藥的幫助在別人醒著的時候入眠，等四周的世界沉睡後再醒來，沉浸在思念他的思緒中。這方法讓我可以把人生給顛倒過來，可以使其部分死去。

忽地，電話鈴聲響起，驚破了我四周的寂靜。自他去世後，電話便沒有再響過，頂多是白天有人打來，而女傭會告訴對方，女主人不在，也不想接任何電話。那麼，誰又會在這個時候打電話來呢？當鈴聲在我耳朵鑽個不停的時候，我驀地明白過來這通電話的意義。但我知道，電話的另一頭將不會傳來他的聲音。因為我完全知道，如果我會收到任何信息，那一定是個無比幽微的信息。

我走向那個我們一起買的矮櫃，用一隻穩定的手拿起話筒，貼在耳朵上。一如預期，話筒另一頭一片寂靜，沒有聲音。我把話筒貼得更緊，心想這樣也許可以聽到呼吸聲，哪怕我又知道連這樣的事都不會發生。正在發生的事要求於我的是一種高度的信仰。生與死何嘗不都是跟信念有關的事？我把話筒緊貼耳上，就像蘇菲派（Sufi）所說的水會沾染上容器顏色那樣，把自己從一個黑色絕望的容器倒入一個充滿光、希望與信心的容器。就這樣，我把無聲的話筒緊貼在耳上，不知過了幾分鐘還是幾小時。畢竟，在這種環境下，時間又是什麼呢？最後，電話突然斷線，信息終止了。宣禮聲也在此時滲入房間裡，把我從怔怔出神的狀態中喚醒。

我站起身，走到起居室鋪開禱告毯，開始晨禱。我手上拿著念珠，深深意識到自己被一股滿足與感激之情所籠罩。我對剛才發生的事代表著什麼意義確定無疑。

然後，周流遍布的寧靜被再次響起的電話鈴聲粉碎，這一次比上一次還要刺耳和倔強。我盼著它會自行停止，因為一種發自本能的直覺讓我很不情願去接這通電話。前去接電話的時候，我雙腿因為跪了太久而又麻又抖。帶著惶恐不安的心情，我拿起話筒，另一頭馬上傳來接線生的聲音。

「早安，女士。我要為幾分鐘前那通電話向妳致歉。那是一通來自國外的電話，但不是找妳的，我們接錯線了。這個時候把妳吵醒，真的非常對不起。」

「沒關係。」我說，把話筒掛回原處。

我回到起居室，在禱告毯上重新坐下。我手指一面捻念珠，手一直發抖，心裡不斷懇求全能者的寬恕。我此時已完全明白，自己是多麼幼稚，竟以為祂會俯允一個荒唐的要求：收到一個從凡界之外捎來的信息。然後我憶起伯克爾（Abu Bakr）⑤在先知逝世之後說過的話。當時，所有穆斯林都既驚愕又不敢置信，但伯克爾告訴大家：「對那些崇拜穆罕默德的人來說，穆罕默德已經死去；對那些崇拜安拉的人而言，安拉總是活著，永不死去。」

雖然仍然淚水汪汪，但我終於感到平靜，感到自己願意完全順服於全能者的旨意。

——《電話鈴聲》（Telephone Call），載於《一座宣禮塔的遠景》（*Distant View of a Minaret*），1983 年

萬葉集

／多治比（Tajihi）　日本人，約西元八世紀

野鴨黃昏鳴於蘆葦岸，
破曉浮游水中央；
聽說，牠們都是成雙成對而眠，
白翅交疊尾不動
以防霜雪降身上。

若水流不回，
如風吹無影，

我妻離我而去，離開了這世界
莫知所之！
而今，穿著
她慣常為我準備的衣裳，
我一人獨寢！

反歌：

鳴鶴雙雙飛向蘆葦岸；
我一人獨寢
何孤淒！

——摘自《萬葉集》，四世紀至八世紀

⑤穆罕默德的繼承者，伊斯蘭教歷史上的第一代哈里發。

打開的籠子

／安絲亞．葉齊爾斯卡（Anzia Yezierska）　俄裔美國人，小說家、散文家，1885—1970年

我住的是一棟大型的集合式住宅，它曾經時髦過，但現已老舊過時，而且重新隔間為一間間小套房，分租出去，容納著比原設計多六倍的住客。我們三百個人各在自己陳設黯淡的套房裡用雙爐頭的瓦斯爐煮我們孤獨的三餐。走過狹窄的公共走廊前往共用浴室或是上下樓梯時，我們會擦身而過，但不會交談。

雖然每間套房的門都緊掩著，但套房裡的我們從不會是真正獨處。我們會被周遭各種聲音入侵：鄰家水槽的咕嚕水聲；開關門的刺耳砰砰聲；走廊裡尖銳的電話鈴聲；樓上收音機和隔壁電視機相碰撞的說話聲。比收音機吵鬧聲更讓人受不了的是各種氣味：煮飯的氣味混合著積滿灰塵的地毯氣味，外加因為通風不良而積聚下來的前幾任住客的氣味。這層層疊疊的陳腐氣味會從緊閉的門縫下滲進來。為了驅散部分氣味，我連在最冷的天氣都會讓套房裡唯一一扇窗戶打開保持通風。

有時，好不容易等到浴室空出來，你會發現上一個人留給你的浴缸是髒兮兮的。住在浴室右鄰的人是上晚班的，他有時因為痛恨晨浴者把他吵醒，會把水塞栓藏起來。

有一天早上，我想趕在浴缸還乾淨前先洗個澡，卻發現水塞栓不見了。我怒氣沖沖

往回走，又發現我把套房門給反鎖，進不去了。樓下管理處有備份鑰匙，但我卻穿著浴袍，脖子掛著一條浴巾。我像鴕鳥般閉上眼睛，假裝別人看不見我，開始走下樓梯。

拿鑰匙途中，我看到我的信箱裡有一封信。一回到房間，我便伸手往書桌上摸索眼鏡，卻沒找到。我搜索書桌、梳妝臺抽屜，還有水槽旁邊的架子。找無可找之後，又搜索每件衣服的每個口袋。就在這當兒，我意識到自己也把信不知道放到哪裡去了。

我一時大怒，很想對我不濟事的記憶力來一頓拳打腳踢——老這回事真可恨！在這棟大樓裡，每個住客都恨其他住客，而這又是因為每個人都恨自己，恨自己被困在這棟不是家的樓房裡。在這座監獄裡，每個人的靈魂都比身體提早死去。

我的眼角無意中掃視到鏡子，嚇了一大跳：一張老得荒謬的臉正以嚇人的眼神凝視著我。我揉揉眼，這才看見兩條窄窄的眼縫。那個藏起水塞栓的傢伙去死吧！他們每個人伙都去死吧！

這時，門上響起輕叩聲，我沒去理會。叩門聲持續著。我給那個打擾者踢開房門，卻沒看見門外有人。我拿出那個隨時準備的好牌子（「忙碌中，請勿打擾！」），掛在門上。

然後輕叩聲又再響起。我這時才意識到，那不是敲門聲。那是從天花板壁線最遠一個角落傳來的。我朝那位置走去，看到那聲音是由一隻小小鳥所發出：牠弓著身子，無助地拍著翅。

我急忙後退三步，對於竟然有動物出現在我房間裡怕得要死。老天爺，不過是一隻小鳥罷了，我幹麼怕成這個樣子！這時，小鳥一振翅膀，飛落到窗框上。我想把牠往外推，讓牠恢復自由，但又太害怕，不敢碰牠。

有一剎那我動彈不得，但因為受不了跟一隻受驚的小鳥同處一室，便鼓起勇氣，匆匆走去找姍蒂．威廉斯。

有好幾次，當我經過她套房而門又剛好開著時，我看到有些長尾小鸚鵡在她房間裡飛來飛去。我也常常從門外聽到她對小鳥說話，而小鳥也會愉快地回應她，一如子女愉快地回應母親。

「媽媽愛小寶寶，小寶寶愛媽媽。來，來，甜心，啾啾嘰嘰，啾啾嘰嘰。漂亮的小寶貝，來，媽媽幫你洗個澡。」

她的套房離我的套房只有幾扇門之遙，但從未邀我進去坐過。但這時我不得不敲她的門，求她幫忙。

「誰啊？」她大聲問。

「看在老天份上請妳幫幫忙！」我喊道，「有隻鳥飛進了我房間！牠被窗子困住，飛不出去！」

一瞬間，她便擦過我身邊，走進我房間。

「鳥在哪裡？」她責問我說。

「老天，怎麼不見了？」我喊道，「到哪兒去了？一定是飛走了。」

姍蒂走到打開的窗前。「可憐的小傢伙，」她說，「牠一定是掉下去了。妳為什麼不早點告訴我？」

我還來不及說什麼，她便走了。我坐下，感到被她的不友善所刺傷。那隻不見了的小鳥在我房間裡留下一片奇怪的寂靜。為什麼我會這麼害怕這隻無助的小生物？其實我大可給牠一點水，一點麵包屑的。如果不是眼鏡不見了，如果不是那個該死的傢伙把水塞栓給藏了起來，我大概不會那麼慌慌張張。

突然間，一陣撲騰聲震碎我的思緒。那隻鳥從在天花板壁線上睇視著我。我跑去向姍蒂求救。「快來，」我求她說，「那鳥……那鳥……」

姍蒂比我先衝入我房間。那小鳥就在天花板壁線最遠一個角落睇視著我們。「小山雀好乖，小山雀好乖。」姍蒂低聲哼著，兩手攏成杯狀。「小可愛，別怕，啾啾，嘰嘰。」姍蒂躡著腳，一寸一寸地向小鳥靠近，嘴裡不斷呢喃著鳥語，最後以一個迅速靈敏的動作把受驚的小鳥罩在手裡。「啾啾，乖！」她把小鳥靠在自己的大胸脯上，用一根手指輕撫牠的羽毛。「我會讓你住在客籠裡。我剛剛已經為你把籠子清理過。」

沒徵求我的意見，她逕自把鳥帶到她房間去。一個小籠子早已放著清水。她把她的長尾小鸚鵡噓走，輕輕把小鳥放在鞦韆架上，再把籠門關上。「喝點水吧，小乖，」她哄牠說，「我會拿點你喜歡的種籽給你吃。」

小鳥俐落跳到籠子地板，把小小的鳥喙沾到水裡去。

「牠喝水了！牠喝水了！」我滿心快慰地喊說，「姍蒂，妳救了我的小小鳥！」

「噓！」她警告我，但我還是充滿感激。「妳真棒！妳真棒！」

「閉嘴！妳會嚇到牠的！」

「對不起，」我低聲。「今天早上發生太多事了。這鳥也把我給嚇著了。我還沒換好衣服。我可以把鳥放在妳這裡多一會兒嗎？妳完全知道要怎麼照顧牠。」

我回到房間，匆匆換上正式衣服。為什麼我從未夢想過會有這麼一隻神奇的小鳥自己來找我？這是因為我小時候從未養過寵物，不知道這隻鳥對我寂寞的老年生活意義重大！這個早上之前，我還不知道有牠的存在，但現在，牠已變成我在世界上的唯一親人。我分享牠的感覺：遠離同類，懼怕無助。

突然，我感到對姍蒂吃味，擔心小鳥會愛她多於愛我。但我又不好意思太快把鳥給要回來，生怕她會不高興。於是，我動手把套房徹底打理一番，以確保我的小鳥會有一個快樂的家。我掃了地，但才要把塵埃倒到垃圾桶，牆上的灰泥便又剝落一大片，弄得滿地碎屑。唉，我能拿這些斑駁的牆壁怎麼辦！

因為太急著跟我的小鳥親近，我丟下打掃工作，前去找姍蒂。我敲了門，但沒有人應門，我便直接推門而入。姍蒂雙手捧著那小東西，對牠吹氣，唸唸有詞而樣子焦慮。

「啾啾，啾啾，乖。」

我害怕得呆住了，然後看見她慢慢把小鳥放回鳥籠。

「怎麼回事？」我抓住她手臂問。

「牠不吃東西。只喝了一小口水。牠很餓，但因為太害怕，不敢吃東西。我們得把牠放走……」

「鳥是我的！」我求她說，「牠是來找我的。我不要放牠走……」
「牠快死了。妳願意見牠死掉嗎？」
「為什麼牠會快死掉？」我尖聲問，困惑不已。
「牠是隻野鳥，只能生活在自由自在的環境。」
我太震驚了，無法爭辯。
「妳去戴上帽子穿上大衣，我們到河濱路去。」
我的鳥在她的籠子裡，我別無選擇，只好跟著她去到公園。在一個小樹林裡，姍蒂停下腳步，把鳥籠放在一叢厚密的灌木上頭。她正要動手的時候，我把籠子一把搶過來，抱在懷裡，動作快得連她或我自己都不知道發生了什麼事。
「牠好小一隻，」我懇求說，把籠子愈抱愈緊。「牠會再迷路的。到時誰來照顧牠？」
「別傻了，」姍蒂說，「牠比妳更懂得照顧自己。」然後，她若有所思了一下，補充說：「妳知道妳需要什麼嗎？妳應該給自己買一隻長尾小鸚鵡。待會兒我們一起到寵物店去，我來幫妳挑一隻會對妳說話和愛妳的鳥。」
「一隻買來的鳥！」我說。她的話讓我震驚。買一隻鳥來愛我？她很懂鳥，卻不懂我的思想感情。「我的鳥是自來鳥，」我告訴她，「牠哪戶人家都不挑，只挑我的窗戶。」
姍蒂把鳥籠從我懷裡抽走，放回灌木上頭。「現在看著。」她說。她把籠子門打開，非常輕柔地把小鳥取出，握在手裡，俯視著牠。

「妳不可以放牠走！」我說，「絕不可以……」

她沒理我，慢慢鬆開手指。我很想阻止，但只是靜靜看著。剛開始，小鳥待在她手上，沒有動靜。她溫柔地對牠說了些什麼，再把手舉起。

接著，小鳥不斷鼓翼，再突然一振翅，強勁有力地飛到天上去。

我大聲喊出來：「看，牠在飛。」看見我的小寶貝鳥隨心飛翔，我的靈魂也飛出了身體。我感覺自己正在跟牠一道飛行。我站在那裡凝視，看著牠愈飛愈高。我把牠看得很清楚，但不只是靠變銳利了的眼力，也是靠變銳利了的愛心。我舉起雙臂，與牠一起翱翔。到最後，牠消失在天空中，我為牠能夠飛越我的視線範圍而滿心喜悅。

我高聲歡呼：「牠自由了。」

我望向姍蒂。不管我以前是怎麼看她，她無疑都是最瞭解小鳥需要什麼的人。別的時候，她都是一副目中無人、只有自己的樣子，但與小鳥在一起的時候，她卻忘卻了自己。

手上提著空鳥籠，她轉身往我們所住的大樓走去。我尾隨在後。既已釋放了那小鳥，我們便應走回自己的籠子去。

——〈打開的籠子〉（The Open Cage），1979年

CHAPTER 4

工作

Works

本章主題同時涵蓋生活的工作（work of living）和奉獻於工作的晚年生活。在這裡，工作（works）一詞所指的除了是物質性的勞動產品（如藝術作品、工業產品或學術作品），也指道德上的努力或進取（如「善工」）。本章的諸篇可視為一系列沉思，關涉的是如何把雕琢美好人生的工作給完成。有些出自藝術家手筆或談論藝術的篇章，把雕琢人生與藝術創作相提並論。本章的四個單元分別揭示了：從無益想望到美好人生理念之艱難移動；工作作為一種精神尋求；工作的心理和經濟向度；以活得好作為人生的真正工作。

本章以《傳道書》哀嘆一切努力皆屬徒勞的著名段落揭開序幕：

傳道者說：虛空的虛空，虛空的虛空，凡事都是虛空。

……

萬事令人厭煩，人不能說盡。

我們把一種古代觀點放在那麼顯眼的位置看似是偏頗的，因為對許多現代人來說，這種觀點不是太悲觀便是落伍過時。然而，人對歡樂、權力和財富的追求純屬徒勞無益的這種見解，卻是所有智慧文學（wisdom literature）皆見的一個主題。那是一個嚴酷的真理，但也是任何認真相信人的精神會隨身體衰老而成長的人所必須正視。問題不在健康和世間財寶本身是壞事，而在於它們必然會消逝，而且有可能變成假偶像（false idols）。

第一單元詩文選所要傳達的觀點是這樣：人應該把有限的時間與能力用在正確方向。文藝復興時代畫家暨雕刻家米開朗基羅（Michelangelo）在進入老年後承認，他的藝術作品已經成了假偶像；高齡七十五歲的他指出，唯一能夠使他的靈魂獲得靜謐的，是「那從十字架上張開雙臂接納我們的聖愛」。在日本民間故事〈不想死的人〉裡，家境優渥的千太郎騎著一隻紙鶴，飛到了不死之鄉，卻發現那裡的永生居民覺得死是好事，人人想死。他由此明白到，他應該回家去「過一種善良和勤奮的生活」。

第二單元的篇章指出工作可以是一種精神尋求。邁向成熟本身便是一件工作，精通這件工作除了可以帶來樂趣，還讓人更有能力忍受壓迫和逆境。美國藝術心理學家阿恩海姆（Rudolf Arnheim）談及年紀和人生閱歷會如何改變一個藝術家的創作方式。歷史學家湯恩比呼應阿恩海姆的意見，追憶自己一生在學術研究的態度上發生了哪些轉變。

《傳道書》三章九—二十二節對本章一開始揭櫫的「萬事皆虛空」的命題提出了一個有力的反駁。選自印度教經典《薄伽梵歌》的片段則毫不含糊地認定，人的自我只會發展和變遷，不會隨身體死去；又主張，真正的平靜只能來自，盡自己的責任和摒棄一切的追求。在〈母語子〉（Mother to son）一詩中，非裔美國人女詩人休斯（Langston Hughes）以一個勤奮工作的母親的身分，諄諄敦促兒子繼續在物質和精神的人生階梯（stairs of life）拾級而上。

第四單元的文字論及了工作和退休的心理與經濟向度。德國女藝術家珂勒惠支和她同時代人弗洛依德都表示他們可以從工作獲得深深的滿足，並祈願可以工作到人生盡頭。左拉（Émile Zola）的小說《萌芽》和圖利耶的《學習入老》則不約而同強調了物質條件對年邁工作者和退休者的重要性。

在最後一單元詩文選中，不同聲音以對位的方式就工作與休息、參與和疏離的問題互相應答。丁尼生（Alfred Tennyson）筆下的「尤利西斯」和法國隨筆散文家蒙田（Michel Eyquem de Montaigne）都主張老人應投身於高貴的工作：「老年自有老年的榮譽心與用場」。梭羅（Henry David Thoreau）和本・梅厄（Rabbi Levi Isaac ben Meir）拉比則提醒我們，為三餐奔忙並不是人生的真正工作，讓「萬事皆虛空」的調子再次響起。最後，艾咪・洛威爾（Amy Lowell）在詩中歌頌了藝術的神奇轉化力量：她的鄰居又胖又禿又俗氣，詩人白天看到他都避之唯恐不及，然而，到了晚上，這位鄰居卻可透過橫笛創造出美，也在聆聽笛聲的詩人心中變美了。

《希伯來聖經．傳道書》第一章一——十八節

在耶路撒冷作王、大衛的兒子、傳道者的言語。
傳道者說：「虛空的虛空，虛空的虛空，凡事都是虛空。」
人一切的勞碌，就是他在日光之下的勞碌，有什麼益處呢？
一代過去，一代又來，地卻永遠長存。
日頭出來，日頭落下，急歸所出之地。
風往南颳，又向北轉，不住地旋轉，而且返回轉行原道。
江河都往海裡流，海卻不滿；江河從何處流，仍歸還何處。
萬事令人厭煩，人不能說盡。眼看，看不飽；耳聽，聽不足。
已有的事後必再有；已行的事後必再行。日光之下並無新事。
豈有一件事人能指著說：「這是新的？」哪知，在我們以前的世代早已有了。
已過的世代，無人記念；將來的世代，後來的人也不記念。

我傳道者在耶路撒冷作過以色列的王。
我專心用智慧尋求、查究天下所做的一切事，乃知神叫世人所經練的是極重的勞苦。
我見日光之下所做的一切事，都是虛空，都是捕風。

彎曲的，不能變直；缺少的，不能足數。

我心裡議論說：「我得了大智慧，勝過我以前在耶路撒冷的眾人，而且我心中多經歷智慧和知識的事。」
我又專心察明智慧、狂妄，和愚昧，乃知這也是捕風。
因為多有智慧，就多有愁煩；加增知識的，就加增憂傷。

十四行詩

／米開朗基羅（Michelangelo）　義大利佛羅倫斯人，畫家、雕塑家、建築師、詩人，1475—1564年

乘一葉小舟，穿過風狂雨驟的大海，
我的人生之旅終於抵達
人人必經的口岸，生平每一件惡行與善行

將要被點算。
現在我總算曉得
把藝術當作偶像，任它主宰
就如同人們不顧自己最佳利益所追求的東西
其痴狂妄像
是何等的大錯
當我正在接近兩次死亡的此際
（其中一死是無疑的，另一死則若隱若現），
我曾經快樂而愚蠢地愛過的一切將會如何？
不管是繪畫或和雕刻都無法
再撫慰我的靈魂，它現在轉向
那從十字架上張開雙臂接納我們的聖愛。
——十四行詩，1554 年

天國又好比一個主人要往外國去，就把僕人都叫過來，把家業交給他們，按著各人的才幹給他們銀子：一個給了五千，一個給了二千，一個給了一千。給完就往外國去了。那領五千的僕人隨即拿去做買賣，另外賺了五千；那領二千的也照樣另賺了二千。但那領一千的卻去掘開地，把主人的銀子埋藏了。

過了許久，那些僕人的主人回來了，和他們算帳。

那領五千銀子的帶著另外賺的五千來，說：「主人啊，你交給我五千銀子。請看，我又賺了五千。」主人說：「好，你這又良善又忠心的僕人，你在不多的事上有忠心，我要把許多事派你管理；可以進來享受你主人的快樂。」

那領二千的僕人也來，說：「主人啊，你交給我二千銀子。請看，我又賺了二千。」主人說：「好，你這又良善又忠心的僕人，你在不多的事上有忠心，我要把許多事派你管理；可以進來享受你主人的快樂。」

那領一千的也來，說：「主人啊，我知道你是硬心腸的人，會在沒栽種的地方收割，會在沒散財的地方聚斂。我心裡害怕，便把你的一千銀子埋在地裡。請看，你給我的銀子完好如初。」主人回答說：「你這又壞又懶的僕人，你既知道我會在沒栽種的地方收割，會在沒散財的地方聚斂，就當把我的銀子放貸出去，好等我回來時可以連本帶利收回。」

說完，主人奪過他這一千銀子來，給那有一萬銀子的僕人。因為凡有的，還要加給他，叫他有餘；凡沒有的，連他所有的也要奪過來。主人把那無用的僕人丟在外面的黑暗裡，叫他在那裡哀哭切齒。

發光的魚
／阿倫．知念（Allan B. Chinen）　美籍日本人，心理學家，生於1952年

從前，有一個老人和妻子住在一間臨海的房子。多年來，他們的兒子一一死去，剩下一對老夫妻又窮又孤單。老人在森林裡拾柴，拿到市場販售，勉強餬口。有一天，在荒野中，他遇見一個蓄長鬚的男人。「我知道你的所有苦惱，我想要幫助你。」那陌生人說他交給老人一個小皮袋，當老人打開皮袋，驚訝得昏了過去：裡面都是金幣！等老人醒過來，那陌生人已經走了。所以，老人就把拾來的柴丟掉，匆匆回家去。路上，他這樣想：「如果妻子知道這事，一定會把錢亂花掉。」所以，回家之後，他守口如瓶，並把錢藏到一個糞肥堆下面。

第二天，老人醒來，看見妻子煮了一頓豐盛早餐，又有香腸，又有麵包。「妳哪來的錢買這些東西？」他問妻子。

「你昨天沒有去賣柴，所以我就把糞肥堆賣給了前不遠那戶農家。」她回答說。老人馬上跑出屋外，看見糞肥堆果真不見了，難過得尖叫了一聲。他只好又到森林拾柴去，一面工作一面自怨自艾。

在森林深處，他再次遇到昨天的陌生人。「我知道你的錢不見了，但我仍然想幫助你。」說罷，他給了老人另一小袋黃金。老人匆匆回家，但途中又想：「如果妻子知道這事，她準會揮霍……」所以，他就把錢藏在灶灰底下。第二天早上，他醒來時看到妻子又煮了一頓豐富的早餐。她說：「你昨天沒有帶柴回來，所以我就把灶灰賣給了前不遠那戶農家。」

老人跑入森林，氣惱地不斷扯自己的頭髮。在森林深處，他第三次遇見那個陌生人。這個蓄長鬚的男人泛出一個苦笑。「朋友，看來你命中注定不會富有，但我仍然想幫助你。」他說，說罷給了老人一個大袋子。「把這二十幾隻青蛙拿到村子去賣，然後用賺來的錢買一條你能找到最大的魚——不要買曬乾的魚、貝類、香腸、蛋糕或麵包。只要最大的魚！」說完，陌生人便消失了。

老人匆匆去到村子，賣掉青蛙。手上有了錢之後，他打量市場裡販售的各種好東西，只覺得那陌生人的交代很古怪。但老人還是決定聽從陌生人的指示，買了他所能找到的最大一條魚。他回到家已經很晚，來不及把魚處理一遍，便把魚掛在屋外的椽子上，然後與妻子一同就寢。

當晚颳起了風暴。老夫妻聽見海浪猛力拍打屋下岩石的聲音，像是陣陣雷鳴。到了午夜，有人敲門，老人起床開門，只見外頭有一群年輕漁夫在跳舞唱歌。

「謝謝你救了我們的命！」他們告訴老人。

「這話從何說起？」他問。那些年輕漁夫告訴他，先前他們被暴風雨困住，不知該把船划向哪個方向，直至老人為他們掛起一盞燈才逃出。「燈？」老人不解地問。他們指了指，老人順著指示望過去，看見他掛在椽子上的那條魚。這魚閃爍著極強的光，方圓幾英里都看得見。

從那天起，老人每晚都會把那條發光的魚掛在屋外，用它來指引年輕漁夫回家的路，而他們也跟他分享漁獲。所以，老人和妻子的餘年都過得既舒服又受人尊敬。

——摘自〈發光的魚〉（The Shining Fish—The Elder Cycle Completed），改編自義大利傳統故事，1989年

不想死的人
／為永春水（Shunsui Tamenaga）　日本人，小說家，1790—1843年

很久很久以前，有個叫千太郎的人。這名字意指「大富翁」，而他雖然不算很富有，也絕對稱不上窮。他從父親那兒繼承一筆小遺產，靠這份祖產過著無憂無慮的生

活，從沒有認真想過要工作，一直到大約三十二歲。

有一天，他沒由來地想到自己早晚總會生病和死亡。這思緒使他無比沮喪。

「我想要活下去，」他對自己說，「我想要活到五、六百歲，無病無痛。一般人的壽數太短了。」

他思忖，若是從此改過簡單樸素的生活，自己也許愛活多久便可以活多久。

他聽過，許多古代帝王都可以活到一千歲，又聽過一個大和公主曾活到五百歲。她是最近代的一個長壽者。

千太郎也常常聽到有關秦始皇的故事。秦始皇是中國最能幹和最有權勢的皇帝之一，曾建造許多華美宮殿，建築了著名的長城。秦始皇擁有世界的一切，儘管如此，有一件事還是讓他鬱鬱不樂，耿耿於懷：他知道自己總有一天會死，失去一切。不管是晚上睡覺、早上起床或是大白天，他都無法擺脫死亡的陰影，心心念念都是這件事情。唉，要是可以找到「長生不老液」就好了，那樣他才會快樂起來。

最後，秦始皇把眾大臣找來開會，問他們有沒有辦法找到他常聽說和讀到的「長生不老液」。

朝臣徐福告訴他，大海之外有一個國家，名叫蓬萊，那裡住著一些擁有「長生不老液」的隱士。任誰喝了這種神奇液體都可以永遠活下去。

於是，秦始皇命令徐福前往蓬萊尋找隱士，給他帶回一瓶靈丹妙藥。他派給徐福一艘最好的帆船，船上除了各種必要配備外，還載有大量奇珍異寶，作為送給那些隱士的禮物。

徐福航向蓬萊，出發後卻沒有再回來過。但自此以後，大家都說富士山就是傳說中的蓬萊，上頭住著隱士，而徐福則被人當成隱士的守護神，加以祭拜。

現在，千太郎決定要去尋訪那些隱士。若找到的話，他要成為他們其中一員，以便可以得到永生之水。千太郎記得，他小時候聽說過，這些隱士不只住在富士山，還住在所有高山的山峰上。

於是，他把老家留給親戚照料，展開自己的尋覓之旅。他遍訪所有山區，攀登每一座高山的峰頂，卻始終找不著一個隱士。

最後，在一個不知名地區漫遊了幾天後，他碰上一個獵人。

「請問你知不知道，那些擁有長生不老液的隱士住在哪裡？」他問獵人。

「不知道，」獵人回答說，「我無法告訴你那些隱士住哪裡。不過我倒是知道，這區住著一個惡名昭彰的土匪。據說他有兩百個手下。」

聽到這個奇怪的回答讓千太郎非常生氣，覺得自己以這種方法尋找隱士真是浪費時間，愚不可及。當下，他決定前往日本南部的徐福神社，尋求指引。

到達神社之後，千太郎祈禱了七天七夜，祈求徐福指點方法，好讓他找到他四處尋覓的隱士。

第七天的半夜，正當千太郎還跪著的時候，神社最裡面一扇門突然打開，出現了站在發光祥雲上的徐福。他叫千太郎走向前，對他說：

「你的願望非常自私，不是輕易可以答應。你以為你可以成為隱士，靠著這方法獲得長生不老液。但你知道隱士的生活有多艱苦嗎？隱士每天只能以水果、漿果和松樹皮果腹；隱士必須切斷自己與世間的聯繫，好使自己的心能純似黃金，不受七情六慾支配。遵守這種嚴格規定一段日子後，隱士就漸漸不會感到飢餓，身體無比輕盈，以致於可以駕鶴或騎鯉，又可以行走於水面而腳不沾濕。」

「至於你啊，千太郎，你只喜歡過安適的生活，好逸惡勞。你甚至連一般人都不如，因為你異常賴散，又比大部分人對熱或冷更敏感。在冬天，你從無法赤足或只穿一件單衣。你認為你有那個耐性和毅力可以過隱士的生活嗎？」

「不過，看在你誠心禱告的份上，我會以另一種方式幫助你。我會把你送往永生之鄉，那裡的人永遠不死，永遠活著！」

說完，徐福把一隻小紙鶴交給千太郎，告訴他，只要騎在鶴背，紙鶴就會把他帶到該處。

千太郎奇怪小小的紙鶴如何能坐人，但照做了。那紙鶴變得愈來愈大，讓千太郎可以舒服地坐在上面。接著，紙鶴展開雙翼，騰上高空，飛過群山，翱翔於大海之上。

千太郎剛開始非常害怕，但逐漸地，他適應了在高空快速飛行的感覺。他們飛啊飛，飛過了幾千里路。紙鶴一路都沒有停下來休息或進食，這不奇怪，因為它既是紙摺的，自不會肚子餓或疲乏。值得奇怪的倒是，千太郎本人也不覺得肚子餓或疲乏。

幾天之後，他們抵達一個海島。紙鶴向內陸又飛行了一段路之後著陸。

等千太郎一從鶴背上下來，紙鶴便收縮為原先大小，飛進千太郎的口袋裡。千太郎好奇地四處張望，急著看看永生之鄉是何種模樣。他在郊外走了一陣子，最後走進了市鎮。沿途的一切在他眼中都非常陌生，迥異於他的家鄉。但這地看來繁榮富庶，所以千太郎決定留下來，便到其中一間客棧去投宿。

客棧老闆是個大好人，聽說千太郎是從外地來，便答應為他安排一切必須之物。客棧老闆甚至為他的客人找了一棟房子，讓他可以長住。如此，千太郎得償了自己最大心願，成了永生之鄉的居民。

在島民的記憶裡，永生之鄉從未死過人，疾病也是聞所未聞。有些來自印度和中國的傳教士曾告訴他們，有一個至美至樂之處，稱為天堂，但一個人必須在死後才去得了天堂。這個傳說一代傳一代，卻沒有人知道死是怎麼回事，只知道它是通往天堂的途徑。與千太郎和其他一般人不同的是，這些島民不但不怕死，反而認為死是美事，巴望死掉。不分貴賤，他們全厭倦了無盡期的人生，渴盼可以去幾世紀前傳教士告訴他們，那個叫天堂的樂土。

這些事是千太郎與島民聊天時得知的。他相信自己到了顛倒國。在這裡，一切事情都是與外面世界顛倒的。他一直想擺脫死亡，所以來到不死之鄉後，他感到大大鬆一口氣，卻沒想到這裡的居民相信死亡是一大樂事。

另外，這地方的人把千太郎知道的毒藥視為美食，又拒吃他習慣吃的各種食物。每當有外地的商人來到，這裡的有錢人就會向他們購買毒藥。他們殷切地服下毒藥，巴望可以死掉上天堂。

但毒藥在這奇怪的地方卻一點也起不了作用，而那些因為想死的人在吞服毒藥後只發現自己比原先還健康。

他們設法想像死是怎麼一回事，卻白費心機。如果有誰有辦法把人的壽命縮短哪怕只是兩、三百年，有錢人也願意傾全部家財來換取。一成不變而無了期地活著，讓這些人覺得厭煩和難過。

藥店裡有一種藥總是供不應求，因為人們相信，只要服用這種藥達一百年時間，人的頭髮便會微微變白，胃腸也會不舒服。

千太郎驚訝地發現，有毒的魚類在當地的飯館被視為佳餚，而街上的攤販會販售一些用西班牙蒼蠅釀造的醬汁。他沒見過任何人因為吃了這些可怕東西而生病，事實上，他甚至沒見過任何人生病，連傷風之類的小病都沒有。

千太郎很高興。他相信自己命再長都不會活膩，又認為希望死掉的念頭是一種褻瀆。他是島上唯一快樂的人。他希望可以活上幾千歲，好好享受人生。他開始經營買賣，絕未想過要返回家鄉。

然而，隨著年月過去，千太郎的境況不如當初稱心如意。他經商失敗，損失慘重。另外，他又有許多次因為什麼事而跟左鄰右舍反目。這讓他極為煩惱。

光陰對他來說就像箭，因為他每天都從早忙到晚。他以這種單調的方式生活了三百年，開始感覺乏味，而他也懷念自己的家鄉和故居。生活若是這樣一成不變，生命再長又有什麼用？永遠待在這裡不是既愚蠢又教人疲倦嗎？

因為想要離開永生之鄉，他想起了徐福。徐福曾在他渴望擺脫死亡的時候幫助過他。於是他開始禱告，祈求徐福讓他可以回到故土。

他才一禱告，紙鶴便從他口袋飛出來。千太郎很是驚訝，因為雖然已經過了幾百年，紙鶴還是完好如初。再一次，紙鶴逐漸變大，直至千太郎可以騎在它背上為止。接著，紙鶴展翅騰空，快速掠過大海，往日本的方向飛去。

出於人類的矛盾天性，千太郎回望不死之鄉，心裡感到後悔。他想要讓紙鶴停下來，卻徒勞無功。如是者，紙鶴背著他在海面上空飛行了幾千里。

隨後來了一陣暴風雨，紙鶴被雨水沾濕，委頓下來，掉進海裡。千太郎一同落入海中。他非常害怕，心想自己一定會溺死，大聲喊叫徐福救他。他四面環顧，但海面上連半艘船都沒有。他喝了不少海水，更感絕望。就在他竭力掙扎之際，他看到一條恐怖鯊魚向他游來。鯊魚愈游愈近，張開血盆大口，準備把千太郎吞噬。他害怕得全身癱軟，用比先前更響亮的聲音尖叫，求徐福救他一命。

就在此時，千太郎被自己的尖叫聲驚醒，這時他才發現，自己那般奇異而可怕的旅程只是一場大夢。原來他在徐福的神社裡禱告得太久太累，睡著了。他嚇出一身冷汗，感到無比困惑。

突然，一道強光照向他，光中站著一名使者。使者手裡拿著一本書，對他說：

「我是徐福派來的使者。為了回應你的祈求，他讓你在夢中去到永生之鄉。但你卻住膩了那裡，又求他讓你回故鄉去，以便死去。為了試驗你，他讓你掉入海中，又派一條鯊魚去吞食你。顯然，你求死的願望並不是發自真心，因為你在當時大聲呼救。」

「你想成為隱士或找到長生不老液的心願也是枉費心機。那不是你配得到的，因為你生活得不夠刻苦。所以，你最好回到祖居去，過著善良和勤奮的生活。從今以後，每年絕不要疏於祭祖，還應克盡人父的責任，為子女的未來綢繆。如此，你自會活到高壽，而且感到愉快。但別想可以逃避死亡，那只是痴心妄想，沒有人可以做得到。你現在應該已經明白，即便自私的渴望可以獲得滿足，一樣不會帶來快樂。」

「我現在要把這本書給你，它裡面有許多對你有益的教導。你好好讀它，就會獲得指引，知道怎樣才能過上我給你指出的道路。」

使者一說完這番話便消失了，千太郎把他的教誨銘記於心。手上拿著那書，回到祖居，拋棄從前的虛妄夢想，遵行書中的教導，努力過一種善良和有價值的生活。自此，他和他的家業俱繁榮昌盛。

——〈不想死的人〉，約 1800 年

論人生與藝術的晚期風格／阿恩海姆（Rudolf Arnheim）

德裔美國人，藝術與科學心理學家，1904—2007年

我們看待人類四季①的方式是由兩個概念決定。一是生物學上的概念。它把人生勾勒為一個拱形：先是由柔弱的童年上升至能力全面展開的成熟壯年，再由壯年往虛弱的老年下墜而去。準此，可作為人生晚期風格的意象是一個手扶枴杖的佝僂老人，是「斯芬克斯之謎」裡所說的「三足動物」。葉慈的十四行詩則把這個人生季節形容為「蒼白憔悴的冬季」。這種生物學觀點認定，人老去後不只會體衰力弱，還會連所謂的心靈實用能力亦日走下坡：視力的敏銳性和聽覺的範圍會萎縮，記憶力會不濟，反應時間會變長，知性會失去彈性，只專注於一些既已建立的興趣、知識和關係。當這些生物學面向決定我們對老年的觀點時，人們便會害怕老去，便會以懷疑和嘲笑的方式面對自己的創造性成果。

但還有另一種看待老年心靈成果的方式。作為第一種概念的補充，第二種概念相信，人會隨著年歲的增長而變得愈來愈有智慧。這觀點在生物學的拱形意象上增設一道

①「人類四季」（human seasons）是葉慈一首詩的詩題，詩中，他把人的一生比作四季。

樓梯，認為人活得愈老便愈能在這樓梯往上爬，愈能脫離小孩的狹隘視野，邁向更高和更全面的視野。這概念在社會和歷史上表現為尊敬年高德劭的長老、先知和統治者。這也解釋了人們為什麼那麼看重藝術家和思想家的晚期作品。現代理論家和歷史家會對晚期作品感興趣，通常都是因為他們認定這些作品代表著最精湛的藝術成就並包含著最深刻的洞察。

雖然尊敬老年人的態度見於每一個成熟的文化，然而，會對晚期風格的動機、態度、風格特徵產生理論興趣的，通常都是那些已發展到一個晚期階段的文化。這不只是因為歷史學和心理學是晚期文化偏愛的關注，還是因為，活在一個晚期文化的世代自然會對與其有相似特徵的偉大作品產生莫大興趣。事實上，在我看來，若我們不能找出當今美學及思想氣候與人類發展階段的相關處，我們對晚期風格的研究將不可能有太大收穫。

無可避免地，在研究這問題時，我們一開始總是會望向那些有著漫長創作生涯的創作者末端的作品。長壽是我們不可少的協助者，而我們只會以猶豫的態度考慮短命作者的晚期作品。所以，我們會把焦點放在米開朗基羅、提香（Titian）、林布蘭、塞尚、歌德或貝多芬等人的晚期作品，偶然才會兼及莫札特、梵谷或卡夫卡這些死得早的藝術家。每當我們關注這些短命天才，都認定英年早逝並未減少他們的圓熟……

話雖如此，但當我們談到藝術家的晚期風格時，關心的並不只是符合年歲定義上的晚期。我們感興趣的是一種特殊的風格，它通常會出現在漫長創作生涯的末端，但卻非盡皆如此，也不是必然會出現：有些人（包括一些藝術家在內）儘管活到高齡，仍沒有獲得「成熟」的福氣。

迄今我們所觀察到的老年心靈的典型特徵，都跟一個人與其世界的關係有關。依此，我們可以把人類發展劃分為三階段。早期態度的表現者是孩童（但這種態度也殘存在文化和個人行為的某些方面），它的主要表現是與外在經驗保持距離。在這階段，人對世界的感知或理解只停留在大輪廓，沒有太多的分化，而個人的自我與其世界之間也沒有太多分化。在這種心靈狀態中，外在世界與自我之間還沒有發生分離，而弗洛依德相信，這種物我一體的感覺正是他所謂的「汪洋感受」（oceanic feeling）的源頭。

繼這個無分化階段之後出現的第二階段是一個逐漸征服現實的階段。這時，自我變成一個積極主動且強於觀察的主體，會把自己區分於客觀世界裡的人事物。這一點，是他那與日俱增的辨識能力最重要的一項產物。孩童會逐漸學會區分不同範疇的事物，學會辨認個別的人、地、物。如此，一種成年的態度便會發展出來。西方文化曾經歷一個類似的歷史階段，對它本來不感興趣的外在世界開始產生興趣。這種好奇心萌發於十三世紀，又在文藝復興時代創造出自然科學。編年史、地理學、植物學、天文學、解剖學，以及自然主義取向的油畫和肖像畫法，都是這種心靈狀態的展現。這個人類看待現實態度的第二階段超克了兒童時期的抽離，其最大的特徵是熱烈的入世，對周遭環境進行強力探索，追求與之互動。

說不定，在文藝復興這個第二階段的萌芽時期，業已包含著若干第三階段（也是最後階段）的特徵，亦即一些老邁的特徵。然而，典型的晚期態度卻是在距今較近的時代最清晰可見。以下我將會略談這態度的一些特徵。

首先，在這階段，人會對自然界和世界的表象感興趣，主要動機已經不是為了與之發生互動。例如，印象主義者的繪畫就是一種採取抽離靜觀態度的產物。雖然是描繪自然或人為的環境，但這些作品卻不管這些事物專屬的物質特性，即不理會它們的肌理、輪廓與局部顏色。這些物質特徵的實用價值被認為是不相干的。類似的態度可以見於純理論的科學研究（歐洲的科學研究尤其如此）。

然而，這種不以追求實用為目標的靜觀態度並不是消極性的。它背後有著這樣的世界觀：人應該超越表象以探求表象背後的本質，探求控制著可見表象的基本規則。這種趨勢在物理科學表現得最為明顯，不過，近年來人類學、心理學和語言學對深層結構的探尋也是同一種態度的流露。

人類態度晚期階段的另一特徵是從層級關係轉為協作關係。在這階段，起作用的是這樣一種信念：相似性要比差異性重要，而一個組織也應該是由一群平起平坐的成員透過共識構成，不是由尊卑高下的階級秩序構成。在社會的層面來說，這原則表現為民主政體，它是最成熟和細緻的一種人類社群，需要以最大的人類智慧為前提（哪怕在實際運作中它得遷就最小的智慧）。在藝術的層面，這原則表現為拋棄主導的組織架構（例如文藝復興時代的「三角構圖法」），改為偏好所有個別單位的通力合作。另外，這些個別單位又會拋棄自身的獨一無二性，不再於整體構圖或布局中具有無可取代的位置和功能。所以，在晚期作品中，觀眾和聽眾在每一個空間或每一個階段接觸到的都是同一類事物或事件，不像在較早期風格那樣，會接觸到敘事或時間中的發展。不管在空間上還是時間上，高潮起伏都不復存在，取而代之的是一種無所不在的活躍性。晚期階段這種結構齊一性不能不讓人聯想起最早期的階段：我說過，在最早期，不管是事物彼此之間還是自我與世界之間，分化程度都相當低。然而，晚期階段和最早期階段既然分處於人一生的兩頭，兩者自亦存在著重大差異：前者是未有能力作出分化，後者則是無此興趣作出分化。

⁂

我前面提過人生發展的第二階段（我稱之為成年階段）。在藝術作品中，成年階段的特徵體現在這一點：整體情節端賴彼此分離的動機中心所推動。這項特色在有人物的作品中最是清晰可見，因為它們總包含著一個野蠻好色的塞克斯塔斯．塔克文（Sextus Tarquinius）和一個拚死捍衛自己貞操的盧克雷蒂婭（Lucretia）。同一種動力機制也見於那些人生觀積極的音樂作品，例如，貝多芬的《田園交響曲》就是透過把農民的舞蹈與大雷雨的對比形成張力。我們也許可以說，這些作品的最終動能雖然是來自作者，但作者卻把他的動能分配給各個代理者，讓這些代理者顯得是按它們自己的內在衝動行事。

與此相反，在晚期作品中，移動各個角色的動力都不是來自它們自己。代之以，它們會同時受到一種不會厚此薄彼地作用在它們身上的力量所推動。這時，藝術家仍然會把創作意圖分配到他的創造物，不同的是，這意圖不再活化角色的個人引擎。現在，它展現為一種命運的力量，周流遍布於作品的整個世界。此時，不管是生者還是死者，不管是基督的屍體還是他哀戚的母親，都是活在同一種狀態：既積極又不積極，既有意識亦無意識，既忍耐又反抗。

晚期作品這種能量生產與分布機制的轉變，也呈露了形式表現手段的不同。例如，在繪畫中，這種不同會表現在光的角色的轉變。在較早期的風格中，光都會有一個明確來源，就像是一個獨立的代理者，而被這光照到人類角色或建築也會表現出他們對光的各自反應。然而，在提香或林布蘭的晚期作品中，整幅畫卻像著了火似的，畫中的一切皆分享著被燃燒的狀態。用更概括的方式來形容，我們也許可以說，在一個老年心靈裡，客觀世界的事物（一些會互相作用的個別單位）被消化得那麼全面，以致轉化為呈現一個整體（我們稱為風格）的表現元素。晚期風格會把客觀所予化約為幾乎完全被新陳代謝過的物質。用它們來維繫一種從漫長深思得來的一元的世界觀。

世界觀既是隨人生階段而改變，那就會引出一個問題：藝術中的師徒關係可以多麼有生產性，或者可以多麼問題重重。這種關係有時候會相當錯綜複雜。有時，一個大師的晚期作品雖然無法被緊接的下一代消化，卻會有力地影響到更下一代。霍德林（Hölderlin）的詩、華格納的樂曲，還有梵谷在阿爾勒（Arles）時期的作品都是箇中例子。更有趣的是，一些例子顯示，有些後來的世代可以把一種晚期風格予以同化，把它的一些方面整合到他們自己的世界觀去。在這方面，一個較近期的例子是美國抽象表現主義者

（Abstract Expressionists）對莫內晚期作品的吸收方式。莫內晚年的風景畫明顯是他畢生畫風發展的極致：在這個發展中，素材逐漸被一種愈來愈顯著的肌理給吸收掉，而這現象充分表現在他晚年所畫的睡蓮和小橋等等。這些作品真正值得激賞之處在於，它們的素材雖然經歷了徹底的轉化，但經驗真實（experienced reality）的豐富飽滿仍然歷歷在目。它們顯示出，藝術家籠罩一切的世界觀可以讓自然界個別事物的具體性服從到哪種程度。我們也許可以說，這是一種終極成就，只有活到高年而心靈臻於成熟的藝術家可以達到。這就不奇怪，後來世代的畫家雖然深受莫內的影響，卻無力臻至他到達過的深度。

——〈論人生與藝術的晚期風格〉（On the Late Style of Life and Art），1978 年

《希伯來聖經．傳道書》第三章九—二十二節

……這樣看來，做事的人在他的勞碌上有什麼益處呢？我見上帝叫世人勞苦，使他們在其中受經練。上帝造萬物，各按其時成為美好，又將永生安置在世人心裡。然而上帝從始至終的作為，人不能參透。我知道世人，莫強如終身喜樂行善；並且人人吃喝，在他一切勞碌中享福，這也是上帝的恩賜。我知道上帝一切所做的都必永存；無所增添，無所減少。上帝這樣行，是要人在祂面前存敬畏的心。現今的事早先就有了，將來

的事早已也有了，並且上帝使已過的事重新再來。

我又見日光之下，在審判之處有奸惡，在公義之處也有奸惡。我心裡說，上帝必審判義人和惡人；因為在那裡，各樣事務，一切工作，都有定時。我心裡說，這乃為世人的緣故，是上帝要試驗他們，使他們覺得自己不過像獸一樣。因為世人遭遇的，獸也遭遇，所遭遇的都是一樣：這個怎樣死，那個也怎樣死，氣息都是一樣。人不能強於獸，都是虛空。都歸一處，都是出於塵土，也都歸於塵土。誰知道人的靈是往上升，獸的魂是下入地呢？故此，我見人莫強如在他經營的事上喜樂，因為這是他的分。他身後的事誰能使他回來得見呢？

我為何工作和如何工作／湯恩比（Arnold Toynbee）

英國人，歷史學家，1889—1975年

是什麼動力促使我工作？還是學童的時候，我首先意識到的驅力是焦慮。因為焦慮老師會把我叫起來，向全班解釋一段希臘文或拉丁文的意義，我總是早早預習好。也是因為焦慮，我每次要坐火車或飛機，都是早早便去到車站或機場。這種焦慮心理有其弊病。它會耗去好些我可以移作正面用途的精力。例如，因為提早四十分鐘去到火車站，腳伕還沒有就位，我必須自己把行李搬上火車。還有一次，因為有一段選自修昔底斯

（Thucydides）的課文特別困難，我便提前幾星期預作準備，沒想到，當老師真的點我起來解釋時，我的表現相當失常。如果老師不是瞭解我的作為，大概會以為我沒有備課。我想他猜得到真相：我太早準備了，時間久了便忘得差不多。

焦慮本身從不是好事情，而焦慮走到極端的話更會是壞事情。然而，焦慮仍是一種強勁驅策力，所以，我想它的反作用也許可以被它的正向作用抵銷。

另一種一直促使我工作的驅力是良知。在早前出版的一部書裡，我提到我祖父住在英格蘭波士頓的一座農莊，而從該農莊可以看到聖博托爾夫教堂的尖塔。清教徒的良知大概是我父系家族的一種社會遺產。在面對工作的態度上，我擁有的是一種美國人的心靈而非澳洲人的心靈。我的良知把不斷工作和盡全力工作當成一種責任。我總是為工作而工作，像是受到工作的奴役。我猜，這種態度是不理性的，但有此自覺並不能帶給我解放。只要一懶散，或只是稍微放鬆，我便會受到良知責備，感到不自在和不快樂。所以，看起來，只要我一天還剩下工作的能力，良知都會繼續驅策我去工作。

焦慮和良知是一對馬力十足的發電機。但兩者雖然可以共同驅使我賣力工作，卻不能保證我會從事有價值的東西。它們都是盲目的力量，只會驅策而不會引路。幸而，我還受到第三種力量的驅動：理解的意願。我是自覺到前面兩種動力好一陣子以後才自覺到這第三種動力，但我相信，它早在我自覺到其存在以前便已作用在我身上，是自我很早歲便開始起作用。好奇心是一種正面動機。它也是人類有別於其他動物的鮮明特徵之一。所有人類總有某種程度的好奇心，另外，我們還會對一些無實際用途（起碼是剛開始沒有實際用途）的事情感到好奇。不過，這種特質雖然是所有人所共有，但它在各人身上的強弱程度會有所不同（這也是人與人的不同的重要標誌之一）。我被賦予的好奇心強度湊巧相當高。這是諸神的一種恩賜，我亦由衷感謝。

我說過，還是學童的時候，焦慮感會驅使我早早把老師分派的功課做好。這有一個可喜的好處：讓我有多餘時間可以去追求好奇心的滿足。其他同學都會到最後一刻鐘才準備功課，而我因為早備好課，所以有多出的時間做我喜歡做的事。「我喜歡」意味「我選擇」，意味「我給自己設定的工作」。所以，「焦慮」雖然奴役我，卻又給了我自由，讓我可以自己給自己安排工作。相對於自定的工作，規定的工作之於我只是附屬性質。把規定的工作早早做好，我便可以把它們給打發掉，去鑽研自己感興趣的課題。

每當別人問我，我為什麼會窮畢生之力研究歷史，我都會回答說：「為了找樂趣。」我相信這是個充分的答案，而且肯定是發自真誠。如果發問的人進一步問我：若是人生可以重來，我會做一樣的選擇嗎？那麼，我一定會信心十足地回答：會。

但為什麼我的工作偏偏是研究歷史？好奇心是一種雜食動物。在這個宇宙中，除了歷史以外，還有無數其他事物一樣可以引起人類的好奇心。那麼，我的好奇心為什麼是聚焦在歷史？對這個問題，我有一個十足把握的答案。我會成為歷史學家，歸根究柢是因為家母就是歷史學家。我已經不記得自己有哪個時候不是把繼承她的志趣視為理所當然。我滿四歲那一年，家父對家母說，家裡再負擔不起請保姆照顧我。當時家母請家父考慮讓保姆再多待一年：她相信自己一年內可以寫出一本書，賺到十二個月的保姆薪水。家父答應了，而我至今還鮮明記得，當《蘇格蘭歷史故事》（*Tales from Scottish History*）的校樣送到我家的時候，家裡的氣氛有多麼熱烈興奮。稿費是十二英鎊，剛好夠付一八九三至九四年間一年的保姆薪水。那一年過去而稿費也花光之後，保姆便走了，換成由母親來給我說睡前故事。她給我講的是英國史，每天一段，把這歷史從起始講到一八九五年，我總是聽得津津有味。

所以，我會成為歷史學家毫無疑問是受到母親的啟迪，然而，我又只是在一個寬廣意義下繼承她的志趣。我相信，家母是為史事本身而愛史事。我當然也愛史事，任何不愛史事的人都成不了歷史學家。史事是史學的基本素材，當歷史學家的人必須大量吸納史事，他若是不愛史事，一定會感到煩不勝煩。但就我本人而言，我雖然愛史事，卻不是愛其本身。我愛它們，是因為它們可以作為線索，讓人探索更玄遠的問題：神祕宇宙的本質和意義。我們都渴望瞭解宇宙和人在宇宙中的位置。我們固然知道，在瞭解宇宙一事上，人的智慧充其量只像燭光，卻仍然不死心，想方設法增加這光的亮度。

宇宙中的任何事物都可能引人好奇，然而我相信，所有好奇心的終極目標都是現象背後的精神實相（spiritual reality），而因為這個緣故，好奇心是一種多少帶有神性的東西。因為受家母影響，我個人向這個終極目標逼近的方法是研究人類事務。物理學、植物學、地質學和任何學科都可以是通向同一個人類目標的不同道路。然而，在猶太教—基督教—伊斯蘭教的世界觀中，歷史一向都是被放在一個神學的框架裡。過去兩個半世紀以來，這種傳統的西方史觀業已受到許多西方史學家（和他們的非西方弟子）所反對。

但我相信，不管他們承認與否，每個研究人類事務的學者都一定有自己的一套神學。我還相信，愈是把自己的神學壓抑在意識層面之下的學者，就愈會受這套神學之害。

我當然只能代表自己說話。我深信，我會著迷於研究人類事務，是因為此乃宇宙向我開啟的那扇窗。換成是地質學家或植物學家，他們在遊歷一片沒發生過任何重要歷史事件的地域時，一樣會像我在菩提伽耶（Bodh Gaya）[2]或耶路撒冷經驗過的那樣，鮮明地看到上帝的手跡。然而，由於個人的性情氣質使然，沒有印上人類印記的大自然，不會引起我太大的感應。鏗托斯山（Mount Cynthus）[3]帶給我的感動要大於喜馬拉雅山，約旦河帶給我的感動也要大於亞馬遜河。

我為何工作而我的工作為何又是研究歷史？因為，在我看來，這種追求不管多有侷限性，都可讓我更趨近至福眼界（*Visio Beatifica*）[4]。

——摘自〈我為何工作和如何工作〉（Why and How I Work），載於《經驗》（*Experiences*），1969 年

《薄伽梵歌》（*The Bhagavad-Gita*）　印度教典籍，約西元前四世紀

桑遮耶說道：

阿周那心內愁煩，

滿懷憐憫，淚眼朦朧。
黑天⑤見狀
乃給予他一番忠告。

黑天說道：

阿周那！在這緊要關頭，
你怎麼會如此怯懦！
這不是高貴的人所應有，只會招來毀謗，
更不是升天之道。

別屈服於猶豫無能！
這不是你的一貫本性！
快拋棄你心中的卑微怯懦。

---

②佛教聖地，釋迦牟尼悟道之處。
③位於希臘，在希臘神話中為太陽神與月神兄妹的誕生之地。
④神學用語，指完全淨化過的靈魂直接面見無限美善上帝的圓滿境界。
⑤黑天為印度教三大主神之一。

起而戰鬥吧，阿周那。

阿周那道：

黑天啊，摩塗蘇陀那與德羅納
皆是值得我親敬之人，
試問我又如何能用羽箭
向他們發起進攻？

殺死這些處於權力頂峰的尊長，
我此生的飯食將會染有血跡，
若如此，我倒是寧吃
乞來的剩飯殘羹。

我們真不知道何者更讓人難以忍受：
是我們戰勝他們還是他們戰勝我們？
持國的兒子們就站在前面，
殺死了他們，我們也將痛不欲生。

我的天性已被憐憫的弊病傷害，
神聖義務的彼此衝突讓我頭腦糊塗。
究竟該如何抉擇，
懇請你向我這位弟子示下。

我看不出有何方法可以驅走
讓我精神苦惱的此等煩憂。
即便讓我富可敵國，威凌眾神，
亦無以解憂。

桑遮耶說道：
阿周那對黑天說完此話，
又曰：
「我將不戰。」
語畢陷於沉默。

見阿周那心內愁煩，
愣坐於兩軍之間，

黑天微露笑意，
給他如下一番忠告。

黑天說道：

你為不當憂者憂，
話語中不無明見。
但有識者既不會為死者憂，
亦不會為活者憂，

我未嘗不存在，
你與眼前諸王亦未嘗不存在；
至於未來，
我們亦不會停止存在。

正如自我（self）在寄住於一形體時，
會經歷童年、青年和老年，
當其進入另一形體後亦復如是。
對這一點，智者絕不受迷惑。

與物境接觸，
會給人以苦樂或冷熱之感。
阿周那，你必須學會忍受
事物之來去無常！

人中俊傑將苦樂視為無別，
不會因接觸物境而生煩惱，
是乃大勇，
此等人配享永生。

無不能生有，
有亦不能變無，
二者之界線，
唯有知真諦者能目睹。

不滅者長存
遍及於一切，

無人能摧毀
這個不變的實相。

我們的身體有盡期，
宿於體內的自我無盡期，
不可摧毀，又不可測量。
因此，阿周那，起而作戰吧！

有人以為這個自我能行殺戮，
有人以為它可以被殺死，
兩者皆是見事不明；
自我既不能行殺戮，亦不會被殺死。

它無所謂生，
無所謂死；
只要曾存在
它就不會變得不存在；

它無始、固存、永恆而根本。
它不能被殺死，
只有身體能被殺死。

阿周那，若一個人明白
自我不可摧毀、固存、無始而不變
他又怎麼會以為
他殺死得了別人或導致別人被殺？

正如人會脫掉穿舊的衣服，
換上新衣，
靈魂一樣會脫掉用舊的身體，
換上一副新身體。

火不能將它燒，刀不能將它斬；
水不能使它濕，風不能使它萎；
它長住、遍在
萬劫不滅，無始無終。

它被稱為不顯者（unmanifest）、
不可思議者和不變化者。
你若是明白這道理，
就不會為生死而憂傷。

即便你只是把生死看成
反覆不斷的循環，
那麼，大戰士啊，
你亦無必要為生死而憂傷！

生者必有死，
死者亦必有生；
這個循環既不可避免，
你也沒有理由好憂傷！

萬物皆以不顯者為源，
顯現為生命，

最後又復歸於不顯者之中。
既如此，你又有什麼好傷感的！

罕有人看過它，
罕有人談過它，
罕有人聽過它，
即便聽過者亦不知其真諦。

寄住於眾生體中之靈魂，
永不可摧毀，
是以，阿周那，
你亦無必要為芸芸眾生憂傷！

當盡好你的職責，
別在它面前顫抖畏縮；
對一個戰士而言，
沒有比為神聖責任而戰更所當為。

這是千載難逢的機會，
誰遇上都當大大歡欣，
因為凡參與這種戰事者
天堂之門都會為他敞開。

你若是不盡好自己的神聖責任
去打這場戰爭，
就是放棄責任與盛名，
自招不幸。

你的臭名將永遠
流傳世間，
而對重榮譽的人來說，
臭名比死亡更加可厭。

其他戰士會認為
你是因為畏戰才臨陣脫逃；
而原本對你萬分敬重者

亦將會心生蔑視。

你的敵人也將詆毀你，
以千百種不堪的方式
取笑你的能力。試問
還有什麼比這個更讓人難受！

若戰敗被殺，你將會升上天堂；
若戰勝凱旋，你將會享有大地。
所以，阿周那，站起來，
鼓起決心去打這場仗吧！

你應以無分別心看待
苦樂、得失、勝敗，
盡心盡力去打這場仗，
否則就會招致罪愆。

以上所述，是「數論」⑥之智；

現在，阿周那，
我再來給你講解「瑜珈」之智，
若得此智，你便可擺脫「業」的枷鎖。

在這世上，
沒有任何努力會是白費；
只要盡少許神聖責任，
你便可以遠離大恐怖。

本質為決斷之智慧，
只有一種；
搖擺不定者之智慧
則種類繁多，枝蔓無盡。

愚昧之人但知
把《吠陀》所言奉為圭臬，
天花亂墜，說什麼：
「捨此別無真理！」

受慾望所驅策，這些人
求的是升天，圖的是權力和享樂；
然而，他們奉行不渝的種種繁瑣儀式
只帶來再投胎的果報。

迷戀於權力與享樂，
他們辭勝於理，
不知道應在諦觀中，
得著那本質為決斷的智慧，

《吠陀》的內容是三德，
你應該擺脫三德、脫離雙昧，
堅持永恆真理，
不在乎世間榮華只專注於自我。

⑥「數論」為古印度哲學的派別之一，又稱「迦毗羅論」或「兩眾外道」。此派承認吠陀權威，被視為正統哲學之一，其思想為《薄伽梵歌》所大量引用。

對有見識的婆羅門而言，
《吠陀》之教誨
就像是洪水遍地時
的一口小井。

你當致志於為所當為，
不要在意結果；
切勿使追求業果成為動因，
也不可執著於無為。

如果你捨棄了執戀又堅信瑜伽，
那就該履行你的職責！
對於成功失敗應該等同看待，
等同看待也就是所謂的瑜伽。

阿周那，若把有為與智瑜伽相比，
確實相差很遠，所以，

你要在智慧中尋求庇護！
而貪求業果的人顯得卑微可憐。

有智慧者受智慧節制
把善惡全部拋棄，
因此，你要修習瑜伽！
在有為中瑜伽則是訣竅。

有智慧者受智慧節制
將業的結果全部捨棄，
他們解脫了生的束縛，
達到了無災無難的境地。

當你之智慧超越了
顛倒虛妄的泥淖，
就不會把《吠陀》教導的一切
當一回事。

當你把你的智慧
從《吠陀》轉入
不動如山的三昧諦觀，
你就會把那瑜伽得到。

阿周那說道：

黑天！如何方可稱為
已經入定的智堅者
他會如何說話？
他會如何坐，如何動？

黑天說道：

阿周那，凡是拋棄內心慾望，
滿足於內在的自我，
此人便可以稱為
智慧牢固者。
處憂患而心無煩亂，
居安樂而不貪戀安樂，

無執戀，無恐懼，無嗔怒，
此人可稱為智慧牢固者。

對吉凶無所偏愛，
無大喜又無大悲，
此人的智慧
可稱為牢固。

凡是把六識
完全從物境抽離
如同烏龜之縮回四肢者，
此人的智慧便為牢固。

寓於形體之自我若戒食，
物境便會消退；
其滋味會徘徊一陣子
但獲得更高真知後亦自消失無蹤。

即使是智者
努力自我節制，
其躁動不安的六識，
仍會兇猛攻擊他的心。

應控制六識，
繼續將瑜伽修行，專注自我。
凡是可以控制六識者，
他的智慧便為牢固。

人若是老想著物境，
執戀之心便會日增，
而執戀會生出慾望，
慾望又會生出嗔怒。

嗔怒會生出迷亂，
迷亂會讓人記憶衰退，
記憶衰退會讓智慧失滅。

人的智慧一失滅便萬事皆休。

不能自克者不能有智慧，
亦不能得靜慮；
不能得靜慮者不能得寧靜。
沒有寧靜又何來欣悅？

若任由己心屈從於六識，
隨之起舞，
智慧便會被送走，
一如風會把水上的船送走。

因此，大戰士啊，
應把六識
完全抽離於物境，
如是智慧才稱得上牢固。

眾生沉睡之夜晚

乃克己者警醒之時；
眾生清醒的時間
則是見道聖人可入睡之夜。

如海納百川而不改凝然，
無欲者的內心
亦不會因七情六慾而生波動，
彼之寧靜非多欲者所能管窺。

拋棄一切慾望，
有所為而無所求，
無我執亦無我慢，
則此人可獲得寧靜。

此為梵道之極境，
臻於此者不會為虛妄所蔽；
持守其中以至命盡，
可得無限寧靜。

母子語

／休斯（Langston Hughes）　非裔美國人，詩人，小說家，1902—1967 年

兒子，且聽我說：
人生之於我從不是水晶樓梯。
其上有大頭釘，
有裂片，
有翹起的木板，
也有沒鋪地毯的樓梯板
光禿禿的。
但一直下來，
我始終拾級而上
到達一個個樓梯間，
轉過一個個轉角，
有時會走入暗處
沒有光的所在。

所以，我兒，
別回頭。
也不要停下腳步，
因為那會更加艱難。
現在別摔倒，親愛的，
因為，我還在攀爬，
我還在拾級而上，
哪怕人生之於我從不是水晶樓梯。

——〈母語子〉（Mother to Son），1926 年

日記與書信摘錄
／凱綏．珂勒惠支（Kaethe Kollwitz）

德國人，畫家，1867—1945 年

一九一七年七月二十日

親愛的哈塞太太：

在所有祝賀我五十歲生日的來信中，妳的信顯得與眾不同。我由衷感謝。當妳說祝願活躍的創作力、愛和心靈平靜都會與我同在時，我說了一聲「阿們」。妳的祝願帶給

了我新力量，而我需要力量。每個人都需要力量。每個人都可以透過關心和設身處地帶給別人很大力量。

我深深希望自己的健康還能保持一段長時間。首要之務是把我為紀念陣亡兒子創作的那件作品完成，完成得好好的。除此以外，我還有許多其他創作計畫。如果一個人進入老年後還可以保持健壯，那老去就沒有什麼不好。今天我們為李卜曼（Liebermann）⑦慶生。他七十歲了，卻完全沒有彎腰駝背。他新近的一批畫作大概也是他畢生最好的畫作。願你我都可以有此福氣。

但可不要老得變成廢人……

一九二三年十月

我在讀路德維希（Emil Ludwig）對歌德晚年生活的記述。他奮起了多大的力量和摒絕了多少外務的干擾啊，為的是要在作品中完成自己，為的是要在人生最後還能有所產出，為的是要把自己的生命金字塔砌至極峰。這位老歌德是何其光芒萬丈：憤怒、有力、去蕪存菁，專注到了最極點。他得到的成果讓他表現出的狂暴和由此而來的種種顯得合情合理。他滿是反諷、不耐煩和不寬容的態度。他超克了老年。很多仁慈和深思的

---

⑦德國知名作家。

人入老後都會變得寬容，會表現出一種「小朋友們，愛彼此吧」的態度。但歌德不是這樣，他把那種態度置諸腦後，讓自己可以在高齡時再度煥發出耀眼的光芒。談到死亡時，他這樣說：「我深信我們的死後存續可以靠活動的觀念來保障。因為如果我繼續不知疲倦地工作到最後，那等到目前的形體無法再裝載我的精神之時，自然將有責任委我以另一形式的生命。」

一九三三年十月

我的個展獲得熱烈迴響。我何其快樂啊！

一九三六年十一月

我逐漸明白，我的創作生涯已接近尾聲。現在我還有一組群像正在進行，卻不知道要怎樣把它完成。我確實已無話可說了。我有計畫創作另一件較小的雕塑（名為《老年》），也對一件浮雕作品有模糊構想。但我會不會把它們做出來已無關緊要——對其他人和我自己來說都是如此。對於我的作品被排除在普魯士學院展覽之外⑧和被禁止在太子宮（Kronprinzenpalais）展出一事，我四周的人表現出古怪的靜默。幾乎沒有任何人就這件事跟我談過。我原以為有人會前來（或至少是寫信來）慰問我——卻沒有。不過，人人都是遲早會被一片靜默包圍的。沒錯，卡爾⑨是還在。我每天都會看他，一起聊天，互相表達對彼此的關愛。然而，連他都走了之後，情形又會是如何？

人總是會愈來愈趨於靜默。每天晚上，只剩我一個人的時候，我都會坐在火爐邊媽媽那張椅子裡。

一九四四年六月十三日發出於諾德豪森（Nordhausen）

我親愛的兒女：

漢斯的信剛到，法森（Josef Fassen）剛走。別誤解我寫這封信的用意，也不要以為我對自己的人生不知感激。然而，我還是必須告訴你們：我最深的渴望已經不再是活下去。我知道很多人比我還要老，不過，當一個人有了不想再活的念頭，他自己準會知道。對我而言，這時候已到了。即便我能再多活一陣子，也仍然不會改變這個事實。要離開你們兩個和你們的孩子，讓我非常非常不情願。然而，求死的願望仍然保持著。我只願你們能下定決心，再擁抱我一次，然後讓我離開。這樣的話，我將會無比感激。你們不要驚恐，也不要設法勸我回心轉意。我感謝我的人生，它讓我吃過許多苦頭，但也帶給我許多美好事物。我也沒有浪費這人生：我總是竭盡所能去善用它。我現在請求你們的只是讓我離開——我的時間到了。我知道你們一定會說，我還不算很老：我寫的信有條有理，而我的記憶力還相當清晰……但我求死的願望仍然堅持。我要擱筆了，我親

⑧珂勒惠支是普魯士學院第一位女院士，納粹上台褫奪其院士頭銜，並禁止其作品在普魯士學院的展覽中展出。
⑨珂勒惠支的丈夫。

愛的兒女。我從心坎深處感謝你們。

——摘自珂勒惠支的日記和書信

寫給費斯特醫生的信

／弗洛依德（Sigmund Freud） 奧地利人，心理學家，1856—1939年

……沒有工作的生活是一種我無法泰然面對的觀念。對我來說，工作和自由發揮想像力是同一回事。我對任何事情都不感興趣。工作固然是帶來快樂的良方，但我又驚恐地想到，生產力完全有賴於頭腦的敏銳清晰。當一個人的觀念創造力或文思不再時要怎麼辦呢？一想到這種可能性，我就會瑟瑟發抖。因此，儘管樂天知命是一個配受尊敬的人應有的態度，我仍然暗暗向老天這樣祈求：饒過我，勿使我的工作能力被老病所浪費和癱瘓。

就像馬克白國王（King Macbeth）⑩所說的：讓我們死於工作中吧。

——寫給費斯特醫生（Dr. Oskar Pfister）的信，1910年3月6日

邁向終點

/斯塔福德（William Stafford）　美國人，詩人、散文家，1914—1993年

他們將會給你一個紙鎮，
硬木雕成，上刻黑字，
說：每個人都喜歡並懷念
你這樣穩定而忠誠的員工。

你把它帶回家，看著這段親切的文字。
人們並不總是允許你這樣
靜悄悄地離開——那個女人
一度親切，後來卻滿嘴噓聲，
說教連篇。

⑩莎劇《馬克白》的主角。

啊那些憤怒籠罩的年歲
每一天都是勉為其難地開啟
接著而來的都像是一些刺客、
用心、鬼祟、算計、戲弄。

如今你可以在黃昏散步。
那兒的住家、牆壁
相倚。你再次感到媽媽
就在身旁，爸爸牽著你的手。

佩姬修女快跑到前頭，
以人人喜愛的方式往回望，我們說：
「嘩，她好急切！好漂亮！」但我們沒有
保持忠實，佩姬。我們沒有，我們沒有。

道路逐漸彎曲，然後筆直
伸向落日。人們川流地走著
天空開啟在一片絕壁上；

大海猛然下墜，又藍又亮。
突然間這一刻已值回全部。
從未有過如此甜美的滋味
靠得這麼近又這麼鋪天蓋地。
人們常說，要是你夠幸運
就會在路的盡頭看到
一道綠色閃光。
現在你看到了：它總是在那兒。
——〈邁向終點〉（Toward the End），1991 年

萌芽
／左拉（Émile Zola）　法國人，作家，1840—1902 年

把車斗裡的煤倒空後，那小工坐到地上，很高興煤車發生了故障。但他照舊是一副不理睬人的無禮態度，只是抬著一雙無神的大眼瞅著趕車工，彷彿是嫌對方話說太多。

其實，趕車工平常不會這麼喋喋不休，此時，想必是瞧面前的這個陌生人順眼，忽然有了一股傾吐心事的衝動，不能自已。老年人有時會大聲自言自語，也是因為這個緣故。

「我老家在蒙蘇（Montsou），大家都喊我『長命佬』。」他說。

「那是外號嗎？」艾蒂安驚訝地問。

老頭得意地做了個鬼臉，指著沃勒礦井說：

「對，沒錯。人們把我從井底下拖出來過三次，每次都只剩半條命：有一次頭髮全燒焦，有一次喉嚨裡塞滿土，第三回肚子灌滿了水，樣子像蛤蟆……人們看我這個樣子還死不了，就尋我開心，管我叫『長命佬』。」

他愈說愈起勁，嗓子像缺油潤滑的滑車一樣，吱吱直響，最後變成一陣可怕的咳嗽。火桶冒著的火光把他白髮稀疏的大腦袋照得清楚分明。他的臉扁平而蒼白，點綴著一些發青的斑點。他五短身材，脖子很粗，腿肚子和腳後跟都向外撇著，手大而臂長，直垂到膝頭。就像他騎的那匹馬一樣，他一動不動地站著，顯得不怕風吹，彷彿是石頭造的。他似乎一點都不怕冷，也不在乎耳邊呼嘯的狂風。咳嗽停止後，他使勁一清喉嚨，發出深沉的咯喇咯喇聲，接著朝火桶腳上啐了一口痰，地面隨之染黑了一小塊。

艾蒂安打量他，又看了看被他唾黑的地面。

「你在這礦井幹了很多年了吧？」他問。

長命佬揮動兩隻手臂，手舞足蹈地說：

「很多年？應該算吧。我第一次下井還不滿八歲，如今可是五十八了。你自己算算總數吧！我在井下面什麼活兒都幹過。起先當學徒工，夠氣力推動車輪後就當了推車工，後來又當了十八年挖煤工。之後，因為我的腿不爭氣，他們就讓我到開採面上方幹清理、修補的活兒，直到我非離開井底不可才把我調上來，因為醫生說，我再不上來鐵定會死在礦井裡。就這樣，他們五年前讓我到上頭來當趕車的……怎麼樣，五十年的礦工生活，四十五年待在井下面，不賴吧？」

他說話的時候，燃燒的煤屑不時從鐵桶裡彈出來，用紅色的閃光照亮他那蒼白的臉。

「他們叫我退休——」他繼續說，「我才不要。我不是笨蛋。只要再幹兩年，等到六十歲，我就有一百八十法郎的退休金可拿。他們當然希望我今天便說拜拜，這樣便只消付我一百五十法郎。這些鬼傢伙可狡猾得很！再說，我除了腿會痛，身子骨還挺結實。你不知道，我是因為在開採面下泡得太久，水都滲進了皮肉裡去。有些天我只要稍微挪一挪腿都會痛得直叫。」

又一陣咳嗽讓他無法說下去。

「你咳嗽也是因為這個緣故嗎？」艾蒂安問。

「不是，不是！我一個月前著涼了。我以前從不感冒，現在卻甩不掉它……另一件怪事是，我現在老是有痰，老是要吐啊吐……」

說著，他的喉嚨又是一陣咯喇響，隨之從嘴巴裡吐出一小沱黑色膿痰。

「那是血嗎？」艾蒂安終於大起膽子提出這個問題。

長命佬慢慢用手背擦拭嘴巴。

「不是，是煤……我身體裡積的煤有夠多，夠我取暖到翹辮子。我已經五年沒下井，可好像還是有存貨，我自己也不知道。嘿嘿，這東西可真耐久！」

——《萌芽》（*Germinal*），約 1885 年

學習入老

／圖利耶（Paul Tournier） 瑞士人，牧師暨精神治療師，1898—1986 年

俗語說得好，錢不是萬能。當醫生的人應該很能體會這一點。他們見過許多非常富有又非常不快樂的人，這些人從事種種昂貴的娛樂，卻只感到極端無聊乏味。儘管如此，退休人士的經濟條件若是未能達到一個門檻，他們的生活仍然非常可哀可嘆。如果低收入退休人士的經濟狀況不能獲得徹底改善，則所有有關退休問題的談論，不過都是些寫在風中的文字，或是如聖保羅所說的，只是「敲響的鈸」（〈哥林多前書〉一章一節）。

——《學習入老》（*Learning to Grow Old*），1971 年

尤利西斯

／丁尼生（Alfred Tennyson）　英國人，詩人，1809—1892年

當個無所事事的國王又何益：
閒居終日，以老妻為伴，
統治著一個巉巖貧瘠的島國，
給一群未開化的子民頒布
各種賞罰的法律；這些子民
只知吃喝拉睡，不知我是何許人。
我無法不重拾我的行旅：我決心要把
生命之酒飲到了甕底。這一生，
我大大地歡樂過，
也大大地痛苦過，
有時是與愛我的夥伴一起體驗，
有時是獨自體驗；有時是在岸上，
有時是在雨神海亞蒂斯姊妹

攪起滾滾激流的灰暗海洋上。
我已經成為一號人物。
由於總是帶著一顆饑渴的心漂泊，
我見聞廣闊，見識過各種風俗、
各種氣候、各種政府、各種人物——
其中不乏與我不遑多讓之大名鼎鼎者。
我也曾在那遙遠多風的特洛伊平原上，
刀劍鏗鏘地與同袍一道酣暢地作戰過。
我是我全部經驗的一部分，
但全體經驗就像一座拱門
外面閃爍著我未曾到過的世界，
我愈往前走，
它的邊緣就愈往後退。
最沉悶之事莫過於停留，莫過於止步，
莫過於在棄置中生鏽，無法在使用中閃閃發光！
難道只是呼吸就能算是人生？
人生加人生都嫌太少，
何況我只有一個人生且所餘無幾，

必須把每一小時都從永恆寂滅中搶救回來，
為它們增加點光澤新意。可恥啊，
過去三年多來，我把自己給封存起來。
此時，這灰髮的心魂渴盼著
像追尋一顆殞星似地追尋知識，
航向人類思想的最邊界之外。

這是我兒，我的親骨肉忒勒瑪科斯⑪（Telemachus），
我把王杖和島國留給他。
他是我的愛子，力可勝任
此一重擔，會懂得審慎而按部就班地
教化粗野的子民，透過溫和手段
使他們變得善良和有用。
他一無缺點，素來專心於
公眾事務，雖年少卻端正謹嚴
定能當個稱職的國王，

⑪希臘神話中奧德修斯（Odysseus）的兒子。

並代我盡好向家戶神獻祭的職責。
我走之後，他會做好他的工作，我會做好我的。

海港就在那邊，船帆已經高揚，
更外面是暗沉的廣闊大海。我的水手們，
爾等曾與我同勞作、同吃苦、同悲喜；
爾等總是以同等的興高采烈迎接日曬和雷雨
總是以自由的心與頭顱來抗爭——
爾等與我皆老矣，但是
老年自有老年的榮譽心與用場。
死亡終會終結一切，但在那之前
我們也許還能有一番作為，
以致夠資格被稱為敢與神鬥的人。
礁石上的燈標開始閃爍了，
長日將盡，月亮緩緩爬升，
海洋的呻吟和各種聲音在迴盪。
來吧，朋友們，
要探尋一個新世界還不算遲。

出發吧，各就各位，用力划破
喧囂的海浪，因為我決心
駛向日落之外，駛向
西方諸星宿的浴場之外，至死方休。
深淵也許會把我們吞噬，
又也許，我們會到達「幸福島」，
見著我們的老朋友——大英雄阿奇里斯。
我們是被銷蝕了不少，但留在身上的也還有許多。
我們是不再有昔日
搬天移地的力氣，但我們仍然是我們，
雄心不減當年；
雖然體力被歲月與命運削弱，
我們的意志堅強如故，堅持著
奮鬥、探索、尋求，永不屈服。
——〈尤利西斯〉（Ulysses），1842 年

貝克農莊

／梭羅（Henry David Thoreau）　美國人，哲學家、作家，1817—1862

……我的守護神似乎在說：去吧，捕魚打獵去吧，每天要走得更遠更闊，更遠更闊，然後毫不憂慮地在許多溪邊和許多人家的壁爐邊休息。別忘記你少年時代的造物者。天亮前便起床，拋開一切顧慮，出去探險。讓中午在另一個湖邊找到你，讓夜晚在任何地方追及你的時候，你都如在家中。沒有原野比這個更廣闊，沒有遊戲比這個更有價值。按照你的天性無拘無束地生長吧，像蕨類和蓑衣草一般生長，它們永不可能變成英國乾草。雷聲隆隆就讓雷聲隆隆吧，它會毀掉農夫的穀子又如何？這不是它要帶給你的口信。你當以雲朵為遮蓋，別學別人的樣子躲到車子和棚屋裡。**別讓生活當成你的職業，要把它當成你的遊戲。享受土地，但不要擁有土地。**人們就是缺乏冒險心和自信心，才會變成他們現在的樣子：買進賣出，像奴隸一般過生活。

啊，貝克農莊！

「一小片純淨的陽光
就是最富麗的風景。」

「你那片用鐵欄圍起的草場
誰也不會跑去縱酒狂歡。」

「一身簡樸的褐色粗呢，
仍和初次見到時一樣平和
不跟任何人爭辯
那於你已毫無疑問的問題。」……

「無論愛恨，來吧，
來吧，聖靈的孩子們，來吧，蓋伊．福斯克⑫，
把一個個陰謀
吊死於粗壯的樹枝上！」

人在夜晚無精打采地回家，因為他們原先只在鄰地或鄰街，連他家裡的聲音都不離耳際的地方；他們的生命日趨憔悴，因為他們吸的氣只是自己一再吐出的氣；早晨和黃

⑫一六〇五年陰謀炸毀英國國會及國王、議員的恐怖分子。

昏，他們的影子比他們每天走過的路還長。我們每天應該從遠處回家，從冒險、從危機、從新發現，帶著新的經驗與性格回家。

——摘自《湖濱散記》（*Walden, or Life in the Woods*, 1854）的「貝克農莊」（Baker Farm）一章

哈德西派⑬傳聞（Hasidic Tale）　約1740—1810年

別爾季切夫（Berdichev）⑭的拉比看見一個男人匆匆從街上走過，既不左顧也不右看。

「你這麼匆匆忙忙是幹麼？」他問那男人。

「我在為人生奔忙。」男人回答。

「你又怎麼知道人生是在你前頭，需要你去匆匆追趕？說不定它是在你後頭，你只要站住便搆得著。」

——有關別爾季切夫拉比列維．以撒．本．梅厄（Rabbi Levi Isaac ben Meir）的傳聞

蠢老頭萬歲
／古根包爾—克雷格（Adolf Guggenbühl-Craig）

瑞士人，心理學家、榮格學會成員，生於1923—2008年

今天，智者的形象已經受到太多污染，顯得太過矯揉造作。這形象已經磨損，變得甜膩膩。所以，讓我們丟掉「智慧老者」（wise old man）的理想，改為接受「蠢老頭」（old fool）的啟發和引導吧。凡是坦然接受身心老邁、疾病、垂死和死亡的老人，都比那些拒絕這些事情的老人更接近智慧。這看似是一個弔詭的事實：凡是能做到這個的人都會獲得一種特殊的心理素質，而這心理素質比平凡的智慧要珍貴許多。這包括接受自己已經與集體潛意識失去接觸，變成只是一個過氣角色。這種態度也包含著重大的靈性意義：當一個人願意承認自己又老又蠢而拒絕別人把智慧投射到他身上，他就會變得完全個體化。

這種「蠢老頭」的神話起源於哪裡？是我發明的嗎？我不這樣認為。老人常常被形

⑬哈德西派為猶太教神祕主義的一支，興起於十八世紀。

⑭烏克蘭一城市。

容為古怪和愚蠢，也因此常常被人取笑。另一方面，蠢才又是一種歷史悠久的神話角色，常常受到高度敬重。不幸的是，近些年來，愚蠢與老年已經被認為是兩回事。我們花了大把工夫讓自己相信，老年沒什麼愚蠢的。所以，「蠢老頭」不是一種新的神話。我企圖恢復的只是一個舊的神話，它本來眾所周知，後來卻受到打壓。接受「蠢老頭」神話也許會是老年人的一種祝福。它會讓他們的社會角色獲得改善。蠢老頭拒絕被當成睿智的人看待，拒絕別人把智慧投射到他身上。這表示，他讓自己從權力的位置掙脫出來，讓自己從各種責任中解放出來。他離開了人生的戰場，讓自己當真正的自己：蠢才。有一次，我在公車上看到一大群出遊歸來的老婦人，旁若無人地互相逗笑，舉止非常愚蠢。她們沒打算要別人覺得她們睿智，只管隨心所欲地嘻笑。這景象讓我耳目一新。

我不是主張老年人不要再工作，只是主張他們不應是受某個目的驅策而工作。他們不應該是為了賺錢、促進經濟繁榮或保持權力而工作。代之以，他們應該只是為了享受工作而工作。人們常說，老年人的智慧和能力都浪費了，意指他們不能對國家經濟有所貢獻。我的看法卻相反：**我認為老年人在社會裡應該扮演一個無用的角色，一個蠢才的角色，由此而獲得一種獨一無二的自由。**所以，任何保障老年人生活的社會福利制度都是一大福音。它容許老人回到他們的真正自我。**因為不再需要謀生，他們得以享受當蠢才的自由。他們可以不為三餐奔忙，光以「浪費時間」為務**（不管是跟孫子玩或光坐著什麼都不幹）。更重要的是，他們再也不需對發生在周遭的事有著徹底的掌握。沒有什麼比要一個老人整天保持警覺更讓人難為情的了。他們不再需要「跟得上時代」，不再需要與現代的集體意識或集體潛意識保持聯繫。

把智慧和老年相提並論已經製造了好些傷害。一個例子是史懷哲（Albert Schweitzer）。這位叢林醫生天賦異稟又充滿理想，既是個風琴家，專精於彈奏巴哈的樂曲；又是個大善人，在喀麥隆的隆巴瑞尼（Lambarence）創辦了一家醫院，為非洲人提供醫療服務。然而，這位天才後來卻受害於「智慧老者」的神話。入老後，他成了一個虛榮、專斷、極端保守的種族主義者。據他那時期的同事所述，他完全無法忍受任何批評。他相信自己完全知道醫院該怎樣營運，拒絕接受別人的建議。他相信只有他能醫治那些「黑鬼」。他相信他那種過時的、家長式的作風是唯一正確的方法。不只史懷哲讓自己接受「智慧老者」形象的牽引，別人也把這形象投射到他身上。要是他當初接受的是「蠢老頭」神話，情況將會大為改觀。**透過接受蠢老頭的角色，他將更能顯示出他的不凡，不會變成一個自以為是、愛慕虛榮的老年人。**

⁂

「蠢老頭」的理想可以把老邁是一種缺損的觀念所包含的恐怖給驅走。這樣，**長老便會再次讓人有所獲益。**入老後，我們不但可以擺脫權力，還可以卸下所有責任。我們可以向自己和周遭的環境承認，我們已不能完全掌控些什麼。但我們老年人（我說我們，是因為我自己也正站在老年的入口）不應該因此而停止參與談話。我們的意見和記憶對世界仍然相當寶貴，但世界在聽我們說話時，必須記得一點：說話人屬於一個過去了的時代，不再有任何權力，而他的思考能力說不定已經衰退。「**小孩子和老年人都只說真話**」這話斷然是有一些道理的。

——摘自〈蠢老頭萬歲〉（Long-Live the Old Fool），載於《蠢老頭與神話的腐敗》（*The Old Fool and the Corruption of Myth*），1991 年

眾父之訓

以利．本．阿薩利亞（Rabbi Eleazar ben Azariah）

希伯來人，猶太智者，西元一世紀晚期至二世紀

凡是智慧超過勤奮的人，他何所似？似一棵枝多根少的樹。大風一來它便會被連根拔起，頹然傾倒。

凡是勤奮超過智慧的人，他何所似？似一棵根多枝少的樹。這樣，即便全世界的風吹向它，它都會屹立不倒。

正如經上所說：「他必像樹栽於水旁，在河邊扎根，炎熱來到，並不懼怕，葉子仍必青翠，在乾旱之年毫無掛慮，而且結果不止。」（《耶利米書》十七章八節）

——摘自《眾父之訓》（*Ethics of the Fathers*）

論老年

／蒙田（Michel Eyquem de Montaigne）　法國人，散文家、思想家，1533—1592年

我不能接受時下用來衡量壽命長短的方法。與當今流行的見解不同，古代哲人一般都把人生看得短少許多。小加圖（the younger Cato）對想要阻止他自殺的人說：「以我現在的年紀死去，難道人家還能說我死得早嗎？」可那時他才四十八歲。他認為自己這個年紀已經非常成熟，算是高齡，因為有許多人還活不到呢。有些人相信，人有所謂的自然壽數，只要不遭遇不測，碰上意外，則人人都可以活到耄耋之年，把自然的壽數給活滿。

預期自己會活到耄耋之年，並以這種年壽衡量一個人是長命短命，這是多麼愚騃的一種想法啊，因為衰老而死乃是最罕見也最不一般的死法！我們稱之為「自然」壽數，就彷彿一個人因摔斷脖子而死、遇船難溺斃，或得瘟疫急病而亡，全是違反自然的，就彷彿這些常見的事不是任何人都可能遇到的。讓我們別再自欺欺人了。其實，我們也許更應該把一般、普遍和常見的事情稱為「自然」。

老死是罕見的、特殊的、非一般的，所以比其他死法更不自然。那是最後和最終極的一種死法。它離我們愈遠，我們就愈不應指望可以到達得了。那是一個極限，是自然

法則規定任何人都不可超過的，也只有非常非常少的人可以獲得特殊待遇，活到這個極限。在兩、三百年的時間裡，通常只有一兩個人可以獲得自然的恩待，豁免掉她加諸在其他人的不幸和厄運。

既然一般人都活不到我們現在這把年紀，那就反映出我們的年紀已經夠老。既然我們已經超出了一般的限度，就不應該指望更多。既然我們看著四周的人一一死去而自己卻一次次逃脫厄運，就應該自視為非常幸運，並且明白，愈是非比尋常的好運愈不會持之以久。

法律有一些弊病正是見不及此而引起：例如，它規定一個男子不到二十五歲不可管理自己的財產，但試問，當人們的年紀達到規定可管理自己的財產以後，有多少人是還能再活二十五年的。古羅馬法律也有這一條，但奧古斯都（Augustus）⑮把二十五歲的規定降為三十歲，又宣布一個人只要年滿三十就有資格擔任法官。圖利烏斯（Servius Tullius）曾宣布，年過四十七歲的武士可以不必上戰場，奧古斯都又將它降到了四十五歲。但在我看來，規定人們在五十五歲或六十歲前退休並不十分合理。為公共福祉著想，我主張應該把一個人的在職年齡盡可能延長。當前的法令還在一個相反方向存有弊病：它規定人們可以從業的年齡不夠早。奧古斯都才十九歲便當上全世界的統治者，可如今，法律卻規定滿三十歲的人才夠資格判定一條排水溝設在哪裡。

依我看，一個人的能力在二十歲便已發展成熟，完全可以看出將來會有多大作為。如果一個人在這年紀還不能充分證明自己大有能耐，那他日後大概也無法證明。人的天生品質和德行要麼是在這個年紀便能展現它們的力量和美好，要麼永遠不會展現。多菲內（Dauphiné）說得好：

一叢荊棘若是剛長出來時不會扎人，
那它將永不會扎人。

據我所知，不管在古代還是我們的時代，大部分功業都是成就在三十歲之前而非之後。對，即便是同一個人，也往往如此。

要舉證的話，漢尼拔（Hannibal）和他的宿敵西庇奧（Scipio）不就是活脫脫的證據嗎？兩人最輝煌的歲月都是在人生的前半期，也就是青年時代。拿他們的後半生與別人相比，兩人都是偉人，但跟他們自己的前半生相比卻不是如此。

至於我自己，更毫無疑問是如此，因為在目前的年紀，我的腦袋和身體都只縮不長，只會倒退不會前進。在一個善用時間的人而言，知識和經驗也許會隨年紀的增長而增長，但若論生氣、活力和毅力等等這些對我們更重要的素質，則必然會萎縮和衰退。

老年以巨大力碾壓我們身軀，

⑮羅馬帝國的開創者。

我們的四肢因衰弱和退化而不中用，
判斷力一瘸一拐，舌頭和頭腦都顛三倒四。

——盧克萊修（Lucretius）

有些人是身體先老，有些人是心靈先老。我見過很多人都是頭腦比腸胃和手腳衰退得更早，由於這種衰退是難於察覺和徵狀不明顯，所以更加危險。就目前，我所抱怨於法律的，不是它規定我們得工作的年月太長，而是它准許我們就業的時間太晚。考慮到生命的脆弱和有那麼多的天然暗礁要面對，我認為我們不應讓出生、閒玩和學徒的階段佔去人生那麼大的一部分。

——〈論老年〉（On Age），約 1580 年

音樂

／艾咪．洛威爾（Amy Lowell）　美國人，詩人，1874—1925 年

鄰居坐在自家窗前，吹著橫笛。
我從床上可以聽到笛聲，
圓潤的音符在我房間裡彈跳，

互相碰撞，
匯合出人意料的和絃。
好美的音樂，
這些幽幽的橫笛音符全屬我所有，
在這一片黑暗中。

白晝，
鄰居一隻手拿著麵包夾洋蔥
另一隻手抄寫樂譜。
他又胖又禿，
所以我不去看他
快快跑過他的窗前。
看他倒不如看天空
或是井裡的水！

但當夜晚來到，笛聲響起，
我就會把他想像成年輕男子
掛著金鍊懷錶，

穿著帶銀鈕釦的藍西裝。
當我躺在床上
笛音輕輕推擠我的嘴唇和耳朵，
我睡著，進入夢鄉。

——〈音樂〉（Music），1914 年

CHAPTER 5

愛神／死神

Eros/Thanatos

「厄洛斯」（Eros）和「塔那托斯」（Thanatos）分別是希臘神話中的愛神和死神，代表的是肉身之愛和肉身之死。然而，它們還涵蓋著幅員廣闊的一系列情感與能量：創造的慾望和摧毀的慾望；入世的嚮往和出世的嚮往；期盼不朽的和期盼寂滅的。從「厄洛斯」邁向「塔那托斯」，本章收錄的篇章闡明了上述各種能量和揭示出它們在人後半生中的複雜關係。各單元的詩文選有些哀悼慾力的消逝；有些揭示出安慰和補償的形式；有些論及愛在時間裡的變形；有些描述長年愛侶如何面對失去彼此的痛苦；有些反省了死的必然性，甚至呼籲奮起反抗；有些則直接面對死亡自身，點出了盼望、慰藉和超越之道。

第一單元始於《傳道書》另一段有力文字，結束於六世紀羅馬詩人馬克西米努斯（Maximianus）的一首哀歌。在本書第五章，傳道者曾彈奏過「萬事皆虛空」的調子，而在本章，他再一次警告人們，青春年華的各種歡愉皆不可恃：「**塵土必歸於大地，靈魂亦必回歸於賜予靈魂的上帝。**」然而，人在靈魂離開以前，肉體會先老邁，無法再像從前那樣吸引到別人愉悅的目光。那麼，面對性歡愉的消失，面對自己會淪為笑柄（就像喬叟〔Chaucer〕〈磨坊主的故事〉裡那個糟老頭），我們非甘之如飴不可嗎？

第二單元的首篇選自柏拉圖（Plato）的《理想國》，文中隱含著對上述問題的回應。在與蘇格拉底（Socrates）談話時，年邁的克法洛斯（Cephalus）力主，**情慾的消退其實是一種福分，而品行端正則是美好老年生活的關鍵**。中國詩人白居易則談到長年友誼可以帶來極大的慰藉。不過，正如歌德和魯凱澤（Muriel Rukeyser）所提醒我們的，身體與靈魂還是會繼續「燃燒」。老年會有更高的渴慕嗎？有可能把「厄洛斯」加以轉化嗎？在結束本單元的詩歌中，當代庫德族詩人海達里（Buland al-Haydari）透露出他有多渴望愛的瞥視和溫暖的觸摸。

梅．薩頓的詩歌〈再見〉開啟了一系列有關愛的反省，論及了愛的解體、停滯、轉化或自我更新。不管是肉體之愛或精神之愛，皆有可能在戀人的身體失去青春之美後繼續繁榮茁壯。當代美國小說家瑪麗．高登（Mary Gordon）從《約翰福音》中馬利亞為耶穌塗抹香膏的故事引申出如下教訓：「所以，我們不應該禁止自己和所愛的人縱情於愛的鋪張奢侈。我們絕不可試圖透過拒絕愛我們所愛的人，去事後批評死亡。」以高登這番話為引子，莫娜．汎戴恩（Mona Van Duyn）寫出〈晚戀〉一詩。本單元結束於十九世紀俄國詩人丘特切夫（Fyodor Ivanovitch Tyutchev）的作品〈最後的愛情〉。

第四單元的篇章把「厄洛斯」和「塔那托斯」關連在一起。以麥克利什（Archibald MacLeish）的詩歌〈白髮老伴〉作為起始，這單元述說了一些老夫老妻是如何逃避死亡、面對死亡、選擇死亡或是哀悼死亡。「唉，她不在了，她的靈魂像彎折的海草一樣彎向我。」七世紀日本詩人柿本人麻呂如此說。

下一單元始自突尼西亞詩人沙比（Abu al-Qasim al-Shabbi）的一首詩，迄於當代哥倫比亞小說家馬奎斯（Gabriel García Márquez）名著《百年孤寂》的片段，包含著對「人必有一死」的事實的不同反省。在有些人看來，人生似乎太長了（沙比哀嘆：「生命的魔法枯竭了。」）但在其他人，死亡卻是悄悄掩至。馬奎斯筆下的烏蘇拉（Amaranta Ursula）在自己還不知道以前，親人便知道她已經死去：「『我的天啊，』她低聲驚嘆，『原來死是這個樣子的。』」

但死亡並不是容易成就的工作，也不是每個人都相信我們應該放棄反抗死亡。湯瑪斯（Dylan Thomas）的名詩〈**別溫馴地進入那寂靜長夜**〉開啟了一系列的兩難取捨：抗拒與順服；渴望安息和渴望永遠活下去；害怕死亡和希冀順應宿命。法國哲學家勒努維耶（Charles Renouvier）指出：「**哲學家是不怕死的，老人才會怕死。老人沒有勇氣順服，但我卻不能不順服於那不容改變者。**」

最後一單元是對死亡的正視，為首的是十六世紀法國詩人龍沙（Pierre de Ronsard）與朋友訣別的一首詩歌，語氣又哀怨又風趣。本單元還收錄了可帶來慰藉的《詩篇》第二十三篇，以及達賴喇嘛談論臨終一刻重要性的開示。在結束本章的那首詩歌〈死神汝別張狂〉裡，多恩（John Donne）再一次道出了基督徒對永恆生命的深信不疑。

你趁著年輕、衰敗的日子尚未來到，就是你所說，我毫無喜樂的那些年日未曾臨近之先，當記念造你的主。
不要等到日頭、光明、月亮、星宿變為黑暗，雨後雲彩返回，
看守房屋的發顫，有力的屈身，推磨的稀少就止息，從窗戶往外看的都昏暗；
街門關閉，推磨的響聲微小，雀鳥一叫，人就起來，唱歌的女子也都衰微。
人怕高處，路上有驚慌，杏樹開花，蚱蜢成為重擔，人所願的也都廢掉；因為人歸他永遠的家，弔喪的在街上往來。
銀鍊折斷，金罐破裂，瓶子在泉旁損壞，水輪在井口破爛，
塵土必歸於大地，靈魂亦必回歸於賜予靈魂的上帝。
傳道者說：虛空的虛空，凡事都是虛空。

黃金般的愛情啊

／米姆奈爾摩斯（Mimnermus） 古希臘人，輓歌詩人，約西元前 650—600 年

黃金般的愛情啊，沒有你又何來生命，何來歡樂？
你走後便是死亡，便是一切的結束。
人生各種美好事物再與我無緣，
床幃的歡好亦離我而去。
青春如花，但老年苦痛
美的毒藥，不旋踵即至。
種種憂慮和惡兆會縈繞他心頭，
燦爛陽光亦不能使他心情舒暢。
受到少女和少年的厭棄，
得接受諸神痛苦的擺布。

——〈黃金般的愛情啊〉（Oh, Golden Love）

寫給她的學生

／莎孚（Sappho）　古希臘人，詩人，活躍於西元前610—580年

孩子們，當你們說：
「親愛的，我們要為妳戴上
歌聲第一甜美清亮的后冠。」
你們就是在小覷繆思女神的
美好禮物。

你們不明白，年紀已經
讓我所有皮膚起皺，頭髮
由黑變白，幾乎不留下
任何齒牙，雙膝無法像昔日般
承載我的身體，讓我
無法再如小山羊般，如天底下最輕盈的生物般
翩翩起舞。

但我又能如何？就連天帝自己
對此亦無可如何。
一如星空必會隨
明媚燦爛的白晝而至，
使黑暗籠罩大地每一角落，
死亡亦必會追蹤而至
吞噬一切生物；一如他
不肯把俄耳甫斯深愛的妻子交還予她丈夫，
他亦將永遠禁錮每一個
他擄獲的女人，哪怕他會允許
她們追隨自己配偶的
歌聲與笛聲。

現在，且聽我說：
我愛精美細緻的人生，而
光明與美與對陽光的嚮往
一直是我的盾牌。
所以，非不得已，我不會離開

前去蒙天帝的恩寵，
而是會繼續
跟愛我的你們一道，
好好利用剩餘的人生。

能為你們所愛，
我於願已足，
不會再奢求其他。

——〈寫給她的學生〉（To Her Pupils）

磨坊主的故事

／喬叟（Geoffrey Chaucer）　英國人，詩人，約 1344—1400 年

她是個姑娘，年方十八；
他一肚子醋意，把她關在籠裡。
因為他年紀大而她愛玩又年輕，
他擔心自己會當上烏龜。

如果他書架上有加圖（Cato）的著作，也許就會知道
男人應該娶年紀相近的女人。
擇偶應該找登對的。
老少配只會常吵架。
他是因為智慧遲鈍，才會落入陷阱
得揹其他人要揹的十字架。

——摘自〈磨坊主的故事〉（The Miller's Tale），載於《坎特伯雷故事集》（*Canterbury Tales*），約1380年

詩人的第一首哀歌

／馬克西米努斯（Maximianus）　古羅馬．托斯卡尼人（Tuscan），詩人，約460—530年

壞心眼的老年啊，何不快快給我來個了結，
為何遲遲流連在我這副老殘的軀體裡？
把我從這破爛生命的監獄釋放吧：
死是我的安歇，生是我的懲罰。
我不再是從前的我，最好的部分已經凋謝；
留給我的僅餘疾病與恐懼。

我的人生曾快樂過，如今乏味哀傷；
求死不得，比死還可悲。
年輕俊美之時，頭腦還靈敏清晰之時，
我是個世界知名的演說家。
我創作過許多謊言的詩歌，
而這些謊言為我帶來莫大的榮耀。
我常在法庭上贏得勝訴，
如簧之舌帶給我許許多多的獎賞。
如今，身體已經衰敝，
不死又有何用，
生命還剩下些什麼！
失去了它再無可戀
哪怕是比黃金還珍貴的美德……

——摘自詩人的第一首哀歌，查士丁尼時代（Age of Justinian），六世紀

理想國〈第一卷〉

／柏拉圖（Plato）

古希臘人，哲學家，西元前 427—347 年

年邁的克法洛斯（Cephalus）說道：

「蘇格拉底，我很樂意告訴你我對老年是什麼的看法。我們這把年紀的人就像俗語『同鳴相應，同氣相求』所說的，都喜歡湊在一起。不過，只要一碰面，大家就會不斷互訴苦衷：『我不能大吃大喝；包括性生活和愛情在內，年輕人能享受的樂趣都享受不到了。這樣子活著真是沒意義。』他們有些人抱怨自己受到親友歧視，又不斷告訴你年紀大會讓人吃哪些哪些苦頭。不過，蘇格拉底啊，依我看，這些抱怨者的怨言都是錯怪了對象。因為如果老年真是罪魁禍首，那包括我在內，所有老人都會有這種感想。可我並不那麼認為，我認識的許多老人也不那麼認為。我記得，老詩人索福克勒斯（Sophocles）有一次碰到別人問他：『你現在還談情說愛嗎，索福克勒斯？你仍然向女人獻殷勤嗎？』他回答說：『早不幹啦！我已經掙脫這個瘋狂狠惡的暴君的手掌心，謝天謝地。』此後我經常會回想起他這話，到現在還覺得是至理名言。上了年紀確實可以使人獲得極大的平靜與自由。事實上，人在脫離激情的箝制後，還不只像索福克勒斯所說的那樣，可以擺脫這一個瘋狂的主人，還可以同時擺脫許多個。其實啊，蘇格拉底，老人常埋怨

的許多痛苦，包括被親人歧視這一點在內，其產生的原因只有一個：不在於人老，而在於個人的性情。**一個人若是恬澹和樂，就不太會感受得到年老的壓力**。至於性情相反的人，則不管是年輕還是年老都照樣煩惱多多。」我①聽了這番話好生欽佩，但為了想讓他多發揮一些，便故意跟他抬槓：「你說得有理，克法洛斯，但我懷疑，一般人是不會信服的。他們會認為你安於入老不是因為性情恬澹，而是因為擁有萬貫家財。眾所周知，錢財可以彌補許多缺憾。」

「說得不錯，」克法洛斯回答說：「他們是不會相信。他們的想法不無道理，卻失之誇大其詞。對於這些人，我可以用地米斯托克利（Themistocles）說過的話加以回答。塞里福斯人（Seriphian）曾經中傷地米斯托克利，說他會成名不是因為他有多了不起，而是由於他是雅典人。你知道他是怎樣回答的嗎？他說：『如果我是塞里福斯人，我固然不會成名；但換成你們是雅典人，你們也成不了名。』對於那些既不富有，又對老年不耐煩的人，我們可以奉送他相同的話。對性情好的窮人來說，老年固然不是輕省的包袱，但光有錢財卻絕不能讓一個壞性情的老人，找到內心的寧靜。」

ಌ

「蘇格拉底，你知道嗎，當一個人想到自己來日無多，就會感受到一種他不曾有過

①指蘇格拉底。

的恐懼和憂慮。他會想起各種有關地獄和報應的傳說。以前，他都只會把這些傳說當成無稽之談，可現在卻開始不安，心想說不定真有其事。這種轉變也許是年老體弱導致，又也許是因為他正在向那遙遠的地方步步逼近導致，但不管原因為何，他對這一類事情都看得更真切了。這樣，狐疑和驚懼很快會讓一個人變得膽怯，使他開始捫心自問，從前曾幹過多少壞事。如果他發現自己一輩子造孽不少，夜裡就常常會像小孩一樣從惡夢中驚醒，感到無限恐怖。然而，一個人若是問心無愧，就會對死後的前景充滿美好盼望，一如品達（Pindar）的詩句所說的：『盼望總是伴隨著過得正直而聖潔者的靈魂，是他老年的看護，是他人生旅程的良伴。盼望最是能支配人那擾動不安的靈魂。』他形容得棒極了！」

——摘自《理想國》（*The Republic*）第一卷，西元前四世紀下半葉

詠老贈夢得
／白居易　中國人，詩人，772—846年

與君俱老也，自問老何如。
眼澀夜先臥，頭慵朝未梳。
有時扶杖出，盡日閉門居。

懶照新磨鏡，休看小字書。
情於故人重，跡共少年疏。
唯是閒談興，相逢尚有餘。
——〈詠老贈夢得〉，835年

神聖的嚮往

／歌德（Johann Wolfgang von Goethe）　德國人，詩人、自然科學家、文藝理論家，1749—1832

要麼告訴智者，要麼別說出去，
因為芸芸大眾總會忙不迭取笑我說的這個：
我讚美那些嚮往燃燒至死的人，
他們才算是真正活著。

在平靜如水的愛之夜，
人孕了你，你孕了人，
你望著蠟燭靜靜燃燒，
一種奇妙的感覺將你籠罩。

此時，你不再
痴迷黑暗，
而有一種昇華的愛慾，
把你席捲而起。

距離不會使你踟躕，
如今，你有如身中魔法
飛過來，為光痴狂，
變身為以火焚身的飛蛾。

若非經歷過
死過後的成長，
你就只能是這幽暗塵世的
煩惱過客。

——〈神聖的嚮往〉（The Holy Longing），1814 年

在她的焚燒中

／魯凱澤（Muriel Rukeyser）　美國人，詩人，1913—1980年

慾火升起的
老婦人說
讓我痛快
我很快
便要死去
到時
除天上的浮雲
與月亮的銀白光芒
無物可撫摸我
撫摸我
在我隨其他骸骨
同去之前
親愛的

讓我倆獨處
就在今夜——
我說
我曉得我曉得
但今晚
我唯一知道的
是太陽與月亮
會在同一的光中
燃燒。

在她的焚燒的
嘆息中
白色月亮在
說些什麼？
月亮說
太陽正在照耀。
——〈在她的焚燒中〉（In Her Burning），1944 年

老年／海達里（Buland al-Haydari）　伊拉克庫德族，詩人，生於1926年

另一個冬天，
我在這裡，
坐於火爐旁，
夢見一個也許正夢著我的女人，
夢見我埋入她胸前
一個她不會取笑的祕密；
夢見我在遲暮殘年
也許還可以像光那般迸發，
而她會說：
這光是我的，
別讓任何女人挨近。
　坐在火爐旁，
另一個冬天，

我在這裡，
紡著我的夢卻又害怕，
怕她的眼睛會取笑
我的蠢禿頭
我灰白、老邁的靈魂
害怕她的腳會踢
我的愛，
而在這裡，坐在火爐旁
我將會被女人輕輕取笑。
獨個兒，
沒有愛、夢或女人，
我明天將會心冷而死，
在這裡，坐在火爐旁。

——〈老年〉（Old Age），1974 年

告別

／梅・薩爾頓（May Sarton）　美國人，詩人、小說家，生於1912年

再一會兒我將離開，
離開時猶回望你滑入
心靈的神奇島嶼。
但才一會兒之前一切仍歷歷在目，相信
在那感深痛切的一小時內
輻射巨大的能量
我們已說盡一切所能說的。
就像看到過一切然後眼盲。

一會兒後我們將一分為二
一邊是你居住的真實島嶼，
另一邊是遙遠的海岸，那兒
我不再能保有你雙眸的魅影，而你

瞳孔放大，放大成深邃的黑，
我無愛亦無悲
在完滿與心碎之間。
然後我可睡去的時間將到來。

然而，在目前這一會兒，
我仍然想像短暫奇妙的相聚，
然後看你離開然後放你離開。
往昔已逝，我是回不去了，
也無法開出一條路到達安全的著陸地點，
只能漂浮在這交流的瞬間
在純粹的認知中狂喜、驚訝——
激情之愛像夏雪般融化。

——〈告別〉（A Farewell），1981 年

到你年老

／葉慈（W. B. Yeats）　愛爾蘭人，詩人、劇作家，1865—1939年

到妳②年老、髮白、沉沉欲睡，
在爐邊打盹時，請取下這詩集，
慢慢閱讀，回想妳的雙眸
當初何其溫柔，何其深邃；

多少人曾愛妳綽約的笑靨，
愛妳的美貌，愛得或真或假，
獨有一人是愛妳那朝聖者的靈魂，
愛妳臉上忽隱忽現的憂傷；

白熱的爐架旁，妳垂頭

②指莫特．葛恩（Maud Gonne）。莫特畢生投入愛爾蘭獨立運動，葉慈曾多次向她求婚，皆被拒絕。

輕嘆，感喟於真愛遠逸如斯：
如今，他踱步於群山之上，
隱面於群星之間。

——〈到你年老〉（When You are Old），1893年

老去的情侶

／查爾迪（John Ciardi）　美國人，詩人、翻譯家、詞源學者，1916—1986年

那兩個老瓦罐，
每從舊床上費力起身
為何總是彼此需要？

因為我們看不見自己跳舞的地方，
但有聽不見的話語
叫我們要好心，且要唱歌。

——〈老去的情侶〉（The Aging Lovers），1989年

我們是夜行客
／坎寧（Ethan Canin）

美國人，作家、教育家、醫生，生於1960年

我們正往哪兒去？或者，我該這麼寫：這條路正領著我們往哪兒去？弗蘭欣睡了，我卻在樓下，站在流理臺前。廚房門關上，燈亮著，面對臺上一疊幾乎全部空白的紙。水槽旁玻璃杯裡浸著我的假牙，一錠清潔劑在水中發泡。其實已經很乾淨了，不過我喜歡這些氣泡，特地再清潔一次，說不定看著它們冒升，可以激使我展開行動。所謂行動，我的意思是，或許會激發我開始動筆。可是，我一個字也寫不出來。

我要寫的只是個愛情故事。但是盤根錯節，糾結了我好大一部分人生。回想這一生，不免心情低落，想到人生在世，沒人真正好好利用過自己的寶貴光陰。我們盲目、短視；無知、膽小，一如蝸牛，充滿虛榮，識事不明、輕重不分。我只是個普通人，平凡一生，沒有過大作為，一輩子大概只做過一件了不得的事——愛我的妻子。

和弗蘭欣結婚以來，我應該算是個忠實的丈夫。只對不起她過一次——二十年前在明尼阿波利斯某次行銷會議上，抵著更衣間的牆壁有過那麼一回。不過那個紅髮女人是來下單的汽車椅布買家，我則是負責銷售的業務員。若要判定任何罪過，這一點或許可以當作關鍵考量吧。而且從那以後，我都老老實實地行走在這條與一女性從一而終的窄

路上。說起來，可算我人生一大勝利，卻也不無遺憾。就我們目前的狀況來說，真是個遺憾。因為人的一生，不是在走上坡就是下坡。身為男人，如果不再能傳宗接代，就是在走下坡路了。還的確是個陡峭的下坡。這些日子裡，我已經等於在滾下坡，一路倒栽蔥跌跌撞撞在灌木叢和大石塊之間，膝蓋挫裂，渾身上下突出的骨頭也都磨傷了。我已經完全放手，讓重力接管我。

我們已經結婚四十六年，若誇口說半數以上時間我都愛她，那還真不要臉。起碼過去一年吧，我就不愛她；甚至過去十年裡，坦白說，都不愛了。時間已經把我們的小差異折磨成大苦惱，激情變成容忍。這就是我們目前的狀況。此時此刻，三更半夜，我一個人站在我們的廚房裡。此時的我，另有祕密的生活。現在的我們，在不同時刻醒來，在床上各據一角。喜歡不同的食物、不同的音樂，衣服收在不同的抽屜。若說我們真還有什麼抱負，我敢說也是各有其志吧。此外，她身子骨很硬朗，我卻病奄奄。至於交談——所謂理性之饗宴，靈魂的交流——我們的屋子，寂如墳場。

不過上星期，我們倒真的講了幾句話。「弗蘭克，」有天晚上，她開口說：「有件事我得跟你說。」

收音機正在轉播紐約球賽，屋外下著雪。我們隔桌對坐，她剛沏好的一壺茶在桌上冒著熱氣。我們各自該吃的藥放在各自手邊的小紙杯裡。

「弗蘭克，」她說，搖搖小紙杯：「我得告訴你，昨天夜裡屋外有人。」

我把藥片倒進手裡：「屋外？」

「有人在窗口。」

五顏六色的藥片在我掌心。白色、藍色、米色、粉紅：利尿劑，特泌胰，電解鉀，降血壓藥。「妳說什麼？」

她把一顆顆藥滾到桌布上，不停撥弄，排成線、擺成圈、又排成線。我不大知道她吃什麼藥。她身體不錯，只有些小毛病。「我是說，」她說：「昨天夜裡有人在院子裡。」

「妳怎麼知道？」

「弗蘭克，拜託，好不好？」

「我是問妳怎麼知道。」

「我聽到了，」她說，眼光低垂：「我坐在前面房間裡，聽到他在窗外。」

「你聽到他？」

「對。」

「在前窗？」

她站起身，走到水槽那兒。這是她常用的一招。這樣我就看不到她的臉。

「前窗離地有十尺。」我說。

「我只知道，昨晚有個男的在那裡，就在玻璃外面。」她走出廚房。

「我們去瞧瞧。」我大聲說，然後跟在她身後走進客廳，只見她盯向窗外。

「怎麼了？」

她對著某個角度張望。我只看到雪，一片泛青的白。

「腳印。」她說。

我們這房子是我親手蓋的。已經是四十九年前的事了。年輕無知的我，什麼都不懂；然而只要是我不懂的，我都想學，都覺得充滿希望。我學會蓋房子，然後就蓋了一幢房子。管道上裝置銅質配件，樑柱邊沿打磨得光圓。現在，半個世紀後，地板依然像撞球檯面那麼平整，當初蓋這房子的人卻得用雙手才能拿起鋸子。都是因為糖尿病，我的腳也不行了。我低頭看腳，走動時只看到兩個黑色的形狀，卻感覺不到它們的存在。黑棍子。和地面毫無接觸感。如果我不特別去看，我會穿著鞋子上床睡覺。

人生就是這樣，耗損、折磨。很快地，你的身子就會整個完蛋。不過一開始是這裡那裡先壞掉。就拿血裡的糖分來說吧：神對我說：「弗蘭克．曼利斯——你這支吾、扯謊的老傢伙——我要把你的生命取去，就像所有人一樣。但首先——」但首先！首先眼睛有雲翳，心臟有噪音，腳發冷，像沒烤炙的冰肉。而弗蘭欣呢，過去多美——現在，望過去幾乎只剩下眉毛黑色的線條，身體部位的接壤：嘴接鼻子，脖子接肩膀。多年來她的氣味也變了，變得我不能分辨什麼是她自己的氣味什麼是粉味。

我們有兩個孩子，但他們現在也都離家，有他們自己的孩子。我們算是還有這幢房子，一些家具，少許存款。弗蘭欣每天怎麼打發她的日子，我不知道。這正是令人悲哀的事實，我承認。我整天不在家，天黑了才回來。每天一大早她和我一起醒來，晚上我到家時也還沒睡。她的生活內容我只知道這些，其餘幾乎一無所知。

我整天泡在水族館裡。當然，卻跟弗蘭欣編些別的，說什麼我加入退休人員志工，幫助年輕人創業：「都是些新移民，」我很早就這麼告訴她：「初來乍到這裡。」我還說，這工作很有難度呢。晚上在家，我大可再編些故事。但是沒有，弗蘭欣也不問。

到家都已經九或十點了。大衣口袋裡塞滿了水族館的票根。多半時間我盯著大型海洋動物：海豚、鯊魚、海牛——看牠們在鹹水中打圈做運動。通常是在中午之前抵達水族館，一到就拉張椅子坐近仔細瞧。這時牠們正等著吃，身子滑過冰涼的玻璃，造成各種奇異的放大效果。我認為，如果有可能，牠們八成也開始認識我了：這個人類——駝著肩、白內障，同樣也是在水中呼吸——這個人，坐在那裡，看著。我可不覺得牠們有什麼可憐。午餐時間我買杯咖啡，找家旅館大廳或者到隔壁自助餐廳坐下，讀詩。布朗寧、惠特曼、艾略特。這是我的祕密。到晚上我才回家。弗蘭欣坐在餐桌前，離我的座位四尺，兩個活動桌葉的寬度。我們各自的藥放在小紙杯裡。自從我第一次擁她入懷，已經選過三任總統了。

老的少的，進入自助餐廳取暖，但是店家不讓人久坐。所以我買杯咖啡，可以待上半小時。然後，餐廳經理就在我旁邊坐下了，態度非常客氣。我只好再去買份糕點，小東西之類。他知道我——幾個月來我幾乎每天都見到他——他有點跛，因此我想是個好人。但開門做生意就是要做生意。

「你在讀什麼？」他問我，用濕抹布擦著桌子。又碰碰鹽罐，推一下架上的餐巾紙。我知道這意味著什麼。

「我要個小紅莓麵包。」我說。他輕巧地一彈抹布，轉身走向櫃檯。

我在讀這個：

或者該這麼說吧？我已在黃昏穿過狹窄街道
看到那些孤獨男人的菸斗，冉冉升起煙霧
穿著襯衫便裝，俯身探出窗外

透過放大鏡，這些字躍出紙面，龐然巨大，兩兩跳出。戴上眼鏡，一切都擴大兩倍。即使如此，我還是看得很慢。半小時過去，看完了，也沒法再多看，就算再買一個小麵包也不成。我去結帳，那個男孩店員對我微笑，一面找錢，一面同我寒暄：「今天你讀的是什麼？」

這些書都很小，適合放在大衣口袋裡。我在胸前左右的內袋各放一本，再走回去繼續看魚。這些是我認識的魚：鯧參魚，灰六鰓鯊，還有眼睛上翻的沼鰈，位置怪異。只見牠泅在那裡，身子半埋沙中，鱗片平坦色澤一致。凡是往上游動的東西都令牠提高警覺，包括從牠上方光亮開放水域中游過的銀鱸和藍鰭金槍魚。牠就躺在水箱底，好久好久。我盯著牠看。眼睛黯淡無光，醜陋極了，畸型動物。我們上方，一些硬骨魚在水箱四角游來游去轉圈子。我倚向玻璃，喚著牠的拉丁學名：「Platichthys stellatus（星斑川鰈）。」尾鰭顫了一下。沙子移動，又落定。我看見黑黃色的條紋。「比目魚兒，」我低聲說：「我們倆，你和我，是這個生命世界的觀察員。」

「所以有個人在我們院子草地上，」幾天後在床上，我說。

「不僅僅這樣。」

我吸氣，呼氣，仰望天花板。「還有怎樣？」

「你昨晚不在的時候，他又來了。」

「又來了。」

「對。」

「他做了什麼？」

「往屋內看，盯著我。」

當夜，時間還不算太晚，外頭還有行經的汽車燈閃過、溜狗的鏈子鈴鐺聲響過，我迅速翻身下床，走進前廳。動作竟然這麼俐落——其實只要集中心思、一鼓作氣，還是可以辦得到。床只沉了一次，就馬上彈起來了。一下子，我就已經來到樓梯口，下了樓，完全沒吵醒弗蘭欣。我小心挨著樓梯板的托樑走。

進了廚房，拿出幾乎空白的紙，放到檯面上。之所以站著寫，是因為我不想用動物的姿勢。不過對我來說，其實這是白費心思。然而，總之我依然站著就是了。其實就算寫完，紙還是空白的。這我知道。我編寫的夢，是別人的夢，是零星猶憶的片語隻字。是比我偉大的人物的詩歌。這幾個月，我只寫了一百多字。紙張疊落，大小不一。

若我能夠

其中一張這麼寫著。

似乎從不曾

另一張寫道。我站著，把紙推出推進。大多都是空白，數月夜晚寫成的紙頁。我其實哪是寫作的料：賣了四十年的東西（什麼都賣過——鋼管、暖氣零組件、乾香蕉）。除了一本談銷售的書，其他半本也沒讀過。專心想「成功」，那本書說：專心想「銷售」。不過，那是年輕人的果實；腰桿挺直，褲腰緊貼的年輕男人。十年前，我把別克留在公司停車場，用走的回家，頭髮是染的，大衣墊肩四四方方。那天下午弗蘭欣也在家，就像現在一樣。退休之後，我們買了輛野營車，出門旅行。旅行推銷員退休了，所以他出門旅行。開出鎮外四十英里，我意識到自己的愚蠢，蠢到大如氣球。弗蘭欣也意識到了。當時車子正開到一個路彎轉到一半；車速六十，車身在風中搖擺，左右兩邊都是大型貨卡急馳，巨如火車。有位先知轉身向我發話了：「弗蘭克，」她說：「這些道路你一定再熟悉不過。」

因此，我們把車虧本賣了。一個在高車速下耗了四十年光陰的男人，開始四處張望，找些可以在自己死前做的事情。我讀的第一首詩，來自一間候診室桌上的書。我的眼鏡半看見半看不見它的意思：

這些

是荒涼，黯淡的日子

我讀了起來

此時，大自然的荒蕪

與人的愚昧不相上下

消沉。我心想，僅此而已。但是我又再讀一次，突然之間，我，坐在那裡——駝著背、喘著氣，禿得像尾鱒魚——眼淚冒上來，不知道打哪來的。

上午，來了名警官。肌肉結實，蓄著小鬍子，皮膚凍得紅通通。倚著門框。

「可以形容一下那人的長相嗎？」他問道。

「但是外面很暗。」弗蘭欣回答。

「有什麼特別可說的嗎？」

「我是個老太婆。可以看出他戴著眼鏡。」

「什麼樣的眼鏡？」

「黑色眼鏡。」

「暗色眼鏡？」

「黑色眼鏡。」

「任何特定時間？」

「都是弗蘭克不在家的時候。」

「所以他來的時候，妳丈夫都不在？」

「都不在。」

「噢。」他看著我。這可能意味幾種意思，或許他認為弗蘭欣是在想像吧。「可是卻沒有任何特定時間？」

「沒有。」

「嗯，」他說。他的搭檔在外面門廊上跺腳抖雪。「好，」他再度開口：「我們會四下看看。」轉身，戴上帽子，走向蓋滿雪的臺階。大門關上。我聽到他在外面說了些什麼。

「昨天晚上——」弗蘭欣說。黑暗中，她說：「昨天晚上，我聽到他在房子側邊。」

我們躺在床上。屋外，還有窗臺，從早上開始落雪就不斷堆積。

「妳聽到的是風聲。」

「弗蘭克。」她坐起身來，打開床頭燈，側耳傾聽窗外。透過天花板和兩道牆，我可以聽到廚房壁鐘的滴答聲。

「我聽到他在爬。」她說，兩臂抱著自己的腰：「我聽到他在屋上爬行。我聽到了。沿著排水管爬。」說著顫抖起來：「昨晚沒有風。他沿著排水管往上爬，然後我聽見他到了前廊的屋頂。」

「房子自己會發出雜音。」

「我真的聽到他。牆那邊地上有碎石子。」

我想像著那些聲音，透過空心牆擴大，橡膠鞋底踩在木料上。我一語不發。我們各據床鋪一隅，相距遙遠，被子冰冷。這個距離，已經很久未曾伸臂跨越，有多久我都不記得了。

「我這輩子犯下最大的錯，就是感興趣的人不夠多。」她接著說：「如果我對更多人有過興趣，現在就不至於孤單了。」

「沒有人是孤單的。」我說。

「我的意思是，當初我要是更努力一點和人往來，現在就會有朋友。我就會認識郵差、認識吉福德、認識克赫勒幾家夫妻，我們大家就可以一起，一起打發這日子。下雨天，你到我家，我到你家，坐在彼此的客廳談談孩子。可是，我們都不跟別人來往。結果，弄到我現在很孤單。」

「妳不孤單，」我說。

「我孤單，孤單。」她把燈關了，我們又回到黑暗中。「你，也孤單。」

我的身體愈來愈差。到了這個年紀，都是慢慢變壞，不是一下子劇烈地奪去你的命，而是——緩緩流失，僅此而已。自行車輪胎：沒有輪圈，纖毛掉了，胎紋早就磨平，現在連鼓飽的形狀也失去了。一場長期的消耗戰。高大的駱駝，抖擻向沙漠前進。有天早晨，我忽然意識到，自己已經整整一年都沒有暖和的感覺了。

離我而去的，消失的，還不只這些。比方，我可以很肯定地記得，艾森豪的部隊是在一九四五年四月二十三日抵達易北河，儘管當時德軍在阿爾登部署反撲——可是卻完全記不得這星期自己是否去過銀行。另外，鄰居的名字也想不起來，雖然昨天在街上跟他打了招呼。還有，再舉個例子：自己這幾十年人生，竟然一片模糊，說不清楚。我們有孩子，有照片，我和弗蘭欣之間相互扶持，畢竟有半個世紀之久了。但是我整理回憶，過去種種似乎最多只能補滿一小時的時光。我的人生，都到哪兒去了？

有一部分，已經變成破爛積累。我的皮夾裡，放了幾張信用卡、一張過期十年的證件、二十三元現金。還有張照片，但看了反而令我難受。半首詩，折起來放在裡面。夾子的皮面已經用爛了，而且彎曲成我大腿的弧度。詩是惠特曼的。只抄了我需要的部分。

但是，所有這些還留得住的東西當中，詩，其實是個荒蕪的選擇。在這個充滿了生育和戰爭的世界裡面，你卻在解讀他人的謎。一個男人，應該出門揮斧頭。我卻去窩咖啡廳。

可是，怎麼有人能夠光榮體面地離開這個世界呢？不管他怎麼做，世界都在他四周腐朽敗壞。生活當中，到處是鎖、是警報器。如今每走進一家店，就有微波偵側宣告你的進入；走出店門，又有電子儀器查窺你的外套口袋，你的褲子。有誰會不覺得自己是個小偷呢？現在只要看到警察，任何警察，我就覺得驚慌。而我這輩子所做的錯事，都談不上犯罪。也許是心罪吧，但沒有一樣違反了國家的規定。我的靈魂或許變黑變污了，可是在任何人聚會的場合，我都可以大大方方穿白色長褲。我愛我的妻子嗎？有一段時間，的確愛過——熱烈愛過。我這輩子，外皮冒出過零星的狂喜斑點，骨子裡卻根植在絕望的污泥裡。而已經好幾個月，好幾年了，日復一日，我完全無視於弗蘭欣的存在，就像樹無視它身上的苔蘚。

要命的正是這個：無視彼此的存在。我們隔桌而坐，隔著桌布，隔著我們各自的藥：小圓丸、長方片。我們就這麼坐著，坐著。這個角度已成為我們所見的對方，一個桌面之隔。我們坐著。

「又來了？」我說。

「昨天晚上。」

我們坐在餐桌前。弗蘭欣的手指做了扭轉的動作，接著咳起嗽來，手臂掠過臉頰。然後忽然起身，震得桌子晃動，我的藥在杯中移位。

「弗蘭欣，」我說。

暮色猶有微光，向我顯露窗外的景象：黑色的輪廓、我們院子的楓木、鄰居車庫的屋簷。弗蘭欣走到窗前，抵著玻璃站立，雙手抱肩。

「還有什麼事情妳沒告訴我。」我說。

她坐下，又把藥排成圈圈、排成一條線。然後，她哭了。

我繞過桌子，可是還沒到她那裡，她就又站起來，離開廚房。我站在那兒。一會兒就聽到客廳有個抽屜打開。她挪了挪裡面的東西，然後又關上。再進廚房，坐到桌子的另一邊。「坐下。」她說，把兩張折疊的紙放到桌上。「我並沒有故意藏它。」她說。

「沒有故意藏什麼？」

「藏這個，」她說。「那人留下這兩張紙。」

「留下這兩張紙？」

「說他愛我。」

「弗蘭欣。」

「早上，留在窗子裡。」她拿起一張，打開，唸道：

啊，我記得很清楚（怎能

記不清呢，而且愈發牢記），當我們第一次

她停下來，瞇起眼，嘴脣在努力。只有片刻停頓，極微幅的情緒流露。然後，她繼續唸：

熱焰初燃，當我們幾乎不知道我們
感受的熱焰，到底是什麼。

讀畢，她又把紙折好，端正精細。「就這樣，」她說：「這是其中一張。」

我坐在水族館，四周圍著玻璃，玻璃後面是無感無覺的魚眼。這輩子我一句詩也沒寫過，卻可以背誦其他人的詩。這是人一生的高潮頂點。鬼頭刀（Coryphaena hippurus，魚名），海豚水箱的牌子上標示著。比我自己所能想到的任何字眼都更美。海豚游著圈圈，以驚人的速度接近，卻完全不注意我的手，就算真的看到也毫不理睬。我在牠的水箱前揮手。牠一定在想，這海怎麼變成這樣？海豚轉身，滑溜的魚鼻貼吻過玻璃。我整個人，整個人生，無一處不難受。

啊，銀製的龕，在此，我將休眠
歷經長時的辛勞、追求，

我們兩個，誰都沒有什麼好高貴神聖的，一點也沒有，更沒有奇蹟。還不如去喝杯咖啡吧。任何液體都好，可以填補血管的。而且櫃臺那個男孩認識我。到了自助餐廳，他給我斟了杯咖啡，儘一塊錢可得的量。續杯雖然免費，但我只能喝一杯，不然心臟會痛。痛起來和骨頭痛沒兩樣，不論是擦傷或挫裂。這點倒令我覺得很驚訝。

弗蘭欣則有其他不同的事在令她驚訝。完全大惑不解，徹底被那件浪漫事弄昏頭了。現在早餐桌上，她開始對我唸詩，一個接一個。我坐在那兒。滾弄我的藥。「昨晚又來了一首，」她說，我看到她眉頭揚起。「今早又有一首。」她開始讀，彷彿每個字都是驚喜。她的嘴脣一動一動，可以看到舌碰觸牙齒。乾燥的嘴脣。她唸道：

吻我，就好像假裝
你不確定，今夕吻我。
啊我的臉龐，是你的鮮花，曾如何簇起
它的花瓣

當晚，她叫我看窗臺，二樓的窗臺沿邊鑲著雪，她就是在那裡發現一張張詩。我們推開窗，傾身到戶外的空氣中。下面有冰，一大片一大片凝在棚架上，一根根冰針懸在檐溝。

「妳在哪兒發現的？」

「外面，」她說。「折起來，放在邊上。」

「早上？」

「都是早上。」

「應該讓警察知道這事。」

「他們又能做什麼？」

我踱離窗臺。她又探出身，打量整個院子。地上窄窄一長條冰，沿著我們隔鄰的鐵籬笆和前頭三棵楓樹，葉子都已掉光。她緊盯著看，彷彿期待那人出現。冰冷的風灌進屋內。「想想，」她說：「想想。他可能從任何地方進來。」

整件事開始一個月後，二月間有天晚上，她叫我別睡，一夜保持警覺到天亮。此時已經幾乎是春天了。大地一塊塊重新露面。白日天光下，已經可以看到院中草地邊緣以及車道沿邊冒出點點棕色——雖然我知道也可能是我看錯了。那天我早早就回到家，天還沒黑。等到夜幕低垂，我搬把椅子坐在樓下窗邊。窗簾拉開，旋起百葉。弗蘭欣替我拿來一壺茶，把燈關了，駐足在我旁邊，手扶在椅背上。一時之間，我深受震撼，種種事物如此湧近身旁——這樣的夜、茶壺的熱度、外面的水聲——幾乎令我想要開口說些什麼。我想問她，我們之間到底怎麼了，到底是什麼事令我們的氣息變成如此糟糕，如此毫無愛的感覺。但時間沒抓準，下一刻她就已經轉身上樓。我望向夜色。然後聽到壁櫥門關上，床鋪作響。

屋外，什麼都沒有，也沒有任何聲音。這我知道。我就靜坐在那裡讓時間過去。窗後，我想像著魚向下方游來對我致意：掃帚尾石斑、海鯽，還有鱘龍魚，帶著牠史前遺留的一排排鱗甲。我幾乎可以看見牠們在那裡。夜晚充滿了各種形狀、點點亮光。月亮從地平線升起，顏色一路漸褪，因此到了清晨高掛天際，已全然蒼白，彷彿結了一圈霜。

夜空一輪結了霜圈的月亮，窗邊的我回想過去。這一生我有什麼遺憾？太多遺憾，錯誤多到足以填滿一整間汽車展廳，再加上一大塊後方地面。這輩子有得有失，有賺有賠。得？我的婚姻，當然可以算「得」，雖然沒有賺到直不起身，最終也算是半得半失的抉擇吧，買進這張股票以後，至少漲了幾個百分點。人生其他事物，我當然也有喜歡的，也享受其中樂趣。這些都是作家一再述說過的東西，只要是人，也都喜歡，都享有過的，其中多數都和空氣有關。清晨的空氣，暴雨後的空氣，車窗外飄進的空氣。有時想想，真覺得大腦是個浪費，我們真正需要的是小腦，聽說肺之所以會呼吸、心會跳，還有可以聞到令人愉悅的氣息，都是小腦的作用。那詩呢？嗯，這是另一個利弊參半的抉擇，如果真要計算得失，說不定結果相反。讀詩，反而令老來的我感到憂傷。如果我乾脆只是駕著野營車四處旅行，專門只盯著球賽分數，恐怕就不會像現在這樣，遺憾、疑慮，惶惶不可終日了。說起來還真悲哀。雖說悲哀也沒什麼不對，問題在它不是那種真實的悲哀——比方死了孩子的悲哀。卻好像溫暖的午後，大學生出門去湖邊之前，讀了點《唐吉訶德》的那種莫名感覺。

此刻，弗蘭欣在樓上，我在樓下等待一名夜盜。他不會出現，這我知道。可是窗玻璃做得不大好，看起來黑影幢幢，風一吹，就好像有東西在動，在改變形狀。我望向窗外，儘管心裡害怕。

夜，在我面前展開。月光下樹葉泛黃。兩三點左右，弗蘭欣已經睡著了。但我還是站起來，穿上大衣，戴好帽子。口袋裡的書抵著胸。手套，圍巾，套鞋。然後爬上樓梯，走進我們的臥室。她在那裡熟睡。在床鋪遠遠的另一邊，我看見她的白髮，看見毯子下她的胸部不均勻地起伏。我看見被子升起，她或許正在作夢。雖然大半輩子我們同睡這張床，我卻完全猜不出她夢些什麼。我走到她旁邊，輕觸蓋到她脖子的被子。

「醒醒，」我低聲說，觸碰她的臉頰。她睜開眼。我知道，雖然看不清楚，只看到眼眶內的漆黑。

「他來了？」

「沒來。」

「那有什麼事？」

「沒什麼事，」我說。「但是我想出去走走。」

「你去過外面，」她說：「你看到他了，是不是？」

「我一直守在窗口。」

「那你看到他了？」

「沒有，外面沒人。」

「那你為什麼要去走走？」一下子，她就已經起身坐在床邊，腳也套上拖鞋。「我們從來都沒一起散步過。」她說。

全身衣帽齊備，我覺得很暖和。「我知道，我們從沒一起散步過。」我答道，伸臂向她，張開雙手：「但現在我想去。外面空氣又新鮮又冰涼，我想去走走。」

她仰頭打量我。「沒喝酒，」我說。我屈身彎腰，雖然這個姿勢令我有些暈眩，還是盡力彎到鞠躬的效果。「請跟我來？」我低語：「妳願意成為這個水晶夜之后嗎？」直起身，抬眼一看，她已經站起離開床鋪。下一刻，羊毛大衣已穿上身，並領頭走向樓梯。

戶外，地面結冰危險詭譎。雪又開始下了，我們的膠鞋吱吱作響，滑不溜丟。不過我們只走鏟過的步道，而且走得夠遠，直走出了我們那條街，進入我們這街坊的另一區，我從沒去過的一區。路燈懸著冰。我們走過陌生的住家、陌生的樹，看到從沒見過的街頭標誌。一面走，夜色也開始改變。變成如酒醉人。步道兩旁、街角，雪堆鏟成了小丘。一路走來，我的手變暖了。這雙手，現在是年輕男子的手，別人的手指在我的手套裡。暖得有些刺痛。我們十分鐘走過一個街面，愈走我的情緒也變得愈熾烈。有輛車駛過，我揮手致意，船家與船家之間式的致意，因為我們同在這片稀有而空曠的海面上。我們同是夜行客。對方開過我們身邊，打燈回敬。這令我更興奮，歡躍英勇的感覺溢滿腔懷。夜晚對我們歌唱。我，現在是藍鬍子，是林白，是成吉思汗。

不，我不是。

我只是個老人。我的血因缺氧而發黑，我的呼吸因病而哼哼唧唧。此時此刻一切的精彩、燦爛，只是出於這冰冷的寒夜。我們走在其中，步伐緩慢，身子弓曲。我們踩著細碎的小步。弗蘭欣抓著我的胳膊。

我原本只打算有個小祕密、小夢想，就已經很滿足了，就好比上哪兒去買菜，明天讀哪首詩一樣，沒什麼更了不得的大計劃。回到家門口，激動的蠢樣已經消退。我的膝蓋、手肘都在疼。結結實實要命的疼，肌肉痠疲、軟骨鬆散。已經毫無心情做什麼美夢。一進門在走廊上，我們就開始脫去外衣，冰結在我們的髮梢，大衣冷得發僵。弗蘭欣調整控溫計。然後我們就上樓去了。進臥室爬上床：她上她那一邊，我上我這一邊。

室內一片漆黑。我們躺在床上，躺了一段時間，然後天亮之前，我知道她睡著了。房中很冷。我聽著她的呼吸，知道自己的生命行將結束。我無法讓自己暖起來。這是我想告訴妻子的話：

那令想像力
攫住，令之
視為美的，一定就是真。那令你
在我身上看見，令你堅持不放的
也就是那份緊握

但我一句話也沒說。相反地，我翻過身子，把手伸過去，碰觸她。她很訝異，因此也轉身面向我。

我親吻她，她的嘴唇很乾，乾裂地抵著我的唇，陌生如同海底。但隨後兩片唇就放鬆了，張開了。我在她的嘴裡；那兒，與世界隔絕、隱密、遺忘，卻是濕潤的——老天啊！我有一種奇蹟的感覺。她的舌頭挺進。此時，我不認識自己，不知道我是誰，不曉得我躺在哪裡、和誰擁抱。我幾乎想不起她的美麗。她撫摸我的胸，我輕咬她的唇，濡濕了她的臉頰，接著便跟進吻過去。她似乎發出一聲輕嘆。「弗蘭克，」她說：「弗蘭克。」我們迷失在海洋，深陷在沙漠。我的手找到她的手指，緊緊抓住，筋骨嶙峋，脆弱易碎的東西。

——〈我們是夜行客〉（We Are Nighttime Travelers），1988 年

（編者註：本篇由鄭明萱小姐執譯筆）

《新約聖經．約翰福音》十二章三節

馬利亞就拿著一斤極貴重的甘松香膏，去抹耶穌的腳，又用自己頭髮去擦，屋子裡就瀰漫著香膏的香氣。

晚戀

／莫娜・范戴恩（Mona van Duyn）　美國人，詩人，生於1921年

「〔在馬大與馬利亞姊妹的故事中，〕基督要說的是，頭髮的歡愉和香膏的歡愉是我們必須接受的。因為，意外隨時會奪走我們的性命。所以，我們不應該禁止自己和所愛的人縱情於愛。千萬不要自己拒絕愛我們所愛的人，事後再來怪罪死亡。」

——瑪麗・高登（Mary Gordon），《最後的懲罰》（*Final Payments*）

如果我在心裡每年都嫁你一次
那是為了用這可以滅火的習俗
冷卻愛情的揮霍，因為
每次我忘了我們住的雙人房
是用婚姻的恆溫調控，愛焰，
便燒得猛烈而狂野。
如今我們老了，我得借助於

咒語和法術才能記起這些了。
我們養的狗兒都死了，兒女則從來沒生過。
因為心智脆弱，我也許已經
在你身上耗盡了全部的體溫供應量
無力再想其他人和別的。
「愛」是尋找熟悉的親人。
「戀愛」是讓自己被嚇一跳。
在你變換的臉上，
在你眼睛的評價裡，
你變了，並帶著新的蜜語或帶刺的話
找到進入我最深處神經的新入口。
當你站到火爐旁，最蠢蠢欲動的人是我。
當你完事，我便毫無保留地休息。
有時，在白天，我們三腳族看來動作遲緩。
爭吵不休，我們惱火靠得太近。
然而，整個晚上我們卻都像新月形魔鬼氈那樣躺著，
慢慢轉向對方直至重新貼合。
你因為步伐較大和視力較佳，

比我看得清楚終點線，
所以我拚命為自己添加燃料，
以光和戕害生命的煙餐維持狀況。
有如收集家一次網住的兩隻帝王蝶
無法輕快地彼此飛近飛遠，
所以我發誓要用想像力改變
那些讓我們關係變陳變腐的事物。
你設法付出的比我願意接受的為多，
然而，每個月當你拿起剪刀赴我們之約，
當我被剪下的髮覆蓋於你的腳上時，我相信
屋子裡就再一次瀰漫著香膏的香氣。

——〈晚戀〉（Late Loving），1990年

最後的愛情

／丘特切夫（Fyodor Ivanovich Tyutchev）　俄國人，浪漫主義詩人，1803—1873 年

明明已入桑榆晚景，
我們卻愛得更加執迷、更加溫柔。
亮吧，亮吧，
這最後的愛情，這日落的光輝！

陰影已遮蔽天空，
只剩最西邊還有餘光閃動。
且留步，且留步，黃昏的時光，
且停駐，且停駐，迷人的光芒。

血管裡的血快枯竭且讓它枯竭，我們
對彼此的款款深情不會稍減。
啊，你啊，我最後的愛情，

你是我的福分又是我的心痛。

——〈最後的愛情〉（Last love），1854 年

白髮老伴

／麥克利什（Archibald MacLeish）　美國人，詩人、作家、美國國會圖書館館長，1892—1982 年

他們光看著彼此便會笑
沒人知道原因，連他們自己也不知道：
也許是某些共同的生活經歷，
也許是某些無法言傳的共同回憶。

有天晚上，他們躺下來要聊天
卻沒聊，要睡覺，卻醒著：
幾乎沒說半個字，只是碰觸一下，只是挨近著，
只是聆聽，但沒有聽見。

他們所知道的一切皆是兩人共知

唯有一事例外：
他們對他們人生的體會於對方是個祕密；
他們對他們死亡的思索是在夜裡獨自思索。

——〈白髮老伴（之二）〉（The Old Gray Couple〔2〕），1976年

一齣夏日悲劇

／邦當（Arna Bontemps）　非裔美國人，詩人，1903—1973年

老傑夫摸弄著他的蝴蝶領結。這個非裔佃農的手指顫抖，喉嚨被高硬領捏得死緊。過了三、四十年的簡單生活，他的手已經不太記得這種打點門面的工作是怎麼個做法。每年一或兩次，當親戚請喝喜酒，他都會把自己打扮整潔；但基本上，他最體面那套禮服都只是掛在這大房間的牆壁上，供飛蛾吃食。這一直是傑夫．彭頓的經驗。自結婚後，穿上這件硬胸襯衫的次數不超過十二次。他的燕尾西裝平放在旁邊的床上，剛刷過和燙過，上面滿是破洞，跟他週間穿的工作服沒兩樣。飛蛾把它蛀蝕得厲害。跟那條頑固的蝴蝶領結角力時，傑夫扭動嘴巴，露出一個難看的無牙苦笑。他跺一跺他那條好腿，決定放棄奮鬥。

「珍妮！」他喊道。

「怎麼回事，傑夫？」他太太微弱的聲音從隔壁的小房間傳來，像是回聲，分貝不比耳語高多少。

「我想妳可以幫我把蝴蝶領結給打上吧，寶貝？」他柔和地說，「我自己做得來便有鬼。」

她的回答小聲得讓他聽不見，不過，老婦人未幾便出現在門口，靠著枴杖摸索路徑。她臉黃骨瘦，身體結節似地像個豆莢，與這瘦小身軀相比，她身上那件磨損褪色的襯裙儼然是片海洋。她的小腿也是瘦巴巴，讓那雙未綁鞋帶的鞋子顯得沉重，襪管鬆垂，皺疊在鞋面上。

「這種事你應該做得比我好幾十倍。起碼你有雙看得見的眼睛。」

「照理說是那樣，」他承認，「但我的手指不聽使喚。我在鏡子前面完全糊塗了，不知道這鬼東西要怎麼個纏法。」

珍妮坐在床邊，老傑夫一條腿跪著，讓太太幫他打蝴蝶領結。這種姿勢對兩人來說都是個緩慢痛苦的折騰。傑夫的骨頭吱嘎響，膝蓋痠痛。要經過五、六次嘗試，珍妮才把蝴蝶領結打得多少像隻蝴蝶。

「現在該換我穿衣服去了，」老婦人喃喃地說，「我腳上穿的還是舊鞋子和舊襪子，洋裝也還沒換上。」

「好呀，那妳就別管我了，寶貝，」傑夫說，「我快好了，只要套上背心和西裝便可以出門。」

珍妮再次消失在幽暗的走廊，回到小房間去。在那個黑洞裡，失明對她一點都不構成障礙。傑夫聽到枴杖碰觸在牆壁的聲音，知道太太行動自如。他穿上西裝，從床柱上拿下一頂破舊的高禮帽，一拐一拐往前門走去。他已經穿戴好一切，準備就緒。只等珍妮穿上她最好的一雙鞋子和那件老舊的黑絲綢洋裝，兩人便可以出發。

在他們所住那間小木屋外頭，太陽溫暖而柔和地照耀著。一群黃蜂在一棵死掉的楓樹上嗡嗡叫，興奮地忙碌著。灰色的松鼠在草間尋覓山核桃，藍色的松鴉（blue jays）在一根根枝條間跳來跳去。在這一切的左手邊，延伸著一片像是黑色海洋的松樹林。樹林裡零散分布著十幾間小木屋，裡頭住的全是像傑夫一樣的非裔佃農。牛和豬在樹與樹之間隨意溜躂。牠們沒有走失的危險，因為這裡每戶農家都像熟悉鄰家小孩那般熟悉鄰家的牲口。

右手邊，下了一片斜坡以後，便是井井有條的田畝，也就是佃農的幹活之處。田畝一直延伸到河邊，有兩英里多遠，放眼一片綠油油，長滿未吐棉的棉株。一條窄窄的汽車道路打傑夫的屋子前面經過，再像一道鉛筆痕那樣穿過綠色的田畝。

傑夫站在門外，左手拿著那頂可笑的帽子，滿懷柔情地打量眼前寬闊的景致。他在這些田畝工作已超過四十五年，對它們有著無可名狀的深情。

他頭頂上的太陽熾熱，喉嚨依然被硬領口捏得死緊，而身上的西裝也讓他熱不可耐。傑夫把帽子交到右手，把它當成扇子搧。突然間，從珍妮的小房間裡傳來嘀咕的聲音。

「你不如先去開車吧……」那聲音疲弱地說，然後因為疲倦停頓了一下，才又說：「我馬上就好。」

「好的，寶貝，」傑夫回答說，「我一分鐘之內就把車開來。」

但他沒有移動腳步。他因為想起什麼而嘴巴張得大大。珍妮方才提到了「車」，而這個字讓他以新的凝重心情記起自己和太太是要去哪裡。他的眼睛透出恐懼，開始猛喘大氣。

「傑夫……傑夫！」老婦人再次以幾不可聞的聲音喊他。

他震動了一下，回過神來。「嗯，怎麼樣，寶貝？」

「你在幹麼？」

「沒幹麼，只是東看看西看看，好把一切記在心裡。」

「你可以把車開過來了。」她說。

「好，馬上好，寶貝。」

他開始拖著一條壞腿，繞到屋子後面去。院子裡有三隻毛茸茸的小雞，其他的小雞最近不是死掉就是被偷走。幸好還剩下三隻，因為小雞可以吃掉院子裡的「邪氣」，保護主人不受惡運或咒語侵害。但剩下的三隻小雞現在看來也在生病，傑夫相信牠們過不久也會死掉。

放著T型老「福特」的車棚不過是由四根角柱和一個草屋頂構成。它是由一雙顫抖的手所搭蓋，在蓋它的當時，那輛小破車被認為相當寶貴。雖然歷經風吹雨打，車棚卻奇蹟似地依然屹立。

傑夫拉起汽車的曲柄③，然後用盡全身力量往下扳。引擎登時活了過來，整輛車隨之震動起來，發出各種聲音（包括暖氣口噴出的嘶嘶聲），車尾燈也一閃一閃。傑夫跳上駕駛座，踩下油門。車子晃動得更加厲害。這是好事，因為這表示老爺車還管用，可以放心把這趟旅程交由它來包辦。

想到這個，傑夫再次呆若木雞。「旅程」兩個字像是塞進他思考機件間的扳手一樣，讓他腦袋忽然間一片空白。他感到暈眩和虛弱。他把車開過院子，再轉了半個彎，開到木屋的前門。當他把雙手從方向盤鬆開時，他注意到自己的手抖得厲害。他關掉引擎，下車站著，等待珍妮。

幾分鐘後，她出現在窗前，在窗框後面小聲嘀咕，聲音像是風吹過破舊的百葉窗所發出。

「我好了，傑夫。」她說。

他沒回答，直接跛著腳走進屋去，牽著她的手臂為她引路。兩人慢慢走過大房間，走下階梯，再走過院子。

「妳想我們應該把門給鎖上嗎？」他柔聲地問。

珍妮思考了一下子，最後搖搖頭。

「別費事了，」她說，「我看不出來有這個必要。」

「妳說得對，」傑夫表示同意，「是沒這個必要。」

傑夫打開車門，把太太攙扶上車。這時，一陣寒顫突然穿過他全身。他再次顫抖起來。

「你怎麼抖成這個樣子？」珍妮小聲嘀咕地問他。

「我不知道。」他說。

「你一定是害怕了，傑夫。」

「沒有，寶貝，我沒有害怕。」

幫珍妮關上車門後，他再次拉動曲柄。引擎輕易就發動起來。傑夫但願它不會那麼聽話。他希望有幾分鐘時間可以把腦子裡的事情再想一遍。因為知道珍妮一定會罵他膽小，他不敢拖拖拉拉。他跳到駕駛座，把車開到鉛筆痕似的小道路，朝河的方向開去。他開得非常慢，非常小心。

在綠油油的郊野裡磕磕碰碰地前進，他們那輛老爺福特車看似小得可憐。開下第一個斜坡向著棉花田逼近時，傑夫感受到那種他熟悉的興奮和悸動。他忍不住要想，今年的莊稼長得真好。他在這裡已經種了四十五個年頭的棉花。沒錯，他是累死過將近十幾頭騾子，但錯不在他，該怪的是老頭子史蒂文生——他是這種植場的地主。史蒂文生少校認定，一頭騾夠一個佃農犁三十畝的地。這是個昂貴的想法，因為那會讓騾子過勞死，但老頭子就是不肯改變。傑夫又想到，在這裡，因過勞而死的佃農人數大概不下於

③早期汽車都是用一個裝在車頭正前方的曲柄發動引擎。

騾子。但他從前沒有同情他們，因為他一向身強力壯，而且被灌輸以不應該同情弱者的觀念。女人或小孩身體單薄還情有可原，但男人卻絕不容許單薄。當然，他自己的小孩……

想到這裡，傑夫的思緒停頓了下來。他和珍妮都已不會再在彼此面前提起他們死去的子女。他自然也不願意老想著他們，因為那樣的話，他很可能會一個不小心提起他們，引得珍妮大慟。兩年內連續失去五個成年子女的悲痛不是珍妮這種媽媽可以輕易拋卻的。就連傑夫自己也深受打擊。他的記憶力變差了。另外，雖然沒有對任何人透露，但他知道自己已不再勇敢。晚上，只要聽到什麼不熟悉的聲音，他就會怕得要命。即使是白天，他也不情願離家太遠。現在，只要一害怕，他就會身不由己地發抖。有時，他還會沒來由地害怕和發抖。這種感覺就像一陣寒顫。

老爺車喀嗒喀嗒地緩緩開過塵土飛揚的道路。珍妮坐得筆直，默不作聲，頭上頂著小得可憐的帽子。她失去功能的雙眼在深凹的眼窩裡顯得非常大、非常白。突然間，傑夫聽到她發出聲音，便把頭湊過去，好聽清楚她在說些什麼。

「狄莉婭的房子過了嗎？」她問。

「還沒有。」

「那你一定是把車開得慢吞吞的，傑夫。」

「有什麼差，反正我們不趕時間嘛，寶貝。」

兩人沉默了一下。車子的暖氣口吹出一小團煙霧。熱氣在車篷上積聚。狄莉婭的房子位於近半英里開外。過了一會兒之後，珍妮再次說話。
「你真不害怕嗎，傑夫？」
「真的，寶貝，我不害怕。」
「記得，那是我們說好的。我們要說到做到。」
豆大的汗珠從傑夫的額頭冒出。他的眼睛睜得老大，眨了又眨，然後牢牢盯住前方路面。
「我不知道，」傑夫說，打了一個冷顫。「我想那是我們唯一的選擇。」
「嗯。」
一群在路上啄食的珍珠雞被開過的車子驅散。其中一些飛了起來，其他躲到矮樹叢裡面。一隻藍松鴉在一根帶樹葉的枝條上擺盪，惹惱了路旁的一隻松鼠。一路下來傑夫都是以均速前進，但到快要接近狄莉婭的房子時卻明顯把車速放慢下來。
狄莉婭的房子其實不是房子，是由廢棄的倉庫改裝而成。它位在一個十字路口附近，旁邊長著一棵孤伶伶的黑色雪松。狄莉婭與珍妮差不多年紀，現在是一個人獨居。她在這裡住了多少年已無人記得，而且從不知多久以前就引起珍妮這一類正經婦女的反感。她太愛玩也太口無遮攔了，與這一帶的風氣格格不入。她跟許多男人的關係不清不楚。另外，她有過許多老公與許多孩子的事實當然也無助於提升她的名聲。
「狄莉婭的房子就在前頭。」
「她在幹麼？」

「坐在門邊。」

「她有看見我們嗎？」

「嗯，」傑夫說，「很難會沒看見。」

這讓珍妮放下一顆心頭大石。知道自己的死對頭看到她穿著稱頭的衣服經過讓她精神一振。那個老妖精一定會恨得牙癢癢。說她是老妖精還真沒錯，這三個字再適合形容她不過！珍妮也覺得自己報了仇：從前狄莉婭喜歡對傑夫擠眉弄眼，露齒含笑。當然，那是許多年前的事了，那時她的牙齒還完整無缺。

接下來路面變得平順，顏色也轉為紅色。從空氣所瀰漫的味道，傑夫知道他們快要到河邊了。他看得見道路要轉彎的那片小高地，轉過這彎之後，道路就會變得與河水平行前進。老爺車以單調的聲音磕碰著。經過一段長時間沉默不語後，珍妮把身體靠向丈夫，開口說話。

「你看我們今年會收成到多少大綑的棉花？」她問。

傑夫在心裡算了一下，額頭的皺紋全皺在一起。

「大約二十五大綑吧。」

「去年是多少？」

「二十八大綑，」他說，「妳問這個幹麼？」

「我只是好奇。」珍妮靜靜地回答。

「我不認為有什麼差，」傑夫若有所思地說，「收成多一點少一點，老頭子史蒂文生照樣有辦法算出來是我們欠他債。我過了許多年才弄懂他這一套。」

珍妮沒有在聽他說話。她陷入了精神恍惚的沉思狀態。她的雙脣扭曲著。她嘴嚼著自己的牙齦，神經質地反覆揉搓一雙結了節似的手。突然間，她俯身向前，把臉埋在雙手裡，放聲大哭。她以乾澀嘶啞的聲音大哭，像個小孩般大哭，因為她從未學會壓抑悲傷。她又小又老的骨架激烈震動，像是快要承受不了她爆發的激烈哀傷。

「怎麼回事，寶貝？」傑夫不知所措地問，「妳幹麼哭成這副樣子？」

「我只是在想事情。」她說。

「所以害怕的人變成是妳嘍？」

「我不是害怕，傑夫。只是想到要丟下一切熟悉的事物，我感到難過。」

傑夫沒有回答。珍妮再次把臉埋在雙手裡哭。

太陽已幾乎升到他們正上方。它猛曬在塵土飛揚的路上、路旁被烤焦的枯草和又破又小的老爺車上。傑夫緊抓住方向盤的雙手冒著汗，額頭一片汗光。他的嘴脣張開，形成一個醜陋的苦笑。他的臉透露出臉主人正在被燒炙。不過，這折騰最終過去了，他的表情再次柔和下來。

「妳不應該哭的，寶貝，」他對太太說，「我們得堅強，不可以垮掉。」

珍妮過了半晌才回答：「你認為我們真該那樣做嗎，傑夫？你真認為我們應該『堅持到底』嗎？」

傑夫喉頭哽咽，兩眼模糊。珍妮的話讓他心慌，因為她問的問題正是他一整個早上都在琢磨的。他一再想要拖延點時間重新考慮而她一再催他，但現在卻輪到她想臨陣脫逃。不過，他們事實上並沒有重新考慮的必要，因為，再多次的考慮也只會通向同一個痛苦的決定。傑夫知道這個。沒必要再自欺欺人了。

「我們就照說好的辦吧，」他說，「反正已經沒有其他選擇。那是最好的辦法。」

傑夫想到了自己的殘疾：他那條壞腿一星期比一星期痛，讓他近乎不可能再收成一回莊稼。另外，他隨時都有可能再中風一次（他會跛腳就是上一次中風導致）。再中風一次也許就會要了他的命，至少會把他變成一個完全的廢人。想到這裡，傑夫倒抽一口大氣，心裡喊道：老天，不要！他不能忍受自己像個毫無自理能力的嬰兒般被珍妮抱在懷裡的樣子。衰弱、盲眼的珍妮。

老爺車的引擎工作得愈來愈吃力，暖氣口噴出的煙霧也愈來愈大團。傑夫知道他們正在爬一個小斜坡。再一下子，路就會轉一個大彎，去到一個可以俯視河面的位置。

「傑夫。」

「怎樣？」

「我聽到的是河水聲嗎？」

「對，前面是河。」

「你現在要怎麼個開法？」

「開出路面，」他說，「河在道路旁邊一點點。」

珍妮平靜地等了一會兒，然後催促他說：「開快一點。」

「沒問題，寶貝。」傑夫說。

河水在河床上滾滾流動著。它位於路面五、六十英尺下方。在道路與河水之間是非常陡的斜坡。坡面非常乾，被漫長炎熱的夏天曬得硬梆梆。河水在狹窄的河道裡怒吼，喧騰狂野。

「傑夫。」

「怎樣？」

「你開出多遠了？」

「才開離道路一點點。」

「你害怕了嗎，傑夫？」

「不，寶貝，我不害怕。」

「記得我們說好的。我們要說到做到。勇敢點兒。」

傑夫腦袋一片漆黑。四周的一切突然變得不真實，就像夢境。思緒在他腦子裡愚蠢地、歇斯底里地游動著，像是一群在小水窟裡游泳的盲眼小魚：牠們急急游動，擦肩而過，互相推擠、碰撞、分開，再急急游動。傑夫很快便頭暈目眩。他激烈顫抖，轉頭望向太太。

「珍妮，我辦不到。我辦不到。」他的聲音嘶啞而可憐兮兮。

她似乎沒在聽他說話。所有哀愁已經從她臉上消失。她坐得筆直，兩隻看不見的眼睛睜得老大，臉部肌肉緊繃而充滿恐懼。她稜角分明而骨瘦如柴，乍看像隻餓鳥。她沉浸在自己的思緒裡，甚至聽不見傑夫在她耳邊大聲叫喊。

傑夫沒再說什麼。有一剎那，他大洞穴似的腦袋裡亮起了光。前後不到一秒鐘的時間，這個大腦袋裡擠滿了他認識和愛過的人。他們都是些性格單純而健康的人物，行為舉止都是他可以理解的。但因為這些人離開他已經很長一段日子，所以回想起他們並沒有讓傑夫痛苦。年輕的傑夫也站在他們中間：這個五十年前的傑夫正要跟一群鄉村少年前往紐奧良，參加狂歡節。他們是快樂的一群，男孩穿著條紋襯衫，女孩穿著顏色俗豔的絲裙。他們像一張合照似地出現在他腦海，但他並沒有感到憂傷。那趟旅途上，瘦竹竿伯恩斯殺死了祖伊，於是他們這群人也散了。自那之後，傑夫的整個世界只剩下種植園。即便再有一次狂歡會，他也不會聽見，因為他再沒時間兼顧其他，必須應付如滾滾波浪撲向他年復一年的歲月。現在，他老了，氣力用盡了。只要再中一次風，他很可能便會癱掉。要過那樣的日子，加上需要依賴失明衰弱的太太照顧，他將生不如死。

突然間，他的雙手變得穩定。他甚至感受到有一股勇氣自胸中升起。他減慢車速，謹慎地把車子開出路緣。下方就是洶湧的河水，河床很深，水聲隆隆。傑夫把車頭轉到對準河流的方向，用力踩下油門。車子兇猛地彈跳著，衝下斜坡，快得就像是直接下墜。車中一對黑人老夫妻肩並肩靜靜坐著，沒有半點慌張的樣子。再一轉眼，老爺車便撞上水面，片刻完全沉沒水中。

過了一會兒之後，它被卡在一片淺水處的河底泥濘裡。老爺小轎車已經翻轉得稀巴爛，只有一個輪子露出在滾滾的流水外面。

——〈一齣夏日悲劇〉（A Summer Tragedy），1933 年

阿妹住在輕

／柿本人麻呂（Kakinomoto Hitamoro）　日本人，飛鳥時代詩人，活躍於〔約〕680—710年

阿妹住在輕（地名，位於今日本奈良縣）
我巴不得天天去找她；
但眼目太多，
若我常往，
人們便會知道我倆的盟誓。
是以我把此情保密如深井，
在心裡珍愛著她，
盼著異日可以長相廝守，
她可以像乘坐大船般依賴我
生活安穩。
孰知信使突然而至
告訴我她已撒手，
像秋天黃葉零落。

猶如白晝隨落日而去，
猶如明月隱沒於雲中。
唉，她不在了，她的靈魂
像彎折的海草一樣彎向我。

聽到消息，
我不知所措莫知所言；
我坐立不安，
為療癒傷痛
哪怕只是千分之一
我遠行至輕，往阿妹常去的
市場尋覓！

我在那兒駐足聆聽，
卻沒有她的聲音，
只聽到鳥兒在畝傍山歌唱；
往來的人沒有半個像阿妹。
我只能呼喚她的名字和以袖拭淚。

——〈阿妹住在輕〉，載於《萬葉集》，四世紀至八世紀

在死蔭的幽谷裡

／沙比（Abu al-Qasim al-Shabbi）　突尼西亞阿拉伯人，詩人，1909—1934年

我們行走，像世間萬物一樣到處行走……但何所為？
隨著春天吹響它的橫笛，我們與鳥兒一道向太陽歌唱；
我們向死亡讀出生命的故事……但這個故事怎麼終結？
我這樣問風，而風這樣回答我：去問問「存有」自身
是怎樣啟始的吧。
被薄霧覆蓋著，我的靈魂帶著苦澀的疲憊喊問：我將到哪裡去？
像一株焦乾和枯萎的植物那樣傾倒，我喊問：我的耙子在哪裡？
帶著它，我也許就可以在黑暗的寂靜中找到我的墓地，把自己給埋葬；
我需要它，因為四周有濃密的黑暗包圍我，哀愁的薄霧沉積得高高。
黎明充滿了激情的酒杯，但這些酒杯卻在我手中粉碎；
自負的青春歲月已遁逃到過去，在我雙脣徒留下哀戚。
來吧，心兒，我們是兩個陌生人，一起把生命締造為一門哀愁的藝術；
我們曾長時間靠生命為食，長時間與青春一道歌唱。

可現在，我們卻在夜裡赤著腳，走過滿是岩石的小徑，淌著血。
我們靠著塵土而飽膩，靠著眼淚而不渴。
在我們左右，散落著夢、愛、痛和哀
然後呢？然後我會
在死亡的黑暗中埋葬我生命的日子，甚至無法哀悼它們的消逝，
而生命的花朵，掉落我的腳前。
生命的魔法枯竭了：來，我流淚的心兒，讓我們死去。
來！

——〈在死蔭的幽谷裡〉（In the shadow of the Valley of Death），約 1930 年

生與死
／豪薩人（Hausa）的傳統故事　豪薩人為十世紀的非洲人

有兩個老人一起旅行。他們的名字一個叫「生」，一個叫「死」。他們到一個有清泉的地方，清泉主人向他們揮手打招呼。他們請求主人允許他們喝泉水。對方表示：「喝水可以。但必須老的一個先喝。這是這裡的習俗。」

「生」說：「我比較老。」

「死」說：「不，我比你老。」

「生」回答說：「怎麼可能。『生』一定在先。沒有活物死掉，又何來的『死』？」

「死」說：「正相反。在有『生』能生出來以前，一切都必須是『死』的。活物都是從『死』而生，活一陣子後再復歸於『死』。」

「生」回答說：「事情顯然不是你說的那樣。未有『生』以前不會有『死』。造物者是用一種看不見的物質創造這世界的。當第一個人死掉，就是『死』的開始。所以說，你比我年輕。」

「死」反駁說：「『死』不過是我們不知道的東西。當造物者行創造時，他是憑著我們不知道的東西把萬物形塑出來。所以，『死』就像是『生』的父親。」

他們站在清泉旁邊這樣爭執了好一陣子。到最後，他們請清泉主人作為仲裁者。他這樣說：「既然『死』是由『生』而來，所以誰在談到『死』的時候可以不提『生』？又既然『死』是所有活物的去處，那又有誰談到『生』的時候可以不提『死』？所以，你們說得一樣有理。你們的話都是事實。你們無法離開彼此而存在。你們都沒有比對方年長，也沒有比對方年幼。『生』與『死』只是造物者的兩張臉（面具）。所以你們是相同歲數。這裡是一瓢水，請你們共飲吧。」

他們接過那瓢水，喝完之後再次上路。他們攜手作伴，從一個地方到另一個地方。他們兩者之中真有可能一個較老、一個較少嗎？如果你們不知道答案，我們不如思考別的問題去。

——「生與死」（Life and Death）

百年孤寂

／馬奎斯（Gabriel García Márquez）　哥倫比亞人，作家、記者、社會活動家，生於1928年

烏蘇拉雖然年逾百歲，兩眼也因為白內障幾乎快瞎掉，卻仍然保持著強健活力、人格的一貫性，以及思維能力的完好無缺。在培養重振家族威望的人才一事上，沒有人及得上她思慮深遠。她打算把這個人培養成絕口不談戰爭、鬥雞、壞女人和荒唐的事業在烏蘇拉看來，這是害得家業衰敗的四大災難。

每當看見曾孫像夢遊似地回到家裡，她總會高聲訓斥：「那女人遲早會把你給毀了。你被她蠱惑得那麼深，總有一天我會看見你像肚子裡塞了隻蛤蟆似的痛得在地上直打滾。」

「現在的年頭和過去真是大不同啊。」她常常這樣說，感覺日常現實不斷從她手中快速溜走。她不懂現在的小孩怎麼會那麼快長大，因為印象中，從前的小孩都是慢慢地長大。

儘管烏蘇拉已老得記不起自己歲數，卻還是不服老，什麼事都想管一管，礙手礙腳，惹得人人厭煩。碰見外鄉人，她就會問他們是不是曾在戰爭期間把一尊聖約瑟石膏像留在她家，託她把石膏像保管到雨季結束，問得他們不勝其煩。誰也不清楚她是什麼時候失明的。就連在她臥床不起的最後幾年，大家也都以為她只是太過年老體衰而下不了床，誰也沒發覺她已經全瞎。她是在霍塞·阿卡迪奧出世前發現自己瞎了的。起初，她以為那只是暫時的視力衰退，便偷偷地服用骨髓糖漿，還給眼睛滴蜂蜜。不多久，她便清楚知道，自己正在無可挽回地逐漸沉入黑暗世界中……她沒告訴任何人這事情，因為那樣做等於公開承認自己已經變成廢物。雖然她的手抖得愈來愈明顯，雙腿也沉重得幾乎邁不開步子，但她小小的身影反而比從前更常出現在家中各個角落。她幾乎像當年要一肩挑起全家重擔時一樣勤奮。然而，在無法穿透的老年的孤寂中，她卻是那麼敏銳，足以洞察家中發生的哪怕是最微不足道的事情。這種洞察力使她第一次清楚看到了，過去由於忙亂而不能看到的真相。

要到這時候，她才恍然明白，她的笨手笨腳不是衰老和黑暗的第一場勝利，而是時間所判的刑期。

當烏蘇拉發現，過去三年多以來她不過是小孩子的一件玩具，她不禁號啕大哭起來。

最後，她把過去和現在完全攪混了，以致於在臨終前的兩、三次迴光返照中，誰也搞不清她所說的話是在描述當時的感覺，還是在回憶過去。她的身體一點一點萎縮，變成了胎兒……在一個棕枝主日④，當菲南達正在教堂望彌撒的時候，兩個孩子走進烏蘇拉的臥室，一個抬她脖子，一個抬她腳踝，要把她往外抬去。

「可憐的曾祖母，她老死了。」阿瑪蘭塔．烏蘇拉說。

烏蘇拉嚇了一跳。

「我還活著。」她說。

「你瞧，她連呼吸也沒了。」阿瑪蘭塔．烏蘇拉說，把笑意強忍下去。

烏蘇拉大叫：「我還在說話呢！」

「她甚至無法說話了，像隻小蟋蟀一樣死翹翹。」奧雷良諾說。

至此，烏蘇拉不得不在證據面前認輸。「我的天啊，」她低聲驚嘆說，「原來死是這個樣子的。」

——摘自《百年孤寂》（*One Hundred Years of Solitude*），1967 年

別溫馴地進入那寂靜長夜

／湯瑪斯（Dylan Thomas）　威爾斯人，詩人、作家，1914—1953年

別溫馴地進入那寂靜長夜，
年老日盡時，當憤慨咆哮；當
暴怒、暴怒，抗拒光之熄滅。

智者臨終前雖知黑暗乃歸結，
然憾於己之教誨未能照亮世界，故而
拒絕溫馴地進入那寂靜長夜。

善者見最後一道波浪來到，
哭己之小德未能閃躍於綠灣，故而
暴怒、暴怒，抗拒光之熄滅。

---

④復活節前的星期日。

狂者追日逐樂，不知時光飛逝，
待見日暮倏至始悔之無及，故彼亦
拒絕溫馴地進入那寂靜長夜。

明者死前眼目漸盲，
然其瞎瞳仍能反照光芒、麗如流星，故彼亦
暴怒、暴怒，抗拒光之熄滅。

而汝，吾父，既處於悲傷之頂點，
請恣肆灑淚，詛咒我，祝福我。
別溫馴地進入那寂靜長夜，當
暴怒、暴怒，抗拒光之熄滅。

——〈別溫馴地進入那寂靜長夜〉（Do not go gentle into that good night），1952 年

我想要活下去！

／鍾斯（Thom Jones）　美國人，短篇小說作家，生於1945年

她好奇他每星期要宣布這種消息多少次。毫無疑問是很多次。每天起碼一次，甚至兩或三次，生意興隆的時候甚至五次。雖然是個天大的壞消息，他的口氣卻若無其事。這一行不好幹，所以他雖然還年輕，卻已練就置身事外的本領。話說回來，這壞消息其實不是那麼出人意外。她早就……**料到**。但人總是會往好處想，不是嗎？她聽著他說話，但聽而不聞。

「什麼？」她戰戰兢兢地說。她本來以為……沒那麼糟。唉，讓我透一口氣吧！他剛才說的是哪個部位？乳房和子宮？那豈不是禍不單行！她早就料到是子宮，不然她不會流膿，腹部不會腫脹和痙攣，不會那麼疲倦。不過這種病很常見，而且（假如是第一期的話）容易治好。治癒率聽說是百分之八十。但乳房部位卻是個晴天霹靂，而且難搞許多，治癒率只有百分之五十。那樣的話，你就得把腋下的淋巴腺給拿掉，而且鐵定得接受化療。化療？我的媽呀！這是糟糕至極的事。那樣的話，她將要跟頭髮說拜拜，需要戴上頭巾、假髮，裝上義乳，對「支持」團體分享心裡的痛，諸如此類。

「威爾遜太太？」醫生說，聲音像是從空罐子裡發出來。真相已經大白，一切都已

攤了開來。說說看，她還有可能回到原來的生活去嗎？那個空罐子聲音讓她打冷顫，冷到骨髓裡去。

「威爾遜太太，妳的 CA125 指數高得碰到天花板，」他說，「我懷疑那是一種非同小可的腫……瘤……」

某種異乎尋常的腫……瘤？一種延燒速度像野火的腫瘤！不是那種好打發、有百分之八十治癒率、以龜速生長、磨蹭得像一月糖漿⑤的腫瘤！

一月。她的視線越過那個戴金邊眼鏡、穿白袍、深不可測的醫生，望向窗外。雪花從天空紛紛揚揚落下，輕吻在人行道上。每片雪花都是獨一無二，值得人花上一個小時去研究；每片雪花都是一個微宇宙，是上帝的禮物，足以引人敬畏。然而，她現在只覺得它們無比恐怖。它們是白色的，但整個世界何嘗不是白色的？自聽到醫生的宣布後，整個世界便褪去了顏色。光明已經從世界消失。如果她曾經當過一百萬年的宇宙女王，見證過一次又一次的輝煌，那碰到現在這種事當然是無關緊要的。

她被推進、推出，再推進，再推出。她看到一些……精彩的表演。一些卡通，最精彩的卡通。情況並沒有那麼糟。對，她身上是有腫瘤，但……這些精彩的卡通值回票價。⑥二氫嗎啡酮。大都市的生活就是這個樣子，生與死都仰賴二氫嗎啡酮。這種事會發生在每一個人身上。那是都市藍圖的一部分。她是老幾，憑什麼資格質疑這幅藍圖？

唯一難受的部分是她的喉嚨。她的喉嚨像著了火。這叫「插管」。護士說她會打電話問問醫生，看可不可以增加止痛劑的劑量。

「拜託現在就給我。什麼都行。」

「好吧，但只能再一點點。你我知道就好。」護士說，轉動管道中控系統的一個旋扭。二氫嗎啡酮。卡通。啊，感謝上帝，為二氫嗎啡酮感謝上帝！是誰發明這種藥物的？應該給他封爵。應該把諾貝爾獎頒給這個發明人。喲！哇噢！旋轉、悸動的狂喜！那個護士又是誰？是南丁格爾，是德蕾莎修女會嘉許的人……嘩，真不是蓋的！她得到紓解的還不只是傷口的痛：她此刻才意識到自己一直承受著多大心理痛苦。現在，就像一揮魔術棒那樣，她的痛全不見了。

他的聲音其實不像是從空罐子裡發出，從不是如此。他的聲音頂多只比一般男人略尖。他也不會娘娘腔。問題是，他不像是個真實的人，不像是真的有血有肉。他的同情心何在？如果他沒有同情心，為什麼又要選擇這個領域？在這個領域，同情心應該是一個從業者的基本配備。

「妳的乳房沒有大問題，只找到一個良性腫塊。我們找一位專家鑑定過，我方才看了他寫的病理報告。沒什麼好擔心的。但另一個部分卻不是……那麼好。我恐怕妳的小腹……遍布……小小顆的東西，就像葡萄堅果。那是一種極為罕見又……快速生長的

⑤「磨蹭得像一月糖漿」是俚語，以糖漿在寒冷的一月會變得極黏稠比喻人做事磨蹭。

⑥這裡的所謂「卡通」也許是止痛麻醉藥引起的幻象。接著提到的「二氫嗎啡酮」是一種止痛麻醉藥。

腫……瘤。手術時我沒能把它給取出來。我大部分時間都是在處理沾黏。我們會給妳使用『順鉑』⑦……哪怕它對付不了沾黏。我們會把它直接注入妳的小腹，這樣比較不會引起噁心……但那些沾黏是一個問題，而且有可能會引起進一步的問題。」她的病房冷冰冰，但那個瘦巴巴的醫生已開始冒汗。「真可惜，」他說，眼睛看著她的檢查報告。「除了這個問題，妳其他方面都相當健康。」

她知道即將發生什麼事，但還是聽到自己多此一問：「醫生，你是說……我得要接受……」

「接受化療？對。但先別擔心這個。我們會等妳傷口癒合再進行。」他啪一聲闔上檢查報告，二話不說便往外走去。

拜拜，下次見。

猜謎遊戲已經結束，接下來是接受磨難的階段。她不想知道任何細節，但他好像說過五年存活率是百分之二十。他倒不如把大嘴巴給閉上。她不是個鬥士，而她也目睹過化療把她丈夫約翰折磨成什麼樣子。一句話：一切都完了！

她不得不苦笑。她想到自己的情況就像歌詞所說的：**自由只是意謂不剩下什麼可以失去**……當一個人糟得無可再糟的時候，還有什麼好擔心的？當然，她也有可能會走運，哪怕機會只是千分之一……

卵巢和子宮都拿掉了。病根已除，感謝主。他們都把那些髒臭器官怎麼處理的？丟掉？燒掉？送到垃圾掩埋場去？誰在乎。反正病灶已經摧毀。所以，情況也許並沒有那麼壞。怎麼可能會那麼壞呢？畢竟，腹部大手術的術後疼痛並沒有如她聽說的那麼嚴重。才第三天，她便已可以推著點滴架走路——這是病房裡每日的例行運動。

二氫嗎啡酮已經從她的膳食永遠取消，但硫磺嗎啡錠的效果也不算太差。她沒再看到什麼卡通，但卻感到體內有一團柔和的光熱。左，右，左，右。一，二，三，四。千里之行，始於足下。在嗎啡的藥效下，她可以沿著地板四分之一英寸又四分之一英寸地移步，一切都變得更……柔軟。真是老天見憐啊。這樣下去，她說不定真的可以走上一千里。

不過，她和醫院其他病房的病人沒兩樣：既老又離死不遠。死。這種事真是可能的嗎？她當然知道人總是會死。但她也會死嗎？會不多久就死掉？會在來不及適應這件事之前就死掉？

不，這一切一定只是一場惡夢。她將會醒來，在她兒時的房間醒來，那房間位於明尼蘇達州巴特爾湖附近一個農莊。那是經濟大蕭條的時代，生活是有一點點拮据，但死不了人。因為還有什麼比在巴特爾湖的湖畔散步、傾聽一隻知更鳥唱歌更怡人？那裡多的是松鴉、雲雀、藍知更鳥、北美紅雀、蜂鳥、紅翅的黑鳥，因為那時候還沒有酸雨，湖水也還沒有受重金屬污染。牠們會飛到院子來，吃櫻桃樹、蘋果樹、梨樹上的果子。

⑦一種含鉑的化合物。

不過牠們真正想吃到的是桑甚。

啊，年輕真好！好看的長相，乾淨的膚色，強健的肌肉，一頭有光澤的濃髮：她有最姣好的五官，她的雙腿也一樣漂亮。健壯而充滿活力，她是一個擁有燦爛未來的快樂女孩。她在高中是啦啦隊隊員，後來又在弗格斯福爾斯的一家學院唸藥學系。唉，如果不是因為爸爸死得早，她將會成為一個藥劑師。她成績優異，但那個年頭，家道中落的事司空見慣。那是經濟大蕭條的時代。其實她應該冒險的。唉，在那個時候，世界是多麼寬廣美妙，大環境再壞，她都擁有一個充滿各種可能性的未來。如果她敢冒險，說不定會碰到什麼美妙的事情（例如遇上一個英俊的王子，兩人從此過上快樂幸福的生活）。她那時真是個幸運兒。但那段時光都到哪兒去了？她的一切夢想怎麼會……全泡了湯？現在，她身處在陰影遮蔽的幽谷裡。現在，在「幽暗城」裡，硫酸嗎啡錠就像是一個溫暖友好的火爐，是她唯一的慰藉。

他應該是個好醫生，是這領域裡最優秀的執業者之一，可他顯然完全不知道床邊禮節為何物。當他不再讓她使用硫酸嗎啡錠，改開給她「替諾3號」時，她真的開始恨他。她開始明白，自己的情況也許很快便會急轉直下。

她會在固定時間回診。如果她哥哥沒空，就會由她女兒開車載她到診所去，之後再去上班。但她常常要久候：那個瘦巴巴醫生常常不是臨時被叫走就是姍姍來遲，反正總有理由不見人影。拜託，既然是開門做生意，就不能有點屁效率嗎？為什麼非要這麼亂七八糟不可？為什麼就不能預先排除各種狀況？要一個健康的人在銀行裡排個隊沒什麼大不了，但要一個癌症病人枯候一、兩小時，或臨時叫他改為下星期再來，絕對是個折磨！當然，回診本身就是折磨中的折磨，你必須做好如同迎接墜機的準備。「順鉑」——我的媽啊！它會讓你嘴巴有金屬苦味，讓你坐立不安，讓你必須來回踱步。仆倒在睡椅裡對你實在沒好處，但起來踱步嘛，你又太衰弱，踱沒幾步便又再次仆倒在睡椅裡。這真是發生在我身上的事情嗎？**我不相信！**我怎麼可能會碰上這種倒楣事！

接下來是同時瀉肚子和嘔吐的階段，整個浴室從地板到天花板的都給她弄得髒兮兮！然後是乾嘔，然後是吐出膽汁，然後是吐血。想知道「順鉑」可以把一個人整得有多慘，你不妨喝下一夸脫龍舌蘭酒、一夸脫蘭姆酒、若干黑梅琴酒，吃些生日蛋糕、五磅甘草精、一些瀉鹽、一品脫煤油，再喝一些南康福特酒，則效果庶幾近之。只有一個魔王可以設計出這種讓人進退兩難的整人方法：讓人相信想要健康好轉必得先毒害自己，讓人還未死卻先想死。

探望她的人絡繹不絕，人手一束鮮花。所有鐘點都有不速之客。你們走吧，讓我靜一靜……老天，求你行行好，讓我……靜一靜。

啊，真謝謝你來看我。好漂亮的花……

有時候，她會覺得，只要再瀉一次肚子，她就會受不了，會乾脆從窗戶縱身往下跳。這裡離地面五層樓高。這高度足以立刻致命嗎？還是說得躺著等一陣子才會慢慢死去？也許頭先著地的話就會立刻斃命，不會再有任何知覺。「順鉑」的藥效讓她不得不一直踱步。她當然總得有躺下的時候，但只要一躺下，她就會如坐針氈，不得不起來踱步。電視對她毫無幫助：她視力渙散，而電視裡演的又全是狗屎垃圾。肥皂劇？天哪，那更是垃圾中的垃圾。就連她從前喜愛的節目現在也成了垃圾。人只能活一次，一想到把時間白白浪費在看肥皂劇，她就不寒而慄。

她真希望能睡著。老天，他們為什麼不給她二氫嗎啡酮？他們說二氫嗎啡酮只會讓她的情況更糟。那就給我來些乙醚吧，讓我昏過去，五天後再把我叫醒。讓我睡吧，用什麼方法都可以。她**必須踱步，必須躺下來，必須嘔吐。啊，真謝謝你來看我。好漂亮的花**……

第二次化療讓第一次顯得只是小兒科。至於第三次——別提了，簡直是天殺的！這種事一向都被人給輕描淡寫了。那些接受過化療又寫書談過它的電影明星都是些堅忍不拔的勇者，她自嘆弗如。她以前從不知道世界上有這等恐怖的事。要換成到孟加拉挨餓去？沒問題，我會馬上答應。這是我的信用卡和「別克」轎車的鑰匙，我改坐黃包車就可以。換成是愛滋病陽性反應？一言為定。我願意跟任何人交換！任何人都行。

那個瘦巴巴的腫瘤專家以「邦尼兔」的聲音告訴她，她的CA125指數仍然高得嚇人。他說要不要讓這種情況繼續下去全憑她決定。她為什麼要猶豫呢？她不知道，而現在像從罐子裡說話的人變成是她。她聽見自己這樣說：「醫生，換成你是我……你會怎樣決定？」

他思考了好一會兒。接著他拿下金邊眼鏡，捏捏鼻樑，以厭倦了人世的聲音說：「我會選擇再接受一次化療。」

結果，那是迄今為止最要命的一次，要命程度比前幾次大上無限倍的平方。整整五天，她無法睡，無法躺下，無法踱步。她又嘔吐又瀉肚子。她恨不得把電話從牆上扯下來。這鬼東西是誰發明的？發明它的人是長了個豬腦袋不成？**喂，哪位……我很好，真的很好……你們星期天要來？跟孩子一起來？嗯……沒有沒有，我很好。不會不會，我很想看到你們……**

然後有一天，那個空洞的聲音給她宣布了一個好消息：「妳的 CA125 指數幾乎回到正常值了。化療見效了！」

哈利路亞！老天爺，就讓它繼續保持吧。真是神蹟。萬歲！

「簡直是個奇蹟。」他說，語氣幾乎變得有人味，變得像是基爾代爾醫生、卡西醫生或是威比醫生⑧。「妳的 CA 指數已經落底。我覺得我們應該再來做一或兩次化療，然後開刀查看一下。次數太少可能會殺不死所有癌細胞。但次數太多也不行，那會把健康細胞一起毒死，也可能會讓妳死於心肌症。」

「我頂多受得了再一次。」

「就依妳的，威爾遜太太。就再做一次然後開刀查看一下。」

「我真的很不願意告訴妳，威爾遜太太，」醫生說，「但我們還有一個問題得對

---

⑧醫療影集裡仁心仁術的醫生角色。

付。那些葡萄堅果比剛開始要減少，但尚餘的癌細胞卻對『順鉑』產生抗藥性，所以我們剩下的選項變得很少。目前，醫院有一種還在實驗階段的化療療法，我們可以一試，但風險很高就是。妳當然也可以選擇繼續注射『順鉑』，但這方法只能治標，不能治本。再來我們也可以什麼都不做……」

他的聲音平板。「什麼都不做的話會怎樣？」她問。

「三個月內死亡。也許是六個月。」

「怎麼個死法？」

「肺衰竭、肝臟衰竭或腸衰竭。別擔心，威爾遜太太，妳不會太痛苦的。我保證會把這件事照管好。」

說完，醫生就闔上檢查報告，往外走去。

當她捫心自問的時候，她知道自己想要活下去——不惜任何代價活下去。所以她選擇了服用更多「順鉑」。但那個腫瘤專家說得沒錯，「順鉑」奈何不了那些頑強的流氓細胞：它們就像蟑螂一樣，可以挺得過核子戰爭，繼續繁榮茁壯。媽的，死就死吧，死了至少不必再被疼痛折磨。不然又能怎樣？她不該讓他們再給她開一次刀的。那是最蠢的蠢事。她不該相信「醫生最懂」這話而任由他們擺布。現在癌細胞已接觸到空氣，怪不得會變得像一場野火。一場毀滅性的大火。

許多朋友來探望過她。對她而言閒話家常有多麼費勁。他們怎麼可能會瞭解？他們怎麼可能會**知道**那是什麼樣的煎熬？他們說他們愛她，語氣中帶來酒味。這麼說，他們是得先喝點酒才有勇氣過來看她！他們為她帶來砂鍋菜又為她清理，但晚上她總得一個人冒著汗單獨度過。這是一些靠「替諾3號」和「安諾贊」度過的黑夜。「邦尼兔」告訴她，繼續使用「順鉑」已毫無意義。他說她很勇敢。他說他很遺憾。

停掉那種毒藥一個月後，她獲得了一點點好的副作用。她可以再次看到大地的顏色，品嚐到食物的滋味和聞到花香。當然，這是一種苦樂參半的愉快。朋友把她帶到夏威夷去玩。當初，她和丈夫就是在夏威夷認識的，他追求她，天天買花（包括昂貴的玫瑰）送她。自十年前約翰死於癌症之後，她就再沒考慮過別的男人。夏威夷之旅是一段美妙時光，讓她有時可以暫時忘掉身上的病痛——如果十至十五秒鐘算「暫時」的話。你怎麼可能忘得了它？自從得知診斷結果後，她便從未忘記過。

慢慢地，她開始感到劇痛和激烈心悸。這是真的嗎？還是僅僅心理作用，是她的想像力把原有的疼痛給放大所導致？這把野火可以延燒得有多快？還是不知道比較好。

她突然再度恐慌起來。光是那些孤單寂寞的漫漫長夜就足以要人命。然後有一天晚上，她的意志終於崩潰，打了電話給女兒。她痛恨這樣做，痛恨拋出毛巾認輸，但沒法子，畢竟拳賽已經進行到第十五回合，而她是輸定了。

「不是不是，我沒怎樣，」——**瞎說，瞎說，瞎說**——「我只是想看看簡妮。我想我不妨到你們家住一住。只是住一下子。」

「那我們明天早上開車去接妳。」

她最終可以跟血親待在一起了，還有她可愛的外孫女。多麼愉快啊。陪這小女孩玩耍可以讓她忘掉病痛，比夏威夷之旅還要有效。經過一整年地獄般的生活之後（這一整年的愉快時光加起來不超過一小時又四分鐘），她總算有辦法可以忘掉。她會幫忙洗碗盤，做點不太費力的打掃工作，看電視的比賽節目，做做《紐約時報》的填字遊戲。但她的疼痛愈來愈甚。天殺的，就像是有些小小隻黃牙齒的齧齒動物或幾千隻半透明的白蟻要咬穿她的內臟！「替諾3號」奈何不了它們。新醫生批准她使用二氫嗎啡酮，讓她大大鬆一口氣。然而，她拿到的是小瓶裝的小藥片，在服用過第一次之後，她意識到它們的效力不如針劑。她的精神愈來愈差，被折騰得愈來愈垂頭喪氣。

一家人在奧勒岡的海濱度了兩三天假。不知怎地，她發現女婿不難相處。他不會假裝不知道她得了癌症。就像任何人一樣，他有時脾氣也會很不好，芝麻綠豆的小事就大發雷霆。他愛抽「酷牌」薄荷菸（濃的那一種），一天輕易抽掉一包。不過他很體貼，抽菸會到屋外抽去。她很想告訴他：「笨蛋！健康是你的最大財富。」不過，她自己可是在下體第一次流膿的六個月後才把菸戒掉的。

奧勒岡海濱的景色非常優美，只是海水太冷，不適合真的下水游泳。她坐在飯店的小游泳池旁邊，看著外孫女兒獨自游了一段長距離。游的是狗爬式，但對一個未滿七歲的小女孩來說算是很不錯。有一晚，他們看了一場流星雨；為了不破壞大家的興致，她裝出一副精神奕奕的樣子，弄得自己筋疲力竭。淋過浴後，她站在鏡子前面，看到自己腋下和胯下全是鋸齒形狀的傷疤，就像科學怪人的新娘，很是嚇人。她禿頭、骨瘦如柴、膚色灰白，但卻有一個腫起的小腹。她看不下去。有時，她會乾脆委頓在地板上，想哭卻因為太噁心而哭不出來，又因為太衰弱而無法穿上衣服。但她總得穿上衣服，總得戴上那頂悶熱、該死的假髮，在晚餐時間出現在餐桌前。如果你假裝這一切不是真實，只是在演電視劇，會比較容易辦到。

她用小頑童的眼神打量女兒費盡九牛二虎之力所準備的晚餐：這些菜全是她以前的最愛，但現在嚐在嘴巴裡卻像是淋上了德士古油的鋸屑。回到睡椅去做填字遊戲會讓她如釋重負。他們都是她的血親。他們都**不得不**照顧她。唉，沒想到她會落到這種田地！

她女婿上的是中班⑨，早上起床去泡咖啡時會愉快地跟她打招呼。他充滿生氣。是個真實的人。有時還會給她講些人生的道理。他推銷的不是長壽法或諸如此類的蠢事，而是一個事實：如果你快樂，如果你活得有目的，如果你熱愛生命，你就是活著。這樣看，她不應該在丈夫過世後便一直把自己關在山上的家裡。「生之意志」比醫生和藥物還重要。你必須把「生之意志」重新激化。在這件事情上，她的外孫女對她大有幫助。至於冥想練習，算了吧，她就是無法集中精神想像那些壞蛋癌細胞給「小精靈」一顆顆吃掉。⑩至少她女婿沒建議她做這個，也沒跟她大談神學。她注意到他有時會讀讀《聖經》。

⑨三班制的中班，工作時間為下午三、四點至晚上十一、二點。

⑩這是一種相信「心理可以影響生理」的非正統癌症療法，認為病人透過想像癌細胞被消滅，可以真正殺死癌細胞。

她沒有胃口。但沒有關係，有一些沖泡起來像奶昔的營養餐可供她補充體力：有香草口味的，有巧克力口味的，有草莓口味的，任君選擇。老夫人還想來一瓶葡萄酒佐餐嗎？哈哈哈。

二氫嗎啡酮開始愈來愈不見效。她痛得厲害，胸口尤其痛，像是被匕首刺戳：**布魯圖，是你嗎？**⑪她像鷹隼般盯著時鐘，只等四小時的間隔一滿，便拿起早已準備好的藥片吞下：最後那一小時讓她度日如年，而最後那十五分鐘更是讓她冷汗直流。有一天早上，她投降認輸，誠惶誠恐地問女婿：「我可以吃三顆嗎？」

他回答說：「管他的，吃四顆吧。這種藥物很安全。如果妳真的很痛就吃四顆。」聽他這麼一說，她眼珠子幾乎跳了出來。「來，用這咖啡送服吧，咖啡可以讓藥力發揮得更快。」

果然是這樣。他比醫生懂得還多。你就是不能什麼都照書本上說的做。這大概就是她一向以來的毛病：她太聽話了，擁有一種「癌症病患」的心態。她相信規則。她一直是個循規蹈矩的人，相信這樣才正確，不知道這剛好才是不正確。這不公平！想到這兒，她怒不可遏！

第二天，她女婿打電話到診所，要求醫生給她開些「美沙冬」。兩人發生激烈爭論。她女婿侃侃而談「美沙冬」這種藥物有多麼安全可靠，說得頭頭是道而咄咄逼人。她從未聽過別人敢這樣對醫生說話。上帝保守他不要退讓。吃下「美沙冬」藥片之後，她有一種暖洋洋的感覺，像是小腹裡有一團橘色的光球；這光球愈漲愈大，最後像爆炸般讓一些高潮波浪滾過她的四肢百骸。她如釋重負，一切疑慮頓時煙消雲散。她還留有一定程度的疼痛，但那又如何？「美沙冬」的藥效可以維持很久：那種每四小時服一次的狗屎止痛藥可以休矣。

她全身皮膚出現了紫色斑點，腳踝也浮腫起來。她的臀部和關節感到疼痛。救護車把她送到了急診室。「唔，」醫生說，「是血管性紫癜，沒什麼大不了的，吃點阿斯匹靈就好。誰是下一位？」

誰是下一位？她後悔當初沒把約翰那把點三八老手槍拿出來，抵住自己喉嚨然後扣下扳機。她不害怕地獄之火。她是個正直善良的人，但她不信天堂地獄這回事。她也不是哈姆雷特型的人物，不會老想著「另一頭」有些什麼的問題。人在「另一頭」的樣子大概就是未出生時的樣子：只是個「零」。當個「零」其實也不壞。

有一天早上，她一直等著女婿起床卻遲遲等不到。他是打算永遠睡下去嗎？其實他的起床時間和平常沒兩樣。

「我……不能……不能……呼吸！」她告訴他。

他知道她不想到診所去「妳可能是肺裡積了點水。家裡有利尿劑。本來是給『拳師』吃的，那時候牠得了充血性心臟衰竭。雖然是狗的用藥，但跟醫生開給人吃的是同

⑪相傳這是凱撒被行刺後所說的話。

一種。讓我算算看。『拳師』是五十五磅重，而妳是……那就吃四顆吧，不，為謹慎起見，吃三顆就好。妳有想咳的感覺嗎？」

「有。」咳，咳，咳。

「這種藥物很安全，也許可以去掉妳肺裡的一些水。另外妳再吃根香蕉，好保持身體的鉀濃度。沒效我們再到診所去。」

他怎麼會懂這些的？但他說得沒錯，利尿劑的效果就像魔法。吃了這東西固然讓她像瘋子似的尿個不停，但她總算可以呼吸了。她的恐慌過去了。不過她還有……上大號的問題。「美沙冬」會減緩腸子的蠕動。「那就試試『水車前親水膠』（Metamucil）吧。」她的女婿說。

有效。應該說勉強有效。沒有值得大書特書之處。

「我又不能呼吸了。這一次利尿劑不管用。」

「他們可以幫妳把肺裡的水抽出來。」女婿說。那表示得去一趟診療所。那程序幾乎不會引起疼痛，而且讓她即時獲得紓解。方法是有效，但事後她卻整整筋疲力竭了三天。候診室。為什麼要等那麼久？難道他們就不能預知會有這種情況？難道必須要是天才才會知道野火會朝哪個方向延燒？「美沙冬」會讓她體內那團橘色光球繼續燃燒下去嗎？還是總有一天會熄火？「美沙冬」是最後的辦法嗎？還是有更強勁的武器——比方說海洛英？她真應該戴上假髮，到外頭弄些白粉回來的。

小女孩開始不太親近她。外婆變得不再有趣，只是整天躺著，發出臭味。她也不再打扮，整天只穿著浴袍。她穿的是那件紅黑兩色的老舊法蘭絨浴袍，比其他較好較新的浴袍更讓她感到舒服。填字遊戲？算了吧，太讓人情緒沉悶了。如果你只能以現在的方式活著，那給你過埃及豔后的生活也是枉然。

女婿瞭解她所受的煎熬。「我不知道妳是怎麼撐過來的。」他說，「說說看那是什麼樣的感覺？像宿醉嗎？不像宿醉？那像什麼？像喝了十壺咖啡嗎？真是那樣！我的媽呀！真夠嗆的。妳怎麼受得了？除了像是喝了太多咖啡，還有沒有別的？妳的手指會麻？視力會模糊？嘩，如果真是那樣，妳怎麼會受得了超過**五天**？我就受不了，換成是我，準會吞安眠藥或吞槍自我了斷。我有一次宿醉了三天：我寧可死掉都不要再來一次。給我再多錢我都不要再受那種罪。我知道我受不了化療……」

有一天下午，她在女婿上班後翻看他一本陳舊藏書（作者是叔本華），看到有一段話被圈了起來：「在早期的年輕歲月，當我們想像未來的人生時，我們就像坐在劇院裡看著布幕升起的小孩，興高采烈而迫不及待地等著戲劇上演。不能預知人生是怎麼回事，對我們來說是何其幸運啊。」說得對極了！於是，她把填字遊戲丟開，一頭栽進《意志與表象的世界》裡。這個叔本華真是個天才！為什麼從未有人向她提起過這號人物！她愛看書，也嘗試啃過一些哲學作品，卻總是不得其門而入。難就難在那些專門術語！她是個填字遊戲的高手，但諸如**末世論**之類的名詞卻讓她吃不消。叔本華卻不同，他不賣弄深奧，直指所有重要問題的核心。他談的都是與人有切身關係的道理。靠著叔本華，她可以暫時忘掉死亡陰影的威脅。在叔本華的作品裡，她找到一種絕對的滿足，因為叔本華只會說真話，而世界其他人儘在散播謊言！

女婿幫助她處理各種處理不完的事務：遺囑、抵押、保險、火化、墓地，等等。他會告訴她一些女兒不能告訴她的事。例如，他找了一個適當時機告訴她，她女兒非常愛她，只是難以說出口。她很為這個消息震撼，因為她自己也是一樣，而且看得出來女婿曉得這事。為什麼她會無法對女兒說出「我愛妳」這三個簡單不過的字呢？不知道，反正她就是做不到。女婿沒有論斷她。他想必也是身處壓力之下。她快要把這家人給壓垮了嗎？這就是他會讀叔本華著作的原因嗎？不是，叔本華是他最喜愛的哲學家。「總得有人站出來說出真相。」他說。他還把叔本華的照片貼在冰箱上（相中人蓄著白色絡腮鬍，神情陰沉）。從女婿提到的點點滴滴，她得知叔本華最重要一部作品寫成於二十六歲生日當天，但這套哲學在他生前一直被人冷落，情況至今未變。人們認定這作品只是一部藝術著作，不是真正意義下的哲學。為什麼會這樣？因為那是明明白白的！女婿告訴她，叔本華大半生都住在德國的法蘭克福。他繼承了一筆小遺產，足夠他過生活，聽演奏會和不時外出旅行。他精通多種語文，讀遍自古希臘以降的幾乎所有作品（包括東方的作品），又把他讀過的東西仔細咀嚼一遍，再把人生的謎團淋漓盡致地彙整出來。弗洛依德曾把叔本華列為古往今來最偉大的六個偉人之一；尼采、湯瑪斯．曼和華格納都曾經向這位天才致敬。然而，其他人皆把這天才的成就一筆抹煞，僅以「悲觀主義者」視之。他的作品逐漸絕版，愈來愈難找到。女婿打算去一趟法蘭克福，順道買一個叔本華的小胸像。他寫信向德國有關部門查詢過叔本華著作的行世情況，但沒得到回音。現在，連她也開始擔心會買不到這位天才的作品了。

她為什麼要擔心？因為**真相**是無價的。真理比任何東西都重要。她曾經有十年平靜的退休生活可以思考，卻什麼也沒有思索出來。現在，這個蓄著白色絡腮鬍、被世人冷落的天才為她打開了新視野。他的作品愈來愈難找到，而世人也繼續認定他只是十九世紀的一個註腳，是一個怪胎，討厭女人而疑神疑鬼（他睡覺時會在枕頭下面放把手槍），為人瑕疵多多。瑕疵多多？哼，誰被徹底檢查過一遍後會是別的樣子？

老天，你怎可能指望在那個被稱為「人生」的亂七八糟狗屎堆裡理出意義來？她真希望可以按一個按鈕，便把自己變成不曾出生過。

她女婿服用抗憂鬱藥物，又自稱是個憂鬱症患者，可他看來又總是樂觀和幽默，隨時準備好大笑一番。他身上散發的那種荒謬感是她昔日所不以為然的。那時候，她喜歡假裝人生是一條日光大道。

多麼愚蠢的想法！

她鼓勵女婿搞笑和談哲學，而他也會從她欣賞的眼神或笑聲中受到激勵。她的疼痛和不舒服愈來愈甚，但笑聲也愈來愈多。叔本華說過：「**沒有玫瑰是沒有刺的，但再多的刺也構不成一朵玫瑰。**」

在肺部積水暫時清乾和可以靠植物油灌腸劑調控排泄之後，她請女兒為她做最後一件事：他們可以最後一次把她載回自己家裡嗎？

他們找出一個空檔，開車帶她回山上的家，又在那裡為她外孫女兒辦了一個七歲生日派對。那個風光如畫渡假小鎮的居民幾乎全都出席了。如果他們有被她衰損的外表嚇一跳的話，卻也沒有流露出來。她無法走到陽光普照的門廊上迎接賓客，只能半躺在睡椅裡，但每一個人都上前來跟她打招呼，而她這一整個下午都沒有疼痛。她深受這些朋友的柔情所感動。老天，她朋友好多！他們都愛她，真心地愛她。她看得出來。現在沒有人可以再唬弄她：她可以看透每個人的內心。多麼棒的朋友。多麼完美的一個下午。這是她人生的最後一件……美事。

回到女兒家之後，她開始殷切地等死。就像醫生說過的，癌細胞終於蔓延到了肺部和腸子。媽的，她的肝臟裡說不定也有癌細胞。她開始變黃：不只皮膚變黃，連眼白也變黃。然後，她又被送進醫院，待了一星期，接受各種檢查的折磨。她最後一絲的體力和毅力也消失了。

接受過一回鋇劑灌腸攝影檢查後，她的大便硬得像水泥，醫生不得不給她施用強力灌腸劑。結果她在床上瀉了肚子，弄得一片狼藉。這是她最感丟人的事。「這種事常發生，別在意。」醫院的雜工說。

她感覺自己快要窒息。她吸不進一絲的空氣。所有的主要角色都聚集在病房裡。她知道時候到了！終於到了！他們在病房外頭低聲討論。突然間，原先像是仁慈天使的護士變得動作機械化。她們通常都會堅持到最後五分鐘。她看得出來，她們正在等待那一刻隨時來臨。一個牧師走了進來——哈，肥女士在唱歌了。⑫

當她看到女婿沒有上班而是出現在她面前時，她用驚恐的眼神看著他。她一直在抵抗，但他的出現說明了一切。他沒有問她需要什麼，卻知道她需要什麼。他離開房間一下，回來時尾隨一名護士。護士給她打了滿滿的一針嗎啡，但她的背還是痛得像地獄……只要忍一分鐘就好……啊哈，好了！她看到卡通了。

有人走出病房，到「麥當勞」去買漢堡。她女兒坐在床邊，握住她的手。她覺得這些親友很可憐，因為他們還得在這個了無意義的人世繼續待下去。就像叔本華說過的，他們所能做的，充其量只是找個離大火稍遠的小房間躲起來，因為「地獄」就是此時此刻，不是在身後。但真的是這樣嗎？

她開始點頭。她伸手去拿一盒牛奶。她準會把牛奶弄翻，把床鋪弄得像瀉過肚子一般。她女兒想把鮮奶給拿走，但她硬不放手。忘掉叔本華吧——忘掉他的一派胡言！她不想度過奈何橋。她想要活下去！她想要活下去！

女兒把牛奶從她手上搶走。護士回來，再次給她注射了嗎啡。最後，背痛和卡通全都消失了。

（她回到了位於明尼蘇達州巴特爾湖附近的農場。她才九歲大，聽見紅色小公雞巴恩斯先生正迎著第一線曙光啼叫。然後，她聽見哥哥穿著沉重工作靴走下樓梯的聲音，

⑫比喻事情即將落幕。歌劇結束前通常都是由肥碩的女高音獻唱。

聽見他打開門時氣流捲入的聲音，聽見他走過結冰地面吱嘎的腳步聲。沒錯，她確實是回到農場老家去了。哥哥要去上廁所，不過，巴恩斯很快就會從後面追上他，對他進行俯衝攻擊。沒有任何事會讓巴恩斯先生卻步膽怯。她聽見哥哥咒罵了兩聲，然後是「哐噹」一聲：小公雞被弗雷特手上拿著的錫盤子（牠會發動攻擊是別人的意料中事）給敲著了。聽得出來，這一下打得不輕。但巴恩斯先生不會罷休的，牠認定穀倉外頭一帶是牠的地盤，絕不容許別人侵入。片刻之後，她聽到戶外廁所門砰一聲關上，然後是另一聲「哐噹」的金屬擊物聲。巴恩斯就是這麼死腦筋，而這是她本來應該向牠學習的。她本來應該挺起胸膛走過人生，並且堅持：「你分到多少是你的事，我要的是最大和最好的一份！」有些人真的可以從人生分到一大份，能不能辦到只差你有沒有這種勇氣。

她的紅色小公雞是個卑鄙的無賴，卻也是她的心肝寶貝，牠只對她好。後來，年輕人來找她約會時，都會約她到鎮上的雜貨店喝汽水。但巴恩斯從不讓他們好過，即便對有農場工作經驗的小伙子而言，巴恩斯一樣是個極難纏的傢伙。對，她是回到農場去了。她感覺得到姊姊在下層床鋪醒來的聲音。是該起床給母牛擠奶的時候了。她姊姊總是帶著愉快的心情起床。她可不是這樣。身上裹著一張溫暖舒適羽絨被的此刻，她最不想做的事就是給母牛擠奶。她可以聽見媽媽正在跟哥哥說話，他已經回到屋裡，正在咒罵那隻公雞，揚言要殺了牠。媽媽笑著勸他別計較——媽媽為人一向心胸寬大。

她聞到煎培根和煮咖啡的味道，而祖母正在熱牛奶，好加到她的「阿華田」裡。她討厭喝「阿華田」，在祖母把牛奶煮焦時尤其討厭，但她總是假裝喜歡。是她自己堅持要喝的，說是可以強化骨質。她勉強把這東西吞下，是為了收集到夠多的印花，以兌換一枚戒指。她真的很想要那枚戒指，因為它可以作為解碼器，解開電視大英雄科迪上尉傳達的一個祕密訊息。只可惜時值經濟大蕭條，金錢珍稀，所以她最後既未能獲得祕密訊息，也沒能取得藥學系的學位。要是她能多像點那隻小公雞就好，要是她能更堅持就好……唉，這一切早已過去。）

主要角色都已聚集在病房裡。她醒來又昏去，醒來又昏去，但聽得見大家說話。雖然看起來昏昏沉沉，但她比任何人所知道的要更清醒。她聽到有誰抱怨「麥當勞」把所有配料放到他的漢堡裡，沒有照他點的只放「起司和番茄醬」。大家就這事情議論了一番。她想，要是哪一天他們落入她現在的處境，就會知道這種雞毛蒜皮的小事不值一顧。但你不能怪他們，人生不外如是。她過去何嘗不是如此。

突然間，她意識到最難熬的部分已經過去，她唯一需要做的只是……放下。那其實沒什麼難的，沒什麼……特別的。那只是人生的本然。她努力要回憶巴恩斯最後一次；有關牠的小回憶總會帶給她愉快，所以，帶著點小愉快離開又有什麼不對？她努力回想牠的顏色：說是橘色會太亮，說是鐵鏽色會太單調，說是猩紅色又太鮮豔。牠的頭是綠、金、黃三色的結合，而牠的胸和翅是一種胭脂紅。是這樣嗎？不，不是胭脂紅。牠只是一隻紅色的小公雞，好鬥得要命且忘恩負義。如果牠不是老愛找架打，就會是一隻漂亮的家禽。牠的雞冠被一頭浣熊撕掉：當時，牠發現一頭大浣熊在雞舍裡偷雞蛋，便拚死命跟對方纏鬥，直到哥哥弗雷德跑進雞舍，用他的點四一〇步槍把盜匪幹掉為止。雞舍裡的雞蛋非常珍貴，是家裡的重要收入。巴恩斯先生是那天的英雄。她回憶起牠總是喜歡昂首闊步，繞著雞舍巡邏。牠總是用一隻眼睛盯著所有母雞（為數三、四十隻）。牠們是牠的後宮佳麗，而牠的男性雄風從不減損。有一回，她因為出疹子沒有上學，便在一本簿子上做標記，每個標記表示巴恩斯先生進行了一回房事。結果，不到一天的時間，她的本子上便有了四十個標記，而且從她窗戶還不屬於農場的每一個角落都看得到呢。不過，巴恩斯先生不以此為滿足，還會漫遊到鄰家的農場，找別的母雞尋歡作樂，引得鄰居常常上門興師問罪。巴恩斯真的很會惹事。她不得不騎腳踏車去攔截牠。巴恩斯是本郡的傳奇。巴恩斯先生認為整個世界都屬於牠所有，包括了太陽、星星和銀河！這種想法會讓人感覺良好還是感覺痛苦呢？她猜那一定是一種棒呆了的感覺。叔本華那套「生之意志」的理論大概就是這個意思。巴恩斯先生是這理論的具體化身。

當公雞自然是辛苦的工作，但巴恩斯卻是她見過的最快樂的動物。這大概是因為，只要你做的是你想做的事情，就不以為苦。不管農場的生活有多枯燥，她還是可以看到巴恩斯按表操課。有牠在，就連一個漫長酷熱的八月天也會讓人覺得愉快。牠不害怕任何人事物。牠曾經有任何疑惑、任何憂慮嗎？從來沒有！她努力最後一次回憶牠的樣子。牠只是一隻小家禽，體重不超過三磅。也許巴恩斯先生正在另一頭等著她，要跟她打招呼，再續從前的友誼。

她醒來又昏去。醒來又昏去。嗎啡的副作用太強了。啊，老天。她希望自己不會吐……有太多想說而未說的話，有太多想做而未做的事。她多麼希望可以再一次（最後一次）看見巴恩斯神氣活現的樣子。「來吧，巴恩斯，神氣活現地走給我看看。」她哥哥弗雷德這時正滿臉憂愁地吃著漢堡。只要喝過兩三罐啤酒，他就可以把巴恩斯的調調模仿得唯妙唯俏。但他會願意為她做這事嗎？她的聲音太微弱了，她說不出話來。她覺得每個人都離她很遠。她已經死了嗎？她正在沒入黑暗中嗎？「別難過，親愛的哥哥。不要為我傷心。」還有最後一件未了的事：「莎拉，親愛的，我愛妳，很愛很愛！妳不知道？我從未表現出來過？要是那樣，我真的真的很抱歉……」但這些話將不會說出口，她沒有氣力說出口。愛！她應該早早告訴女兒這個而不是假定女兒感受得到。她應該更明確、更直接的……因為那不就是一切嗎？**當愛人如己；當盡心、盡性、盡力、盡意愛主你的上帝**。人生在世，就是為了愛別人、對動物仁慈、遵守十誡，諸如此類。是這樣嗎？或者這一套全是狗屎？

她醒來又昏去。來來回回。醒來又昏去。她來來回回。醒來又昏去。來來回回……沒有任何隧道或白光或之類的。她直接……死了。

——〈我想要活下去！〉（I Want to Live!），1992年

瘋癲老人日記

／谷崎潤一郎（Junichiro Tanizaki）　日本人，小說家，1886—1965年

六月十九日

五十歲之前，我最害怕的莫過於自己出現什麼快要死的跡象，但如今已不再是如此。這大概是因為我已經活膩，什麼時候死都變得無所謂。前幾天，我在虎門醫院檢查出可能患了癌症，老伴和護士都大驚失色，我卻相當平靜。我竟會是這種態度，連自己都被嚇了一跳。想到漫長無比的人生終於要結束，我幾乎有鬆一口氣的感覺。我對人生再無一絲眷戀，不過，只要還活著，我就無法不被異性吸引。我很確定，這種心態會一直維持到我死前一刻。我可沒有久原房之助那樣的精力，到九十歲還生得出孩子來。我已經是個徹底的無能者了。儘管如此，我還是喜歡以各種扭曲和間接的方式來享受性的快感。現在支持我活下去的，就是這種快感，還有吃食的快感。看來，在這個家裡，就只有颯子一個能模糊地猜到我的心思。她似乎是用各種不著痕跡和間接的方法來試探我，觀察我的反應。

我很清楚自己是個又醜又皺的老頭。晚上睡前面對鏡子拿掉假牙時，鏡中人那張臉真是有夠怪異：上顎和下顎都沒有剩半顆牙，連牙齦也所餘無幾。如果我緊閉嘴巴，上

脣與下脣便會扁成一線，讓鼻子可以直接垂到下巴去。我真不敢相信這張臉是我所有。就連猴子也不會如此面目可憎。有這種臉的人如何還能指望可以吸引女人？儘管如此，它還是帶給了我若干優勢，那就是這張臉可以讓女人卸下心防，深信我這種糟老頭絕不可能對她們提出非分要求。雖然我既無資格也無本錢把這種優勢大加利用，卻可以堂而皇之地接近漂亮女人，不致引起她們懷疑。另外，雖然沒有本錢勾引女人，我卻可以教唆她們與俊男鬼混，弄得她們家裡雞犬不寧，享受**箇中樂趣**。

——摘自《瘋癲老人日記》，1965年

自然死亡／梅奇尼科夫（Élie Metchnikoff）

俄國人，生物學家、動物學家、科學家，1845—1916年

以下摘自布里亞—薩瓦蘭（Brillat-Savarin）⑬的《味覺生理學》（*Physiology of Taste*）：

「我一個姑婆以九十三歲高齡過世。雖然臥床已經一段日子，但她去世前仍然神智健全，唯一的瀕死跡象是食慾消退，聲音變弱。她一向很疼我，所以輪到我守在床邊侍候她時，已經準備好盡力讓她舒適。「是妳嗎？是我的侄孫女嗎？」她用疲弱的聲音問

⑬十八世紀法國美食家。

我。「對，姑婆，現在換我來照顧妳。我想，如果喝上一口上好的葡萄酒，對妳會很有益處。」她回答說：「拿來吧，親愛的。我總是有胃口喝一點點葡萄酒。」我馬上把酒拿來，輕輕把她扶起，給她喝了半杯我最好的葡萄酒。她馬上容光煥發起來，用她那雙曾經非常漂亮的眼睛看著我。「非常謝謝妳對我表現這份最後的慈愛。要是妳會活到我這把年紀，就會知道我這年紀的人想死就像想睡一樣。」這是她最後的話語，因為半小時後，她就進入了長眠……

一句著名諺語有云，人活得愈老便愈想活下去。幾年前去世的法國哲學家勒努維耶（Charles Renouvier）給了這諺語一個明確的見證。八十八歲那年，他知道自己將不久於人世，便把他對這段最後日子的感想給記錄下來。容我引用他死前四天寫下的話：「我對自己的情況不存幻想。我很清楚自己活不了多久，大概只能再活一或兩星期。我對這個題目仍然有許多要說的。」「在我這個年紀，我已無權再抱有希望。我的日子（大概應說小時）已屈指可數。我必須逆來順受。」「我並不是死得沒有遺憾。我的遺憾來自於未能預見自己對生死觀點會站不住腳。」「我將會在有機會說出我的最後話語前離開人世。人總是會在完成他的工作前死去，而這是生命的愁苦之最。」「但那還不是全部的煩惱。因為當一個人老了之後，非常老之後，他是那麼地習慣生命，以致很難願意死去。我想，年輕人面對死亡會更從容些，至少是比老人從容。當一個人年過八十，在死亡面前便會變得膽怯畏縮。當一個人知道和無法懷疑死亡已經逼近，他的靈魂將會生出最深沉的怨尤。」「過去幾天，我反覆從各方面面對這個問題。我把同一個觀念在我腦子裡翻來覆去：我知道自己行將死去，卻無法說服自己接受這個事實。**對死亡發出抗議的並不是我身體裡面那個哲學家。哲學家是不怕死的，老人才會怕死。**老人沒有勇氣順服，但我卻不能不順服於那不容改變者。」

——摘自〈自然死亡〉（Natural Death），載於《壽命的延長》（*The Prolongation of Life*），1908 年

叫死滾蛋吧

／愛麗絲．沃克（Alice Walker）　非裔美國人，詩人、社會活動家，生於 1944 年

甜先生（Mr. Sweet）是個糖尿病患者和酒鬼，愛彈吉他，住在離我們家不遠的一個荒廢棉花農場裡。我幾個兄姊最是受甜先生之惠，因為在他們小時候，甜先生還不算老，要把他從死亡邊緣喚回來多少次都不成問題。每次看到甜先生奄奄一息躺在床上，我爸爸就會趕開我那個哭得傷心的媽媽（雖然她明知甜先生這一次不一定死得成，也明知他想死，但還是會忍不住落淚），然後對甜先生說：「叫死滾蛋吧，老哥。幾個孩子都愛甜先生。」他們是真的愛他，因為只要爸爸一示意，他們就會一湧而上，撲在床鋪上，再由最小的一個去親甜先生那張皺紋滿布的棕色臉，親了又親，然後又搔他。最後，經不起搔，他總是會笑得全身亂顫，兩撇又長又凌亂的八字鬍抖得像西班牙寄生藤（這八字鬍也是西班牙寄生藤的顏色）。

甜先生少有大志，立志當醫生或律師或水手，不過後來終於明白，他若不是投胎為黑人，達成願望的機會會高一些。自這些抱負落空後，他就改以捕魚為正業，以彈吉他作為唯一可以傲於人前的專長。他的獨子（那是他和太太瑪麗小姐所生）很不長進，好吃懶做，花錢不手軟，對此，甜先生唯一可施之計是賞他耳光。不過，瑪麗小姐很疼她的「小寶貝」，所以賣力工作，讓兒子對各種「生活必需品」不虞匱乏（主要是女人）。

甜先生是個高個子，但有點瘦，一頭濃密捲纏的白髮。他膚色深棕，眼珠子微藍，斜視嚴重，喜歡嚼「棕騾牌」菸草。他總是處於爛醉邊緣，因為他自己就會釀酒，而且是生性最不吝惜的那種人。而他總是非常抑鬱、非常憂愁，不過，當他心情好的時候，便會跟我們這群小孩繞著院子跳舞（但每次都正巧會在我媽媽走出來看看發生什麼騷動時摔倒）。

他對我們這幾個小孩非常慈祥，而且會流露一點靦腆，這在大人是極罕見的。他非常敬重我媽媽，因為她從不會指責他酗酒，又讓他跟我們玩，哪怕他已醉得快要倒進壁爐裡去。有時，他會完全無法維持身體平衡，只能軟趴趴地挨在椅子裡，奇怪的是他的頭腦仍然能保持清晰，說話不會顛三倒四。具有這種既醉又醒的能力讓他成了我們的最佳玩伴，因為他的體力就像我們一樣弱（我們常可在玩摔角時贏過他），但說話又不會語無倫次。

跟他一起玩的時候，我們從不會意識到他年紀一大把。我們喜歡他的皺紋，所以有時會在自己額頭上用筆畫幾根線，加以模仿。我們把他的白髮看成寶物，而他也知道這個，所以每回要探望我們之前，他都會先到理髮店理髮，把剪下的白髮送我們當禮物。有一次，他為什麼事情上我家（好像是要請教我爸爸用哪種肥料施肥最好，不過這倒奇怪，因為他從來不關心自己的莊稼）。然而，這一次他卻沒有帶頭髮來，原來他前不久才理過頭髮。他戴著一頂大草帽，既是為了遮太陽，也是為了不讓我看到他的頭。不過，我一看到他便跑上前，要他抱我和用他逗趣的八字鬍親我（這八字鬍散發著濃濃的菸草味）。我想把我的小手指埋在他毛捲的頭髮裡，便掀掉他的草帽，卻發現他對自己的頭做了什麼：他的頭髮全不見了！我發出驚聲尖叫，害得媽媽還以為是不是我被甜先生丟到井裡去或之類的。自那天起，我對戴帽子的男人都會存有戒心。不過沒多久，當甜先生再次出現在我家時，頭髮已經全部長回來——還是一樣的白、一樣的捲纏、一樣的密不透風。

甜先生都喊我公主，我也信以為真。他讓我在五、六歲時覺得自己很漂亮，到八歲半時更自以為是絕代佳人。每次他帶著吉他到我家，全家人都會放下手邊事情，坐在他四周聽他自彈自唱。他喜歡唱「甜美的喬治婭．布朗」（有時他會用這名字喊我），又喜歡唱「卡爾東尼亞」等各種淒美的歌曲。他也自己創作詞曲，而我就是從他寫的一首歌得知，他雖然不得不娶瑪麗小姐，可心裡愛的其實是別人。這位祖兒小姐如今住在芝加哥或迪士多，而甜先生懷疑，她的「小寶貝」就是他骨肉。有時他會邊唱邊哭，而這是個徵兆，預示著他即將再次彌留。這時，我們全家人都會作好準備，隨傳隨到。

就我自己記得，我第一次參加甜先生的「還魂」是在七歲（不過爸媽說我更早便參加過，是負責親他和搔他的那個小孩）。那天，他到我家來（當時他太太已過世數年），顯得非常憂傷，並一如往常那樣喝得爛醉。他跟我和一個哥哥坐在地板（我其他兄姊都已長大，住在別處）。他開始彈吉他，邊唱邊哭。我聽了不忍，把他毛捲的頭抱在懷裡，遺憾於自己還沒有長大成人，無法當他深愛的女人。

他離開後，媽媽叫我們睡覺時最好亮著燈，因為大有可能天未明我們就得到甜先生家去一趟。果不其然。因為我們才上床沒多久，一個鄰居就來敲門，大聲通知爸爸，甜先生陷入昏迷，說是如果我們想見他最後一面，最好趕快。所有鄰居都知道若甜先生出狀況便應該找我們，只是誰也不曉得我們是怎樣讓他轉危為安。一聽到這位鄰居的呼喊聲，我們一家四口馬上起床，穿上衣服，奪門而出。因為我們總是害怕，哪一天去晚了，甜先生會不耐久候，直接死掉。

去到他的房子時（那其實是一間很破陋的小木屋），我們看到前室擠滿了他的鄰居和親戚。一個男人迎上前來，很憂傷地告訴我們，甜先生即將撒手人寰。他看我們兄妹倆還小，勸爸媽不要把我們帶進「死人房間」，但我們當然不予理會。我快要哭出來了，生怕甜先生會死掉，而一想到甜先生的生死那麼仰仗我們兄妹（我哥哥的演出常常很拙劣），我便緊張得不得了。

當時醫生坐在床邊，他轉身告訴我們（我們家聽過這種宣布不下十次），甜先生的死已無可挽回，又說最好不要讓孩子看到死者的臉。但我爸爸突兀地推開他，用一貫的方式大聲對甜先生說：「叫死滾蛋吧，老哥。這兩個孩子愛甜先生。」一聽到這個訊號，我馬上撲到床上，親吻甜先生的皺紋、眼皮和長睡衣領口的四周（他的脖子散發著各種強烈氣味，主要是藥膏味）。

我非常擅長於讓他活過來，只要看到他掙扎著要張開眼睛的樣子，便知道他會沒事。他張開眼睛之後都會向我泛出微笑，憑這個，我知道自己又取得了成功。不過有一次，讓我大為恐慌的是，他竟沒有張開眼睛。後來我才曉得，他先前中過風，一邊臉僵掉，肌肉無法運動自如。只要他開始微笑，我就可以狠狠搔他，因為我知道，他只要大笑起來，便會百毒不侵。只是有一次，被我一搔，他不笑反咳，咳得非常厲害，差點把我震下他的肚子。那時我還非常小，滿頭毛茸茸的頭髮：原來我的頭髮弄到他的鼻子，刺激到他的鼻腔。

當我們確定他願意聽我們說話，便會問他怎麼又病倒了，問他什麼時候再來我們家，又問他我們可不可以彈他的吉他（這吉他總是靠在他床邊）。這時，他雙眼便會潮濕起來，有時還會大聲哭出來，因為他知道我們愛他；但我們從不會為他感到難為情，因為我們自己有時也一樣會無緣無故哭泣。這時，我爸媽會離開房間，讓我們三個人可以獨處。甜先生會支起身子，背後靠著幾個枕頭，讓我坐在他肩上，腳垂在他胸膛前面。即便有時他微微透不過氣，也不會叫我下來。他會望著我的眼睛，伸出一根皮肉斑駁的手指，沿著我的髮線移動（我的髮線很低，接近眉毛位置，以致有些人說我長得像隻猴子寶寶。）

我哥哥很大方，把幫忙甜先生還魂的事交由我一人包辦。他在我未出生前便負責過這工作多次，所以樂於交棒。當我和甜先生談話時，他會假裝彈吉他。事實上他假裝自己是年輕版的甜先生，而甜先生看到有人喜歡當他，會非常高興。當然，我們當時並不知道，只是自動自發：他喜歡什麼，我們便會喜歡。我們都極害怕哪一天他會一去不返，永遠離開我們。

當時我們並不知道自己做的事有多特別，不知道死亡真要來臨的話，誰都不可能攔阻。我們從沒想過多次打敗死亡有什麼了不起，甚至開始微微看不起那些輕易向死亡就範的人。我們不曉得，如果彌留的人是爸爸，我們將束手無策。我們的法力只對甜先生一個人管用。

甜先生八十多歲時，我在離家幾英里遠的那所大學唸書。只要回家，我一定會去看他，但他一點都沒有快死的跡象，讓我覺得自己為他的身體與心理健康擔心是多餘的。那時候，他不只有一把八字鬍，還開始長出絡腮鬍。他非常平靜、虛弱、溫文，只有彈他的老吉他時才會流露出不穩定的情緒。他彈唱的仍然是那些淒美的南方老歌。

甜先生九十歲生日那天，我已經快要取得博士學位，正準備好要回家度幾星期的假期。當天早上，我收到家裡打來的電報，說甜先生又再病危，問我可不可以丟下手邊一切工作，趕回家去。當然可以。我的論文口試大可以延後；我打算回來後再向幾位老師解釋原委，相信他們一定會諒解。我打了電話，再趕往機場，不到四個小時便馳行於通往甜先生家那條塵土飛揚的道路上。

他的房子比我上一次看到的樣子還殘破，但四周長滿過盛的黃玫瑰，那是我家人在許多年前種下的。空氣濃密香甜而安詳。穿過柵門和走上搖搖晃晃的前臺階時，我有一種陌生的感覺。然而，當我第一眼看到那個蓋在熟悉的棉被套子下面，我愛之甚深的瘦弱身軀時，我的陌生感頓時煙消雲散。甜先生！

他的眼睛緊閉著，雙手交疊在肚子上。這雙手瘦而細緻，不再是皮肉斑駁。我記得，很小的時候，我可以在他全身上下跑跑跳跳，但這個身軀現已無法支撐我的重量。我望向雙親，驚訝地發現他們也已經相當老邁和衰弱。我爸爸頂著一頭非常灰白的頭髮，斜著身子，對床上沉睡的老人說出那句他說過許多次的話：「叫死滾蛋吧，老哥！我女兒回家要看甜先生吶！」我哥哥無法回來，還在亞洲打仗。我彎下腰，輕輕撫摸那雙緊閉的眼睛，它們開始慢慢張開。本來閉上、沾滿酒痕的嘴唇也微微向兩邊一翹，繼而形成一個溫暖和帶點侷促的微笑。甜先生看得見我，也認出了我，他的眼睛有片刻時間顯得活潑而炯炯有神。我把頭湊到枕頭上，靠在他的頭旁邊，兩人對望了一段長時間。然後，他開始用一根瘦長、順滑的手指沿著我的髮線移動。當這手指停在我耳朵上方時，我閉上眼睛（我小時候他喜歡挖我的耳垢），然後他又把手覆蓋在我的臉頰上。當我張開眼睛，心裡慶幸自己及時趕到時，卻看到他的眼睛已然闔上。

哪怕已經二十四歲，我仍然不能相信自己竟會失敗。甜先生真的走了嗎？不可能。然而，當我抬頭望向雙親，卻看見他們正強抑著淚水。他們都深深愛著他。他就像一件罕有的脆弱瓷器，需要不斷搶救才不致摔破，但最終還是墜地了。我怔怔望著他老邁的臉、皺紋密布的額頭、紅色的雙唇和那雙仍然伸向我的手。沒多久，我感到爸爸把某件涼沁沁的東西塞到我雙手中。那是甜先生的吉他。他幾個月前託爸爸把吉他送給我；他知道，即使我再次趕到他身邊，他也將無法像往日一樣對我的還魂術起反應。他不想讓我白跑一趟。

老吉他！我撥弄弦線，哼唱起「甜美的喬治婭・布朗」。甜先生的魔法仍然流連在這個順滑的木頭音箱裡。透過窗戶，我嗅得到嬌嫩黃玫瑰的馥郁香氣。躺在老式高床、蓋著棉被套和留著長長白髮的男人是我的初戀。

——〈叫死滾蛋吧〉（To Hell with Dying），1967 年

老人
／納什（Ogden Nash）　美國人，詩人，1902—1971 年

人們都預期老人會死，
不會由衷為老人之死哀痛。
老人是不同的人。人們看老人的眼神
充滿好奇，好奇他們何時會……
觀看的眼神毫不驚慌；
但老人知道老人何時會死。

——〈老人〉（Old Men），載於《很多年以前》（*Many Long Years Ago*），1954 年

貝倫森日記摘錄

／貝倫森（Bernard Berenson）　美國人，藝術史學家、藝術鑑賞家，1865—1959年

一九五一年六月二十六日　威尼斯

早上六點半端茶給我的時候，艾瑪提醒我今天是我的生日，又祝賀我生日快樂。對，我邁入八十六歲了，而我納悶這趟歷險記還會持續多久。說是歷險記可一點沒錯，因為我一直備受各種摧毀性力量的困擾⑭，得持續不斷抵抗它們的入侵。每一次戰鬥過後，我都會累得像死人。我一熱便會流汗，一冷便會打噴嚏和咳嗽，甚至咳出東西來。我每兩、三小時就打盹一次，晚上若只睡著三、四小時的話更是如此。我像是會分泌出睡意似的，老是持續不斷地打瞌睡。饒是如此，在每兩次受到攻擊的間歇，我還是可以享受到生之樂趣。我仍然會夢見漂亮女人，仍然以聊天為樂事，也仍然喜歡看街上走過的好看路人，不分老少。最重要的是，大自然的美和巧奪天工的藝術作品還是會讓我神迷。既然還能擁有這些樂趣，我打算要堅守我的人生要塞直至最後一刻。我祈求的是，老天別讓我在變成行屍走肉之後繼續活著。

⑭各種摧毀性的力量指流汗、咳嗽、打噴嚏等各種老人容易感受到的不適。

一九五七年五月六日　伊塔蒂別墅（I Tatti）

在我這把年紀，有哪些事還能帶來愉快？不是精神方面的，甚至不是心靈方面的。我想，最大的樂事便是胃腸沒鬧彆扭，能夠保持溫暖、安靜和舒適。再來是手指和腳趾沒凍傷，沒有各種大小疼痛，沒有腫脹感，膀胱和腸子沒有——簡言之是沒有任何身體的不舒服。胃腸平靜而滿足，忘卻這宇宙無限繁複的各種細節，無知得像個嬰兒（極老的人有可能會完全回歸到襁褓狀態）——但願我可以以這種方式終老……這還不夠嗎？要求更多是無法想像的，那只是空想。

——摘自貝倫森的日記

我日子的尺度

／弗羅麗達・史考特・麥斯威爾（Florida Scott-Maxwell）　美國人，作家、劇作家、心理學家，1883—1979年

我對死的唯一害怕是它來得不夠快。人生仍然讓我感興趣和忙碌。幸而我不是那麼不舒服到想要一死了之。我愛著別人而別人也愛著我。不過，我祈求上帝讓我在失去獨立能力之前便死去。我不知道有沒有死後生命這回事；如果有，我會躍躍欲試，但沒有的話也沒差：畢竟我已經累了。我已經被生之火焰烤炙了許久，應該夠了……

我不想把這些話寫下來，但它們佔據了老年人心思的很大部分。我們納悶自己還會變得多老，納悶自己還得忍受多大程度的衰損。我們反覆喃喃自語：「時候到了嗎？我還必須走多遠？」這是因為，老年可以比死亡還要可怕。「我還得發多少年的呆？我還會不中用到哪種程度？」有些人想要馬上就死，好擺脫老年；有些人說他們願意甘心接受死亡，但要再等幾年。我感受到死亡的肅穆性，感受到人在死後可能有某種存續性。死亡之於我就像一個朋友，因為它可以從看不見盡頭的機能退化中釋放出來。真正讓我們疲累的是等待死亡，是想到自己也許會進一步腐朽無能下去的那種難受滋味。

——摘自《我日子的尺度》（*The Measure of My Days*），1968 年

死人之鄉
／盎傑拉（Jared Angira）　非洲人，詩人，當代

在死人之鄉
我說話
沒人應答
我哭泣
沒人憐憫

我張看
沒有顏色
我聆聽
沒有聲音
這就是死人之鄉

我喊叫，回聲擊打
在死硬的石頭上
我踢出，腳趾
被枯樹樁撞傷
我哭泣，沒人憐憫
這就是死人之鄉

我尋覓出口
但聽不見貓頭鷹
或鸚鵡的叫聲，只有自遠處傳來
海浪拍打船骸的聲音
沙灘瞪視著我

這裡是死人之鄉

——〈死人之鄉〉（The Country of the Dead）

《希伯來聖經．詩篇》第二十三篇

耶和華是我的牧者，我必不致缺乏。
祂使我躺臥在青草地上，領我在可安歇的水邊。
祂使我的靈魂甦醒，為自己的名引導我走義路。
我雖然行過死蔭的幽谷，也不怕遭害，因為你與我同在；
你的杖，你的竿，都安慰我。
在我敵人面前，你為我擺設筵席；
你用油膏了我的頭，使我的福杯滿溢。
我一生一世必有恩惠慈愛隨著我；
我將要住在耶和華的殿中，直到永遠。

遺詩集
／龍沙（Pierre de Ronsard）　法國人，詩人，1524—1585年

我只剩一把骨頭，無異一具骷髏，
無肌，無肉，無神經，無脂肪，
是個被死神之箭無情射中的人。
我不敢看自己雙臂，生怕會直發抖。
即使是阿波羅父子這兩大名醫聯手，
也治不了我的病，救不了我的命。
別了，怡人的太陽，我的眼睛已看不見亮光。
我的身體行將被送到事物分解之處。
看到我這等模樣，
哪個朋友不會帶著憂傷的淚眼回家，
不會在床邊安慰我，吻我的臉，
一邊揩拭我那雙被死亡休止的眼睛？
別了，我親愛的夥伴們，我親愛的朋友們。

我這就先走一步，為你們預備地方。

——載於《遺詩集》（*Pièces posthumes*），1550 年代

功成

／戴安娜．赫爾（Diana O Hehir）　美國人，詩人、散文作家，生於 1929 年

沿著床鋪一寸又一寸
身體愈縮愈小，他像鳥兒張翅般提起雙臂
（我父親快九十歲了），
我愛你，我說
說了一遍又一遍，
直至在《時代雜誌》讀到
這會妨礙臨終者的腳步：
他們出於禮貌，為了感謝你，會流連不去。
我愛你，我說
沒有說出聲音。

在曼谷，寺廟前會有人賣鳥
二十美分一隻。那不是供人吃的，
也不是供人聆聽歌聲或觀賞，而是
供人放生。
用你的信用卡挑起籠門，等鳥
抓撓了一會兒，
牠就會探出頭來，對你晃幾下腦袋，
然後振翅高飛。

——〈功成〉（Home Free），1988 年

《西藏生死書》，序

／達賴喇嘛 西藏人，宗教領袖，生於 1935 年

死亡是人生自然的一部分，每個人或遲或早都會面臨。依我看，當我們還活著的時候，有兩個方法可以處理死亡。要麼是不理它，要麼是正視它，透過清楚的思考盡量減低它所能帶來的痛苦。然而，不管是兩種方法的哪一種，都不能真正克服死亡。

身為佛教徒，我把死亡看作是正常的過程，是一個只要我們尚在塵世便應該接受的

現實。既然人不可能逃離死亡，我看不出為它憂慮有何益處。我習慣把死亡看成是換衣服而非最後的結束，就像一套衣服穿舊，我們自然會換一套新的。但死亡是完全無法預測的：我們無法知道它會發生在何時或如何發生。因此，唯一理智的做法是在它實際發生前採取一些預防措施。

我們大部分人自然會希望在安詳中辭世，然而，無疑的是，如果我們的人生充滿洶湧波濤，如果我們的心靈老是被貪、嗔、痴等情緒牽引，就不可能安詳辭世。所以，如果希望死得安樂自在，我們就必須學習如何活得安樂自在；若希望可以安詳辭世，我們就必須在心靈裡、在生活中培養安詳。

……從佛教的觀點看，臨死前的狀態非常重要。雖然我們會在何時投胎和投胎到哪裡去，大都取決於業力，然而，臨終一刻的心境卻可以影響下一世的好壞。因此，在臨終的瞬間，儘管我們已經累積了各式各樣的業，但只要我們努力產生善的心態，還是有可能加強和激發善業，帶來一個幸福的來世。

臨終一刻也可以產生最深沉和最有利的內心經驗。反覆透過靜坐熟悉死亡，一個經驗老到的禪修者將可利用臨終時刻獲得極大的證悟。這就是何以老僧都是在禪定中圓寂的原因。可以顯示出他們得到證悟的一個指標是，他們的身體在死亡後會經歷一段長時間才朽壞。

為自己的死亡作好預備固然重要，但幫助別人安詳辭世同樣重要。就像新生兒一樣，我們每個人若不是受到別人的照顧和慈惠，都不可能存活下來。同樣地，臨終者也是無法自我照顧的，所以，我們必須儘可能安慰他們，解除他們的痛苦和焦慮，幫助他們從容辭世。

更重要的是避免把臨終者的心弄得比原來還要紊亂。我們幫助臨終者，首要之務是讓他們獲得安詳，而能做到這一點的方法有很多。如果臨終者本就熟悉修行方法，那只要有人從旁提醒，他就可以獲得鼓勵和啟迪；但即便臨終者不諳修行方法，別人的溫語安慰一樣可以使他們產生出安詳平靜的心境。

——《西藏生死書》序，1993 年

死神汝別張狂

／多恩（John Donne）　英格蘭人，詩人、諷刺作家、律師，1572—1631 年

死神汝別張狂，別人說汝
如何厲害、如何恐怖，才不是這樣；
汝以為汝已把誰誰誰給打倒，才沒有，
可憐的死神，他們沒死；你也還殺不死我。
休息、睡眠，這些不過是汝的寫照，
既能給人享受，那汝本人提供的一定更多；

跟汝走得愈早的人便愈幸運，
他們的身體得到休息，靈魂得到解脫。
汝是命運、機遇、君主、亡命之徒的奴隸，
汝與毒藥、戰爭和疾病同流合污，
但罌粟和迷藥一樣可以使人入睡，
甚至睡得更熟，所以，汝又何必神氣？
經過短暫一眠，我們便會永遠醒著。
屆時，死亡將是無物，而死神汝將會死去。

——〈死神汝別張狂〉（Death, be not proud），1633 年

CHAPTER 6

身體／精神

Body/Spirit

本章針對的是一個人會隨著日漸老去而愈趨白熱化的衝突。這衝突的一方是無邊的夢想、嚮往、渴盼和希望，另一方面是有侷限性、脆弱和飛逝的肉身生命。在與這弔詭角力時，有些作者突出人類身體的靈性向度，有些作者強調人類精神的肉身性格，有些則對人類精神的超越性充滿願景。本章各單元分別環繞以下幾個問題展開：年紀與美的關係；勇於面對身體的衰朽和死亡；健康、疾病和醫學的一些面向；靈性的成熟、死亡與超越。

「等你的青春逝去，你的漂亮就會一起逝去，那時，你會突然發現自己從未打過輝煌的勝仗，只能滿足於回憶一些乏善可陳的勝仗，並為此滿心怨悔。」王爾德（Oscar Wilde）在小說《格雷的畫像》裡如是說。雖然年輕身體的肉體完美仍然是我們文化的主導理念，但人還可以有別種的美。美國小說家安妮·迪勒德（Annie Dillard）對媽媽的手的回憶，瑪麗·費雪（M. F. K. Fisher）風趣而不失莊重的自我描寫，還有瑪喬麗·阿戈先（Marjorie Agosin）的詩作〈我的肚子〉，全都暗示著，一般被認為不可愛的身體是可以透過深情和喜悅而加以轉化。

第二單元的作者始自美國醫生霍姆斯（Oliver Wendell Holmes），迄於俄國詩人庫什涅爾（Alexander Kushner），探索的是肉體衰損的體驗和人對一己有限性的自覺。美國藝術鑑賞家貝倫森談到他那「滲漏和剝落的塵世暫時居所」。俄國小說家托爾斯泰（Leo Tostoy）在日記裡思索了一個祕中之祕：「我們知之最深的事物正是我們全不瞭解的：靈魂（有人會稱之為上帝）。」希臘作家卡贊扎基斯（Nikos Kazantzakis）這樣向他的祖父致敬：

「你教我認識到，我們的內在之火本質上與肉身相反，是能夠隨著年月邁進而不斷更加旺盛。這就是為什麼你愈年老便愈好鬥，（我看得出這一點並因此欽佩你），愈接近深淵邊緣便愈勇敢。」

下一單元觸及老化和死亡的一些醫學面向。包括英國醫生卡萊爾爵士（Sir Anthony Carlisle）和俄國科學家梅奇尼科夫（Élie Metchnikoff）在內，本單元的作者都在探問這些問題：是什麼原因導致人在老年死亡？身體何以會枯毀？我們應該設法延長人類壽命嗎？二十世紀初年的法國醫生邦岱林（J. Bandaline）則深信，現在科學終必可以戰勝老年的各種失能狀態。

本章最後一單元包含了一系列對失喪（loss）與超越（trancendence）的沉思。一世紀的羅馬詩人奧維德給我們講述了菲萊蒙（Philemon）與包喀斯（Baucis）的故事：這對老夫妻因為恭敬天神和熱情好客，得以成就了一段永恆婚姻。不過，除了在神話和童話故事裡，婚姻總是有盡頭，家人亦終有分開的一天。七世紀日本詩人山上憶良儘管生活得萬般痛苦，卻割捨不下人生：「誠寧可一死了之，然吾不能置兒女於不顧，他們如五月蠅般嚶嚶啜泣。」

收錄自不同宗教傳統的文字陳示出有關靈性和死亡的各種意見。它們有時會看法對立。例如，印第安人「跛鹿」（Lame Deer）的見解就形同是對馬丁．路德（Martin Luther）的一個反駁，因為他不相信個人救贖可以透過別人代為受難而獲得：「**了悟不會是廉價得來，我們也不樂見那是由天使或聖徒所賜予——我們不想要二手貨。**」著名的《詩篇》第七十一篇是出自猶太教的傳統，而摘自《西藏度亡書》的一篇押韻偈文則是出自藏傳佛教，其強調的是自我真知可以使人一無所懼並帶來最高的福樂。

本章的首發篇章傳達出對永恆肉身之美的渴望，結束篇章卻發抒著對超越肉身界的嚮往。摘錄過一些有關美、真理與救贖的見解之後，本章的最後話語來自使徒保羅寫給哥林多基督教會的一封書信。他指出，肉身的種種苦痛只是短暫的，其存在「是要為我們成就永恆而無比貴重的榮耀。」

格雷的畫像

／王爾德（Oscar Wilde）　愛爾蘭人，作家、詩人、劇作家，1854—1900年

「對，你現在是感覺不到。但等到哪天你變得又老又醜又皺，等額頭已經被思慮縫上線條，嘴唇已經被激情烙上醜陋的火印，你就會感覺到了，而且是痛切地感覺到。現在，不管你去哪裡，都可以使世人迷醉。但事情會永遠是這個樣子嗎？……你有一張漂亮絕頂的臉，格雷先生。別皺眉頭。你真的是那樣。漂亮是天才的一種形式，而且比天才還要高一等，因為它是不需要說明的。那是世間最明明白白的事實之一，就像陽光，就像春天，就像倒映在幽暗水面的銀色月影。它是無可置疑的。它具有神聖的至高權力。它會讓擁有它的人成為王子。你笑我？哈！待你失去它，就笑不出來了……有時人們會把漂亮說成是膚淺的事物。也許是如此，但至少它並不比思想膚淺。在我看來，漂亮是奇蹟中的奇蹟，只有淺薄的人才會不憑外表評斷別人。這世界真正的神祕是看得見的事物，不是看不見的事物……對，格雷先生，諸神一直對你垂愛有加。但諸神賜給人什麼也會很快取回。你只有幾年時間可以活得真實、完美、充盈。等你的青春逝去，你的漂亮就會一起逝去，那時，你會突然發現自己從未打過輝煌勝仗，只能滿足於回憶一些乏善可陳的勝仗，並為此滿心怨悔。隨著每個月的過去，你會朝那極可怕的事物逐步

接近。時間會嫉妒你，不斷對你的紅唇和白膚發起攻擊，讓你變得面黃、頰癟和眼睛黯沉。你會備受可怕的苦痛折磨……所以，趁還擁有青春的時候充分利用它吧。別浪費你人生的黃金日子，別聆聽枯燥乏味的教誨，別設法改進自己無望改進的缺點，別把生命讓渡給愚昧、尋常、平庸的事物。這些都是病態的目標，是我們時代的錯誤理想。把你正擁有的神奇生命活出來吧！別讓人生留有任何遺憾。應該不斷追尋新的情慾悸動。別怕東怕西，瞻前顧後……我們的世紀需要的是這個：新享樂主義。你也許會成為它的外顯象徵。憑著你的外貌，沒什麼是你做不到的。這世界有一季是由你來領風騷。……從認識你那一刻開始，我就看出來你並未充分知道自己是誰，意識不到自己具有多大能耐。你有太多讓我著迷之處，讓我忍不住要告訴你，你是何許人。如果你平白把美貌浪費，將會是一大悲哀。因為，你的青春年華只能持續一段短時間——很短的時間。一般的山花固然會凋謝，但它們能夠再開花。明年六月的金鏈花會像今年的一樣金黃。一個月內，鐵線蓮便會長出紫色的星星，而它們的綠葉每一年都會重複懷抱這些紫星星。但人老了便不能回春，到時，那二十歲時在我們身上雀躍的脈搏會變得遲緩呆滯。我們的四肢會變得不聽使喚，眼耳會變得昏花。我們會降格為面目可憎的人偶，只會整天怨悔地回憶著各種當初我們害怕嘗試的激情、各種當初我們無勇氣去順服的精緻誘惑。青春！青春！這世上除青春外別無其他事情值得一顧！」

——摘自《格雷的畫像》（*The Picture of Dorian Gray*），1890年

《不老的精神》訪談錄

／瑪麗・費雪（M. F. K. Fisher）　美國人，作家，1908—1992年

我想我把自己的門面打點得相當不錯。我的髮型雅緻，皮膚經過保養。我喜歡化一點妝。我站姿筆挺，哪怕是現在，因為得了帕金森氏症，走路時腳步會有點蹣跚。過去十年來我走路時總是小心翼翼，步態不免僵硬，但也盡力維持腰背挺直。我顯然還有某種程度的雍容。我也還喜歡微笑和開懷大笑，哪怕我現在不會為無謂的原因微笑或大笑。我還保持著好奇心。我還保持良好禮儀，知道要對比我老的老人家體貼和有禮貌——雖然現在難得會碰到這種人。

我丈夫說過，任何自尊自重的女人都會在家裡放一面全身長鏡，所以我也這樣做了。我的全身長鏡放在離床大約十英尺遠，每天一下床便看得見。有幾十年時間，除非是住宿在旅館或外頭其他什麼地方，我都是不穿睡衣或睡袍睡覺。大約從一年前起，我突然發現，每天起床後都會有一個奇形怪狀的女人走向我，她行動笨拙、醜陋、長得像蟾蜍……有兩根細長手臂、兩條細長的腿、蟾蜍似的小身軀、頭頂上長著兩顆大凸眼。我愈來愈受不了，心想：老天，這該怎麼辦？於是我就買了一些睡袍。我知道自己這種舉動是有點蠢（笑），但我就是無法面對鏡中的女人。我買的都是很好看的長睡袍，但

我妹妹諾拉（她穿漂亮的內衣睡覺）看到之後卻說它們有夠醜。我因為想要把自己遮蔽起來，買的都是些長袖、高領、衣裾著地的老奶奶睡袍（笑）。其實我寧可不穿這些玩意兒，但我受不了每天早上都有個半人半蟾蜍的奇怪生物走向我（笑）。

不是要對睡袍妥協，我不是那種妥協型的人物，但我知道，有某些生命的事實是人必須接受的。我認識一些女人，她們因為拒絕認老，結果把自己弄得像殭屍似的。她們這裡整整、那裡整整，眼睛、鼻子和下巴都動過刀。她們不敢微笑，生怕一笑便有什麼會從臉上掉下來。在日本，有非常多女性都喜歡把她們的鳳眼給修平。如果這樣可以讓她們感覺良好，我是沒意見。但我想她們是在跟自己的命運妥協，而我拒絕如此。我就是拒絕妥協。

——摘自《不老的精神》（*The Ageless Spirit*）中一篇訪談錄，1992年

一個美國人的童年
／安妮·迪勒德（Annie Dillard）

美國人，作家，生於1945年

我們的父母和祖父母，還有他們所有的朋友，似乎都不介意自己身上那個顯著的缺陷：鬆弛和粗糙的皮膚。

例如，我們小孩子都有一雙正常的手，手指骨肉勻稱而伸屈自如。反觀大人的手卻

形狀古怪，指關節粗大，手指像是皮包骨。他們是怎麼打開廣口瓶的，這讓我百思不解。除了手腕和腳踝以外，他們全身皮膚都鬆垮垮的，猶如兔子那般。

我們小孩子的外表是完整的，也對自己的完整外表感到愉快。我們水晶似的眼睛閃閃發亮，嵌在緊實而平滑的眼窩裡。我們的聲音清脆，上下唇之間的唇線密合。大人的嘴巴卻總是合不攏，而他們對此若非毫無自覺便是毫不在意。我對這種模樣很反感，但沒表現出來。不過，大人偶爾卻可以達到一種我們小孩永不可能達到的雍容之美。我們的美只是一種瑕疵的闕如，但大人的美（在他們能達到這種美的時候）卻不是消極的，而是贏取得來，放射著莊嚴，受到力量、技巧和知識的支撐。我們的美終究來說只是一種小精靈似的美。最後，我們也無法不理會這個事實：他們在某個意義下擁有我們，也擁有世界。

媽媽會讓我玩她的手。她把手平放在起居室的茶几上。我會捏起她食指關節上的皮，再鬆開。但那一小撮皮不會自己收縮回去，而是會軟趴趴落下，堆疊在指關節上，像是一道顏色微黃的山脊。我戳它的話，它就會向兩旁滑開，回復原狀。抱著做實驗的心情，我轉而去擺弄她另一根手指。媽媽當時正在看《時代》雜誌。

小心翼翼地，我把她中指指尖抬起一英寸高，然後鬆手。這中指啪一聲彈回桌上。由此看來，這手指的內部還是有活力的。我給每隻手指如法炮製，它們全是一樣反應。有些手指可以抬得比其他手指高些。

「妳好無聊。」

「對不起，媽媽。」

我把她中指指關節上的皮弄成山脊形狀，又左右手並用，把這山脊拉得儘可能的長。接下來，我動作快速地把她其他手指關節上的皮也弄成山脊形狀，使它們共同構成了一道山脈：如假包換的阿勒格尼山脈。我感覺得到，有些印第安人正在這山脈近頂峰處緩緩前進，眼睛穿過林木眺望下方結冰的湖。

——摘自《一個美國人的童年》（*An American Childhood*），1987 年

我的肚子

／瑪喬麗．阿戈先（Marjorie Agosin）　西班牙裔美國人，詩人、散文家、小說家，生於 1955 年

赤裸著和靜悄悄似的
我湊近我的肚子
它不斷變化
就像是夏天從大海撤回
或是每小時膨脹一點的洋裝
我的肚子
不只是圓

因為每當我坐下
它就會像森林大火般蔓延開來
然後，我摸摸它
記起裡面裝的東西：
鹽和歡笑
冬天早餐的炒蛋
小時候噎著我的牛奶
把牙齒染髒的可口可樂
懷念我們在「小島」發現的那瓶葡萄酒
或淋了橄欖油的炸薯條
一面回憶
一面感覺到我的肚子正在脹大
愈來愈隆重地往地面垂落
直至愛撫我的腳、我的腳趾——
它們顯然不可能是屬於一位公主所有。

我欣喜於
我的肚子寬得就像恰皮的寬邊大草帽

（恰皮是我祖母），
又無止境地縱容它
害它因為吃太多
而發牢騷或做惡夢。

仲夏，七十歲
七旬的第七個星期天
我的肚子仍與我在一起
昂首闊步走過海濱
有人說我已經又老又醜
乳房和腸子糾結在一起
但我的肚子總是我的良伴
與其說它是肥油所堆成
不如說它是陽光烤炙過的上好嫩肉。

——〈我的肚子〉（Mi Estómago），1986 年

為／什麼那個

／康明思（e. e. cummings） 美國人，詩人、畫家、散文家、劇作家，1894—1962年

為

什麼那個
曾經漂亮的

小女士（她坐在打開
的窗前
織東西，外面是明媚的早上）
的手指

是在飛而不是跳舞
是因為怕
生命會快速

溜走嗎（我懷疑不是），
還是因為
她知道
生命（在不會老的人身上）
總是漂亮
而漂亮的人
不會
匆匆
忙忙

——〈為／什麼那個〉（why/do the），1958年

教授的文章

／霍姆斯（Oliver Wendell Holmes）　美國人，詩人、學者、醫生，1809—1894年

老年開始自何時是明白不過，無可置疑的。人體是一個火爐，可以燃燒七十個寒暑

（有人多些，有人少些）。據一位卓越化學家估計，這火爐如果運作正常，那除其他燃料外，它一年還會燒掉三百磅的炭。當爐火轉弱，生命便會走向下坡；當它熄滅，我們就會死掉。

有些知名的法國實驗學者顯示出，人體火爐的火勢在頭三十年會愈來愈強，接下來保持平穩，至大約第四十五個年頭之後開始轉弱。老年就是開始於此時。有關生理生命的一個重大事實就是，它總是和四周的元素不斷進行交換，而火勢的強弱正是衡量生命強弱的準繩。

就在人生的此時，如果你生活之所在有足夠食物，過的又是規矩的婚姻生活，那你就會在某個晴朗的早上發現自己當上爺爺。這種家庭之樂會讓你在愉快之餘又打個冷顫，因為當上爺爺就表示你離死不太遠矣。

約翰生博士（Dr. Johnson）固然曾經漫不經心地對思羅爾太太說過，人生是從**三十五歲**開始走下坡。但我們對這話不必太認真，因為正如前面指出的，人生的火爐在三十五歲後還會以最旺盛的熾熱程度再燃燒十年。古羅馬人看來幾乎完全瞭解這一點，因為他們把有義務為國出征的年紀定在十七到四十六歲之間。

一如反抗季節、潮汐或星辰的移動，反抗我們體內生命之浪的退卻是徒勞的。一旦火爐開始減弱，我們便都是老傢伙了。所以，當我們第一次被介紹給那位舊識認識時，讓我們表現得像個紳士吧。

〈老年的全面展開〉

老年，這位是教授先生；教授先生，這位是老年。

老年：教授先生，我一直盼著見你。我認識你已經有一段日子，哪怕我想你並不認識我。我們一起到街上散散步好嗎？

教授（樣子有點退縮）：要談話倒不如去我的書房，那裡大概更安靜。對了，為什麼看見你對任何素昧平生的人都會說你是他們的舊識？

老年：那是因為，毫無例外地，我都是要在認識一個人至少五年後，才能逼得他們承認認識我。

教授：那麼，你是說你已經認識我這麼久了嗎？

老年：是的，而且還不只五年。我更早前便把名片留給了你，只是你從未正眼看過它。但我看得見它在你身上。

教授：身上哪裡？

老年：就在你兩道眉毛之間那三根上下行的直線。所有遺囑檢驗法院都會認識這個記號：「這是老年的標記。」把你的食指放在一道眉毛的裡端，把中指放在另一道眉毛的裡端，再讓兩根手指朝反方向抹去。這樣，你就可以暫時把我的標記消除，回復未收到名片前的模樣。

教授：一般人在你第一次登門造訪時都是什麼反應？

老年：「不在家。」聽到這個，我會留下名片走人。到第二年再次登門造訪，我會得到一樣的答覆，而我也會留下另一張名片。同樣的事情會重複五、六年，有時甚至超過十年。最後，如果他們還是不肯接見我，我就會破門或破窗而入。

我們這樣交談了一段時間。然後**老年**又說：「來，讓我們一起到街上散散步吧。」說罷遞給我一根枴杖、一副眼鏡、一件長披肩和一雙套鞋。我說：「非常感謝，但我用不著這些東西。」所以，我就穿上簡單衣服，一個人往外走去。結果，我在街上滑了一跤，又著了涼，因為腰痛必須臥床，所以有時間把整件事情好好思考一遍。

——摘自〈教授的文章〉（The Professor's Paper），載於《早餐桌上的霸主》（*The Autocrat of the Breakfast Table*），1858 年

托爾斯泰日記摘錄

／托爾斯泰（Leo Tolstoy）　俄國人，小說家、評論家、劇作家、哲學家，1828—1910 年

一九一〇年一月十五日

我鮮明記得我五、六歲時意識到的「自我」是什麼樣子，而我發現，這個「自我」和現在的我（八十一歲的我）所意識到的沒有兩樣。「自我」是不會變動的。正因為這個緣故，才會有所謂的「時間」，有所謂的變動。時間要能向前邁進，就必須有一種靜止的東西作為對照。人對「自我」的意識是靜止的。同樣道理也適用於物質和空間：如果某物存在於空間，那就必須有某種非物質性、非空間性的東西存在。我迄今還不知道

怎樣才能把這個道理說得清楚明白。

我要去吃飯了。今晚沒發生什麼特別事兒。

一九一〇年七月一日

我們的人生是以追求滿足為目標。肉體性的滿足包括了健康、感官的滿足、富有、愛慾的滿足、名聲、榮譽和權力。這些滿足是㈠非我們所能控制；㈡隨時都有可能被死亡從我們手上奪走；㈢不是每個人都可得到。但有另一種滿足卻是精神性的，那就是愛別人，而這種滿足是㈠總是受我們控制；㈡不會被死亡奪走；㈢不只所有人皆可得，而且為它而活的人愈多，每個人得到的喜樂就愈多……

㈣說來奇怪，我們瞭解最少的事物正是我們知之最深的；或者說，我們知之最深的事物正是我們全不瞭解的：靈魂（有人會稱之為上帝）。

——摘自托爾斯泰的日記

貝倫森日記摘錄

／貝倫森（Bernard Berenson）　美國人，藝術史學家、藝術鑑賞家，1865—1959年

一九五一年十二月三十一日伊塔蒂別墅

我塵世的暫時住所已變得太不舒適，不堪居住。它有些地方滲漏，有些地方剝落，有些地方破敗，屋頂和牆壁各有缺損。它不再適合人住。然而，離開這具殘軀破體，我又能到哪裡去呢？沒有了這副可憐兮兮的臭皮囊，我還有任何的存在可言嗎？

……我是如何認定自己只是這破敝屋體的房客，而不純然是它的一個函數？我又為什麼會幾乎無法相信我會隨這身體的終結而終結？身體死後我們會剩下些什麼，會住在哪裡和住多久？這是一個「被迷霧籠罩」的謎題，連陳述都不容易，更遑論去解答。

又一年一陣風似地過去了，只留下些許模糊的回憶。說來奇怪，我對過去的記憶變得很朦朧，甚至空洞，哪怕是前不久才發生的事也如此。看來，如今我活著只是在耗日子，所以才沒有多少事可以回憶。還是我記憶力變到差得可憐？過去一年來我做過些什麼呢？我去過伊斯基亞（Ischia）和拿坡里，去過米蘭、杜林和威尼斯。我去了瓦隆布羅薩（Vallombrosa）避暑，然後回到伊斯基亞，再回來這裡住下。幾個妹妹來探望過我們，住了一段長時間，到拿坡里才登上「比安卡．曼奴號」，分手作別。這一年發生的事就像輪子的車輻，它們因為輪子轉動太快而全混在一起。現在，另一年又要到了。面對一九五二年的來臨，面對八十七歲的來臨，我除了希望身體康泰，幾乎不敢奢望其他。

——摘自貝倫森的日記

老人院附近

／內梅羅夫（Howard Nemerov）　美國人，詩人，1920—1991 年

正午，在這條路上，
人們分享著麻雀和冬日的太陽，
分享著乾涸的噴泉，
以及刻有棋盤的水泥長凳。

他們幾乎每一個都又窮又老，
穿戴著各自的損傷：
繃帶、支架或枴杖；有些全盲，
有些近盲，搭搭搭地靠著伸縮棒摸索路徑。

他們張開嘴，看不見一顆牙齒。
沒差，他們照樣不斷喃喃自語
哪怕是要彎腰把一口痰或血

吐在他們走後繼續存在的排水溝裡。

他們有些養成被車撞的習慣
一年三次；當救護車開走後，
其他人在震驚中猶喃喃念著
他們私底下給上帝取的各種名字。

——〈老人院附近〉（Near the Old People's Home），1975年

老人院

／奧登（W. H. Auden）　美國人，詩人，1907-1973年

這裡每個人都行動不便，但受損程度
各有細微差異。上乘者可以自己穿衣，
靠著枴杖走路，滿快
讀完一本書，彈奏慢拍子的簡單
奏鳴曲（不過，這種身體自由大概正是
他們的精神毒藥：因為

能明白自己的處境，他們會陷入一種
淚水洗刷不掉的憂傷。）
次一等的要坐輪椅，這裡大多數人皆如此，
他們只能靠看電視打發時間，由
仁慈的治療師帶領，合唱歌曲。再來是些
孤獨者，他們老是在幽界邊緣
喃喃自語；最後是
末期的無能者，他們因為無知無覺，
無言無語，所以就像那些他們學又學不像的植物
那般無疵可尋（植物也許會流大汗，但不會
弄髒自己）不過，所有這些人都有一個共通處：全都是
出生在一個雖有許多偏差卻更寬敞看起來更好的世界，
而他們的老一輩
都有聽眾和一個世俗的驛站。其時，
一個小孩若是受到媽媽責備，可以找奶奶
哭訴和給他說故事。我們現在當然
早有心理準備，可他們卻是
以這種方式凋零的第一代：不是住在家裡而是被編派到

一個人進人出的房間，被無心肝地擱置下來
像是不受歡迎的行李。

我搭乘地鐵
要去陪伴他們其中一位半小時。我在腦海裡復原
她風華正茂時的花容月貌，
那時，週末探訪她想必是一大樂事
而不是做好事。
如果說，我祈求（我知道她也是這樣祈求）
上帝或造化倏然結束她的身體運作
讓她在無痛中迅速永眠，
會不會太過冷酷不仁？

——〈老人院〉（Old People's Home），1970年

《寫給格萊高的報告》，後記

／卡贊扎基斯（Nikos Kazantzakis）　希臘人，作家、哲學家，1883—1957年

摯愛的祖父，我親你的手。我親你的右肩。我親你的左肩。我的告白結束了，現在必須由你來評斷。我沒提日常生活的瑣事，因為它們只是表皮。你把它們當成垃圾扔進了那萬丈深淵裡，我也是如此。生命有時會以大大小小的哀愁毀傷我，有時會以大大小小的歡樂愛撫我。不過，這些習慣性的日常事務已離開了我們，我們亦已離開了它們。不值得花那個工夫回轉，把它們從深淵裡拖出來。如果我認識過的人繼續陷於湮沒無聞，這世界亦不會有任何損失。與我接觸過的同時代人所帶給我的影響寥寥無幾。我愛過的人不多，原因是若非我無力理解他們，就是因為我對他們心存鄙夷。另外大概也是因為，我沒機會碰到太多值得被愛的人。但我誰也不恨，哪怕我曾經在不經意的情況下傷害過不少人。他們是些麻雀而我渴望把他們轉化為鷹隼。我想把他們帶離平庸和老套，所以大力鞭策他們，沒考慮到他們力有不逮。所以，他們就墜落在地，粉身碎骨。能誘惑我的只有那三位不朽的死者、那三位偉大的塞壬（Siren）①：基督、佛陀和列寧。從很早歲起，我就坐在他們腳前，聆聽他們那魅惑和充滿愛的歌聲。我一輩子都致力於擺脫他們三人而不否定三人中的任何一個，都致力於把他們彼此衝突的聲音統一起來，

轉化為和諧。

我愛女人。我有幸一路走來都有機會碰到一些了不起的女人。這些女人比任何男人都更讓我受益，都對我的奮鬥有更大幫助，她們之中的最後一位尤其如此。但對於這些女人，我沒有像諾亞（Noah）的兒子對他們醉酒的父親那般，在她們被愛攫住的身體上蓋上一塊布。我喜愛我們祖先有關厄諾斯（Eros，愛神）和賽姬（Psyche，希臘神話中的美女）的神話——我知道你也喜歡，祖父。當然，亮燈之後看到兩個軀體繾綣在一起，這一幕是羞人和危險的。你曉得這個，所以把你摯愛的配偶葉羅妮瑪（Jeronima de las Cuevas）隱於愛的神聖朦朧之中。我對我的葉羅妮瑪也做了同樣的事。她們是我們大無畏的女隊友，是我們非人孤獨中的清涼噴泉，是我們莫大的慰藉！克里特人說得沒錯，人只要有一個賢妻，則貧窮或赤裸又有什麼打緊的。你我都擁有賢妻，你的名叫葉羅妮瑪，我的名叫海倫。我們是何等幸運，祖父！多少次，當我們看著她們的時候，都會對自己這樣說：我們在誕生出來那一天何等蒙福！

但我們不容許女人把我們帶入歧路。我們不會追隨她們走在撒滿鮮花的路上，而是反過來帶領她們。不對，我們沒有帶領她們，是這些無畏的伴侶出於自由意志主動追隨我們的攀登步伐。

你我二人畢生所追求的都是同一個目標：一個刺目、狂野和不可摧毀的異象（vision），

---

①古希臘神話中的女海妖，會用美妙歌聲誘使水手把船開近她們居住的島嶼，觸礁沉沒。

即「本質」（the essence）。為了它的緣故，我們喝了不知道多少諸神和世人所給的毒藥，流了不知道多少淚、多少血、多少汗！終我們一生，一個魔鬼（還是天使？）都不肯讓我們安寧。他探身黏附在我們身上，在我們耳邊嘶嘶聲地說：「徒勞啊！徒勞啊！徒勞啊！」他以為可以把我們凝固在路途上。但我們甩甩頭，一咬牙，回答他說：「我們只想要我們想要的。我們不要為報酬工作，不想領工資。我們在真空中戰鬥，不帶有盼望，不指望天國！」

這「本質」有許多個名字，在我們追逐它的過程中不斷變換面具。有時我們叫它最高希望，有時叫它最高絕望，有時叫它靈魂的高峰，有時叫它海市蜃樓，有時叫它藍鳥與自由。最後，有時它看似一個完整的圓，圓心是人心，圓周是永生。對這個圓，我們武斷地用一個載滿世間所有希望與所有眼淚的沉重名字喊它：「上帝」。

在每個完整的人裡面，在他的心中之心，都有一個神祕的中心，其他一切都是環繞著它旋轉。這個神祕的漩渦會帶來他思想與行動的統一，它會幫助他找到或發明宇宙的和諧。在有些人來說，這個中心是愛；對另一些人而言，這個中心是仁或美；還有些人是以求知欲或渴盼金錢權力為中心。他們會以這中心激情為標準，評價其他一切的相對價值。一個人如果感覺不到他裡面有個絕對君主統治著他，那他的人生就是散漫紊亂的，會被四方的風吹得四散。

祖父，你我的中心（這中心會把可見的世界捲進去再提升為更高層次的英勇和責任）是與上帝戰鬥。哪個上帝？人類靈魂的兇猛高峰。我們不停歇地想要到達這個高峰，但它又不停歇地跳起，一再位於更高處。「上帝竟會與人戰鬥麼？」一些熟人有次語帶挖苦地問我。我回答說：「不然你們以為祂會跟誰戰鬥？」真的，祂不跟人戰鬥的話還會跟誰戰鬥？

祖父，這就是何以我倆的整個人生都是一趟攀登：攀登、墜下、孤獨。開始時我們有許多同行旅人，而我們也有許多偉大的觀念作為護送者。然而隨著我們愈爬愈高和山峰不斷變高變遠，我們的同行旅人，還有觀念和希望，都向我們說再見。因為喘不過氣，它們不願意或沒有那個能力攀爬得更高。我們踽踽獨行，眼睛牢牢盯住那顆轉動的單子（Moving Monad），那個變幻不定的山峰。我們不受狂妄或愚稚的自信支配，妄以為山峰有一天會停止不動，讓我們爬得上去。我們也不會以為，只要爬到峰頂，就會獲得幸福、救贖與天國。我們攀爬，是因為攀爬這行為本身對我們而言便是幸福、救贖與天國。

人的靈魂讓我驚異，因為天上地下沒有事物要比它更有力量。我們常常不知道，全能（omnipotence）其實就在我們自己裡面。我們任由靈魂被肉體和肥油壓在下面，至死猶不知道自己是何等非凡和可以成就多大偉業。試問世間還有哪種力量是可以直視世界的終始而不會瞎掉的？太初既非有「言」②，也非有「行」（Act），造物者的雙手亦非握

---

②「太初有言」（In the beginning was the Word，亦譯「太初有道」）一語出自《新約聖經．約翰福音》，指世界是上帝以祂的「聖言」所創造。

著一些可以獲得生命的陶土。太初有的是火。而在末了（the end），有的也不是永生或報償，不是天堂或地獄。末了是火。在這兩團火之間，親愛的祖父，我們遊歷並戰鬥，遵循的是火的誡命（commandment），並與之一起工作，把肉身變為火，把思想變為火，把希望、絕望、榮譽、不名譽、光榮皆變為火。你教我認識到，我們的內在之火本質上與肉身相反，是能夠隨著年月不斷邁進而更加旺盛。這就是為什麼你愈年老便愈好鬥（我看得出這一點並因此欽佩你），愈接近深淵邊緣便愈勇敢。你把聖徒、統治者和僧侶的身體扔入你掃視的坩堝裡，把他們熔化為金屬液，滌去鐵鏽，淬煉為純金：他們的靈魂。什麼樣的靈魂？火焰。你把這火焰連結於那團既產生我們又將吞噬我們的大火。

——摘自《寫給格萊高的報告》（*Report to Greco*）的後記，1965 年

老人

／庫什涅爾（Alexander Kushner）

俄國人，詩人，生於 1936 年

何種寂靜更甚於
一個老人凝視一隻小鳥
從他末期病房的窗外飛過？
……看著矮樹叢

前面是個涼亭，
身穿醫院的
條紋睡衣。
他是個職員嗎？
是個工人嗎？還是別的？
不管曾經從事何種行業，
他早已忘記。
他是個骨牌迷？
是個音響迷？
這扇窗戶是
他可得的最後玩具。

——〈老人〉（The Old Man），約1965年

論老年的失調和延壽方法

／卡萊爾爵士（Sir Anthony Carlisle） 英國人，外科醫生，1768—1840年

經驗充分說服我，人生的晚期階段常被不適當的膳食所縮短，常被未受到充分治療

的失調所過早終結。……認為生命必然會隨年歲的邁進而到達盡頭，看來只不過是通俗的謬見，因為清楚的是，老年人的直接死因一般都是些我們已經能夠診斷出來的疾病。

因此，**導致老年人死亡的一般原因是疾病，而不是高齡帶來的生命衰竭。**

——摘自〈論老年的失調和延壽方法〉（An Essay on the Disorders of Old Age and on the Means for Prolonging Life），1819 年

箴言集

／希波克拉底（Hippocrates）

希臘人，醫生、西方醫學之父，約西元前 460—377 年

成長中的身軀有最大量的內在熱力，因此需要充足食物，否則身軀會被熱力消耗，變得消瘦。反觀老人的身軀殊少熱力，也因此不需要太多燃料，以保持「火焰」旺盛；燃料過多反而會使這「火焰」熄滅。也是因為這個緣故，老年人的發燒症狀不會如年輕人般劇烈，因其身軀是冷的。

總的來說，老年人的病痛比年輕人要少，但他們所患的慢性病一般難以根治。

我們習慣已久的事物（哪怕它們品質不如一些我們不習慣的事物）通常不會引起太大不適；然而，我們有時還是必須作出改變，去適應不習慣的事物。

——摘自《箴言集》（*Aphorisms*），西元前五世紀中葉或四世紀初年

能活幾何？

／聶魯達（Pablo Neruda）　智利人，詩人，1904—1973 年

一個人究竟能活多久？
一千天，還是僅僅一天？
一星期，還是好幾世紀？
一個人臨終要花多少時間？
我們所說的「永恆」指的是什麼？

飽受這些思緒的困惑，
我決定要弄個明白。

我求教飽學的教士，

等待他們把彌撒做完，
我看著他們是如何
分別跟上帝和魔鬼打交道。

他們被我的問題弄得疲倦不堪。
他們所知其實甚少：
他們比行政人員好不了多少。

醫生們在兩次看診之間
接見我，
人手一把解剖刀，
身上浸透著金黴素，
終日忙碌。
他們說：
細菌不難對付，
可數以噸計被殺死；
問題是剩下的那些
會變得非常難纏。

我對他們的話驚訝不迭，
便找掘墓人問去。
我去到河邊，他們正在燒著
一些巨大的彩繪屍體；
一些皮包骨的小身軀；
被可怕詛咒氣息包圍的帝王；
還有些女性是因為中風而亡
或是死於霍亂疾疫。
滿灘都是死人和
骨灰專家。

我找著一個機會
問了他們一籮筐問題。
他們表示可以為我火葬，
這是他們唯一懂的。

在我自己的國家，

殯葬工們在喝兩口酒之間回答我：
「給自己找個漂亮妞兒，
別問這種無聊問題。」
我從未見過有人比他們更快樂。

他們舉起酒杯，
敬健康和死亡
他們是大通姦者。

我回家去，
因為遊歷世界一遍而蒼老不少。
現在我誰也不問。
但我一天比一天知道得少。

——〈能活多久？〉（And How Long?），1958年

科學與老年的角力

／醫學博士邦岱林（J. Bandaline, M. D.）　法國人，生卒年不詳

現代的人類推翻了它所有的偶像，轉而把希望寄託在科學，指望它可以擊敗病痛、老年和死亡。這是多麼醉人的幻象，多麼甜美的夢想啊，因為它不啻是指望我們一方面可以擁有二十出頭時的清新和歡愉，另一方面又擁有老年人的智慧和豐富閱歷！

不過，我們全都知道老年的逼近不可避免，也全都準備好像浮士德那樣向魔鬼出賣靈魂，但求擺脫老年這個重擔而在所不惜。願意甘心服從無情自然法則的人寥寥無幾。

不管人生有多麼乏味，不管它帶來了多少的苦痛與逆境，但人類和所有生命一般來說總是眷戀生命。我要活下去！我要活下去！這是發自每個人心坎的吶喊。

由於戀生是人類最深邃和最不可克服的本能，所以，從不記得多久遠以前開始，保存和延長生命便成了科學研究的最高目標：設法把短暫的青春歲月（力與美的階段，人可得享最高塵世快樂的年紀）無限期地延長下去。

——摘自〈科學與老年的角力〉（The Struggle of Science with Old Age），載於《醫學彙報》（*Medical Record*），1903 年 7 月 18 日

我們應該設法延長人類壽命嗎？／梅奇尼科夫（Élie Metchnikoff）

俄國人，生物學家、動物學家、科學家，1845—1916年

我們應該聽從人類的普遍吶喊，相信人的壽命真是太短，有必要設法加以延長嗎？把人的生命延長得超過目前的極限，對人類物種來說真有好處嗎？畢竟，已經有人在抱怨，照顧老年人已成了社會不堪負荷的包袱，而花在照顧高齡人士的巨大開銷也讓從政者頭痛不已……

如果延長人類壽命的努力只是著眼於延長老年人的生命，不及於改善老年的生命品質，則上述的疑慮當然有其道理。但我們必須明白，在致力延長人類壽命的同時，我們也必須致力於保存老年人的智力與工作能力。在本書最前面的部分，我已經舉出過許多例子，說明耆老一樣做得來有用的工作。如果我們可以減少或徹底消滅一些導致早衰的原因（如缺乏節制和疾病），那六十或七十歲的人便可繼續工作，沒有必要坐領退休金。這樣，照顧老人的花費不只不會愈來愈多，反而會一天比一天減少。

長久以來都有人指責，醫學和衛生學的所作所為往往是在削弱人類物種的活力。透過科學的方法，一些不健康的人或是遺傳了不好基因的人被保存了下來，生育出衰弱的下一代……明顯的是，體格羸弱和健康不振的人未嘗不能對人類社會作出巨大貢獻……

對這一點，我只消舉幾個名字便足以說明一切：菲涅爾（Fresnel）、萊奧帕爾迪（Leopardi）、韋伯、舒曼、蕭邦。這不表示我們應該放任疾病橫行，任由自然淘汰把那些抵抗不了它的人予以淘汰。……我們必須竭盡全力去讓所有人得享天年，讓老年人有機會扮演顧問和仲裁者的角色——老年人生活閱歷豐富，最是適合扮演這種角色。

——出自〈我們應該設法延長人類壽命嗎？〉（Should We Try to Prolong Human Life?），見於《壽命的延長》（*The Prolongation of Life*），1908 年

菲萊蒙與包喀斯／奧維德（Ovid）

古羅馬人，詩人，西元前43年至西元17或18年

「天界的力量廣大無邊，諸神想做什麼都沒有不成的。不信的話，且讓我給你講件事兒。話說在佛律癸亞山區，有一棵櫟樹和一棵椴樹並肩而立，四周環繞著一道中等高矮的圍牆。我去過那地方，是庇透斯（Pittheus）派我去的，他父親珀羅普斯（Pelops）一度統治過該處。離我方才所說不遠處是一片沼澤，原來是住人的陸地，後來被水淹了，變為澤國，成了蹼雞（coot）與野鴨的出沒處。事情的經過是這樣的。有一次，朱庇特（Jupiter）下凡，變成凡人的模樣，他兒子墨丘利（Mercury）隨侍在側，照樣帶著魔杖，只是把翅膀變不見了。他們敲了一千戶人家的門，想要投宿，卻統統吃了閉門羹，最後終於獲

得一戶人家接待。這戶人家顯然很窮，屋子小小的，屋頂是麥稈和水邊採來的蘆葦所鋪成。主人是一對善良老夫妻，女的叫包喀斯（Baucis），男的叫菲萊蒙（Philemon），兩人年紀相仿。夫妻倆婚後就住在這小茅屋，從年輕住到年老。兩人雖然清貧，但安貧樂道，倒也不以為苦。家裡就只有兩口子，所以沒有誰是主人誰是僕人的問題。

兩位天神到了這戶貧苦人家，低著頭才能進得矮門，老翁搬出兩把椅子，請他們坐下休息。包喀斯在椅子上鋪粗布，然後撥弄火塘裡的餘燼，放入枯葉和乾樹皮，憑一口衰老的氣息把火生起。繼而，她從屋頂上取下劈好的木柴和乾枝，把它們折斷，添入火裡，再放上一個小鍋。她丈夫從灌溉得很好的菜園拿回來一些蔬菜，她把菜葉剝掉。同時，老翁也用一根叉棍從烏黑的樑上托下一掛燻肉（這是他們長久以來捨不得吃的），割下一條肉放在水裡煮。他們一面做飯，一面陪客人聊天，好讓他們不會因為久候而煩悶。夫妻倆又取下掛在牆上的一個木桶，注滿溫水，供客人洗腳。為了讓客人舒服，他們費力拉出一張軟莎草臥榻（框架和四條腿都是柳木所製），在上頭鋪上一些節日才捨得用的布（這些布其實又舊又便宜，但倒是跟柳木臥榻挺配）。

兩位天神斜倚在臥榻上休息。老婆婆捲起袖子，兩手抖抖顫顫地在他們旁邊擺上一張三角桌。桌子有一條腿較短，她便在下面墊上一塊破陶片，把桌子給墊平。弄好後，她拿綠薄荷擦拭桌面，再擺上各種小菜：黃綠兩色的道地米涅娃漿果、酒糟醃過的山茱萸果、萵苣拌胡蘿蔔、一方乳酪和幾顆用火灰燜得微熟的雞蛋。這些菜都是裝在陶盤裡，酒具則包括一個雕有銀色花紋的大酒盅和兩個山毛櫸酒杯（酒杯裡凹凸處都先以黃蠟填平）。不一會兒工夫，熱騰騰的主菜便上桌了，主人也再一次給客人打來新釀酒。客人吃完這些，老夫妻把杯碗收拾到一邊，好擺上甜點：堅果、無花果、乾棗、梅子、一小籃香蘋果、新摘的葡萄。桌子當中放了一份潔白的純蜂蜜。更讓客人高興的是，老夫妻倆始終笑臉迎人，一片熱誠，完全沒有因為窮而表現得吝惜。這期間，他們注意到，大酒盅裡的酒只要一斟光，便會自動填滿。看見這等情景，包喀斯和菲萊蒙又驚奇又害怕，便戰戰兢兢雙手合十，請求天神原諒他們酒微菜薄，招待不周。他們想起家裡還有一隻看家的鵝，便想把牠殺了奉客，不料這隻鵝逃得飛快。兩個老人用盡氣力，費了半天工夫，還是沒把鵝給抓住。最後鵝逃到天神身邊，像是要求天神救牠。天神就叫他們不必殺鵝了，又說：『我們是天神。這地方的人不敬天神，合該獲得懲罰，但你們可以得到豁免。現在，你們離開家裡，跟我們走到高山上去。走！』

兩人聽命而行；他們拄著枴杖，吃力地尾隨兩位天神走上陡峭的山坡。在離山頂一箭之遙處，他們轉身回望，只見平地已變成一片汪洋，只有他們的房子沒有淹沒。正當他們還在驚訝，還在為左鄰右舍傷心時，卻看到他們那間兩人住還嫌小的茅屋已變成一座神廟：本來的木頭柱子變成了大理石柱，黃草屋頂變成了黃金屋頂，兩扇門上布滿浮雕，房子周圍也是大理石鋪砌。然後，朱庇特語氣和藹地問：『善良的老翁，還有那與你同等善良的妻子，你們有什麼願望？』

包喀斯和菲萊蒙商量了一下，然後告訴天神他們的共同決定：『我們請求當你的祭司，看守你的廟宇。我們兩人相伴了大半生，也願同日而死：我不要看見妻子的墳墓，也不想要她埋葬我。』天神答應了。自此，兩人一直看守著神廟，直至年紀實在太大，不得不歸天。有一日，當兩人站在廟階上聊舊事時，包喀斯忽見菲萊蒙身上長出樹葉，而菲萊蒙也看見包喀斯身上長出樹葉。當兩人的臉面快要被樹葉覆蓋時，他們異口同聲說道：『親愛的老伴，再見了。』話剛說完，樹皮便長攏，蓋住了他們嘴巴。

直到今天，那地方的農夫仍會把那兩棵並生的大樹指給過路的旅客看。這事情我是從一些老實的老人聽來，他們沒理由騙我。樹枝上掛著許多花環，而我自己也親手編了一個花環獻上，並這樣說：『天神眷顧的人就是天神，崇敬天神的人也必受後人崇敬！』」

——《菲萊蒙與包喀斯》（Philemon and Baucis），載於《變形記》（*Metamorphoses*），約西元五世紀

橋
／賽珍珠（Pearl S. Buck）　美國人，作家，1892—1973年

噴射機在午夜起飛。朋友都來送行，用友愛和體貼來溫暖我。但他們總得回到自己的生活去，而我也總得回到自己的生活去。他們離開之後，我反而覺得輕鬆，因為四周只剩下陌生人，我誰都不用搭理。我找到座位，繫上安全帶，向椅背一挨，閉上眼睛。自從那個翻天覆地的早上以來，這是我第一次完完全全一個人獨處。許久以前，得知我

的孩子將永遠是個遲緩兒之後，我認識到悲哀分為兩種：一種可減緩，而另一種不可減緩。這一次跟那一次不同，但又相似，兩者都屬於不可減緩的哀戚。儘管如此，從很多年前我便學會了逆來順受的技巧。第一步很簡單，那就是讓自我向處境讓步。那是一個精神過程，卻要從身體做起。現在，繫著安全帶，在飛機飛過墨黑天空這當兒，我刻意地放鬆身體：一塊肌肉接一塊肌肉放鬆，一根骨頭接一根骨頭放鬆。我停止抵抗，不再掙扎。既已發生的事就讓它發生吧，我沒能力改變既成的事實。飛機裝載著我，控制著我，孤立著我。

奇怪的是，精神有時必須要追隨身體，一如在其他時候身體會以精神為領導者。現在，由於身體順服於意志，精神也發現自己較容易順服於同一個司令。生命有時會無情，但死亡卻總是無情。第二步是承認它的無情性。過去變成靜態的，那是歷史，歷史事實無法改變。已經發生過的事不會變成未發生過。你可以從過去學習，可以珍愛過去，但你無法改變過去。過去二十五年來我倆生活得幸福快樂，但那二十五年已經結束。「劇終」兩個字已經印上。當一部書已經印上這兩個字，你就無法繼續寫下去。你只能開始寫下一本書。

但那不是馬上可以開始的。你需要時間完全放下，完全承認死亡的無情性。只有那樣，新的力量才可能會被喚起。但我懷疑，即使我那樣做了，新的力量一樣不會被喚起。它必須從我們存有的最本源生起，再壯大為一股生之意志。就目前，在噴射機飛鏢似地穿過雲朵與星星這當兒，意志所能做的只是命令身體讓步，命令精神後撤。最後，我終於睡著了。

——摘自《橋》（*A Bridge for Passing*），1961 年

此生有多長

／山上憶良（Yamanoue Okura） 日本人，奈良時代的詩人與漢學家，660—773 年

此生有多長，
我們就祈願平安有多長，
無災又無哀，
然人生實艱苦。
如撒鹽於痛傷口，
或給馱馬擔負千斤重，
病痛亦快把吾之老體壓垮。
吾竟日吐哀氣，
終夜長嘆息。
年復一年病流連，
月復一月吾哀吟。

誠寧可一死了之，
然吾不能置兒女於不顧，
他們如五月蠅般嚶嚶啜泣。
每當看著他們，
吾便五內如焚。
在此路與彼路間踟躕，
吾痛哭失聲。

反歌：

吾內心毫無一絲慰藉；
如鳥飛於烏雲之下，
吾痛哭失聲。

無助又痛苦，
吾寧可自人間消失，
唯不捨小孩之思把吾挽留。

無小孩去穿它們
那些富有人家裡的絲衣與棉衣，
被棄置如敝屣！

雖如泡沫般行將消失，
吾仍祈願活下去，能長壽
如千噚繩。

但吾身實卑微，
似斜紋粗布臂章，
如何能求千年壽！

——〈此生有多長〉（So long as lasts the span of life），載於《萬葉集》，四世紀至八世紀

穆罕默德的教誨

／穆罕默德（Muhammad）　阿拉伯穆斯林，約西元 570—632 年

經過麥地那（Medinah）的一些墳墓時，穆罕默德轉身面對它們，說道：「墓裡的人

們，願你們安息！願主寬恕你我：你們比我們先走，我們將步你們後塵！」

〔穆罕默德說：〕

雖然世間充滿痛苦煩惱，但你們之中必然無人希望死去。但若有誰真的想死，他必須這樣說：「主啊，求祢在生命對我有好處時讓我一直活著，在死亡對我有更多好處時讓我死去。」

信道者都不會死，他們只是從這個可朽的世界被帶到永存的世界。

死對穆斯林而言是一種福分。所以，記住要對你們的死亡說好話，不可說它的壞話。

墳墓是通向永恆之旅的第一階段。

死是重新使朋友與朋友團聚的橋樑。

——《穆罕默德的教誨》（*The Sayings of Muhammad*），1941 年

喜歡死是不自然的

／馬丁・路德（Martin Luther）　德意志人，神學家，1483—1546年

我不喜歡看到有人高高興興地死去。反之，我樂於看到人們在死亡臨近時會渾身顫抖和臉色發青，但仍然勇敢赴死。大聖徒莫不如此，他們不喜歡死去。懼死是自然的，因為死亡是一種懲罰，因此也是可哀的。在靈的層面，人會自願赴死；但在肉體的層面，適用的是以下這節經文：「別人要把你束上，帶你到不願意去的地方。」（《約翰福音》21：18）在《詩篇》和其他經卷（如《耶利米書》），我們看到了人們是如何殷切地逃避死亡。如《耶利米書》便說：「要當心，否則你們就會把無辜的血帶給自己。」（26：15）不過，當基督說：「求你叫這杯離開我」（《馬太福音》26：39），這話的意義卻是不同的，因為說這話的人又說過：「生與死皆掌握在我手中。」（《約翰福音》5：21，24）我們都是從他身上吸取血汗。

——〈喜歡死是不自然的〉（To Be Glad to Die Is Unnatural），1532年

跛鹿：靈視的追尋者

／法爾（John Fire），又名「跛鹿」（Lame Deer） 印第安人／蘇族，美國印第安人運動領袖，1895—1976年

我們與白人的分別是：你們相信受難具有救贖力量，哪怕這受難是別人作出，是在遠處作出，是在兩千年前作出。我們則相信，我們每個人都可以幫助彼此，哪怕這需要我們付出身體的痛苦才能達成。痛苦之於我們並不是「抽象」的，而是非常真實。我們不會把這個包袱交給我們的神去扛，我們也不願意在與靈力（spirit power）面對面時失去自己。每當我們在山頂上禁食，或是在太陽舞中割裂自己的皮肉，我們就會獲得頓悟，變得與「大靈」（Great Spirit）的心靈極其相契。了悟不會是廉價得來，我們也不樂見那是由天使或聖徒所賜予——我們不想要二手貨。

——《跛鹿：靈視的追尋者》（*Lame Deer: Seeker of Visions*），1972年

祈請脫免中陰恐怖偈
／西藏祈請偈　西藏佛教經文，約七世紀

命盡遠離親朋去，
獨遊中陰③自徬徨。
但願聖尊發慈悲，
去我無明驅黑暗。

孑然一身獨漂蕩，
各種幻影現心頭。
只願諸佛莫忘我，
中陰境中除我怖。

五智光明照我時，
知是自性不訝異。
喜怒聖尊如現前，

中陰我證不遲疑。

苦受出於惡業根，
淨除惡業喜怒尊。
實相之聲千雷震，
化作大乘妙法音。

惡業隨身實可怖，
喜怒聖尊常護佑。
受苦皆因惡習感，
明光現前樂三昧。

願我將要投生時，
不受魔王亂唆使。
若我抵達願生地，
惡業幻影不欺我。

③在佛教，「中陰」指死亡瞬間至投胎轉世之間的狀態。

猛獸爆發大哮吼，
願皆化為六字咒。
雨雪黑風追逐來，
願有天眼穿透力。

中陰有情和合性，
願不相嫉生勝處。
若逢饑渴寒熱境，
不受饑渴寒熱苦。

願我來生之父母，
乃是諸佛所化身。
隨處轉生為利他，
相好莊嚴人敬信。

願我能得好男身，
見者莫不讚清靜。
勿使惡業隨我生，

善業相續且倍增。

不論轉生於何道，
皆遇喜怒勝利尊。
生下就能知宿因，
不昧前生早證智。

不論大中小乘修，
願求聞思即相應。
生處吉祥常安樂，
一切有情皆和順。

願人我皆成正果，
得似爾等喜怒佛，
有爾法相稱扈從，
有爾長壽爾國度。

無量慈悲普賢佛、

清靜法性大力量、
密部靜坐諸行者：
願爾佑余願得成。
——〈祈請脫免中陰恐怖偈〉

《希伯來聖經．詩篇》第七十一篇

主啊，我向你尋求蔭庇，求你永不使我失望！
你總是慈惠，所以求你搭救我；請傾聽我的求告，並解救我！
求你作我可寄託的磐石、獲救的詔令，因你是我的巖石和碉堡。
我的上帝啊，求你救我脫離惡人之手，擺脫不義者和無法無天者的箝制。
因為，上帝啊，你是我所盼望的，從我幼年便是我的唯一仰仗。
我未出生前便仰賴你，尚在母胎時便得你的庇蔭；
我全心的希望，時時寄託於你。
許多人都把我視作妖怪，你卻作了我有力的仰賴。
我要滿口讚頌你，我要終日稱揚你。

在我年老時，求你不要拋棄我；在我氣力衰弱時，求你不要離棄我！
不然，我的仇敵會竊竊私語，欲加害我者會彼此商量：
「上帝已經離棄他；我們追趕他，捉拿他吧！因為無人會搭救他。」
上帝啊，求你不要遠離我！我的上帝，請快來救我！
請讓那些指控我的人在挫敗中衰敗，讓那些欲毀了我的人抱愧蒙羞！

我要常常仰望你，並要越發讚美你。
我的口要終日述說你的慈惠和救恩，因為它們不計其數。
主啊我的上帝，我要歌頌你大有能的作為，歌頌單單你有的慈惠。
上帝啊，自我年幼，你就教訓我；直到如今，我傳揚你奇妙的作為。
上帝啊，即使我髮白年老，求你也不要離棄我，直至我將你的威力宣示給這一代，將你的奇能傳述給下一代。
上帝啊，你的慈惠高如諸天，行過的大事無可比肩！
你曾使我經歷許多困苦艱難，現今仍然是你使我生活安全，並提拔我脫離了地下的深淵。
求你使我越發昌大，又轉來安慰我。
我的上帝啊，我要鼓瑟稱頌你，稱頌你的信實！以色列的至聖者啊，我要彈琴歌頌你！

歌頌你的時候，我的嘴脣必歡呼，而我獲你所贖的靈魂亦必歡呼。
我的舌頭要終日述說你的慈惠，述說那些欲加害於我者是如何受挫和蒙羞。

長巨翅的耆老者：寫給小孩看的故事

／馬奎斯（Gabriel García Márquez）　哥倫比亞人，作家、記者、社會活動家，生於 1928 年

下雨下到第三天，佩拉約不得不穿過水汪汪的院子，把一籮蟹屍拿到海邊丟棄：他和太太在屋子裡打死的螃蟹多得不像話。夫妻倆相信，他們的小嬰兒會發燒，就是死蟹的臭味所導致。自星期二起，世界便一片愁雲慘霧。天和地都變成灰濛濛的一團，而一向會在三月夜裡如光粉般閃亮的沙灘如今也成了一鍋夾雜著腐爛貝殼的爛泥。中午的光線非常黯淡，以致佩拉約扔完螃蟹回到家時，完全無法分辨是什麼東西在院子遠處蠕動和呻吟。他走到相當近方才看清那是一個老人：一個非常老的老人，臉朝下躺在泥濘裡，死命想要爬起來，卻因為背後的一雙巨大翅膀作梗，爬不起來。

佩拉約被這詭異景象嚇壞了，趕忙跑去找妻子埃莉辛達，這時她正在給發燒的孩子敷濕毛巾。他拉著妻子走到院子遠處。兩人怔怔望著那個摔倒在地的身體，驚愕得說不出話來。老人的穿著就像撿破爛的，禿頭上僅餘些許灰髮，嘴巴裡的牙齒稀稀落落，而如果說他像個曾祖父的話，那他那全身濕透的狼狽模樣已讓他毫無曾祖父的威嚴可言。

他那雙兀鷹似的巨大翅膀被泥水黏住，顯得十分骯髒，一半羽毛已經脫落。佩拉約和埃莉辛達把老人仔細端詳了好一會兒，漸漸鎮定下來，甚至開始不覺得那老人陌生。他們壯起膽子問他問題，但他說的是一種難懂的方言，又帶有強烈的航海人嗓音。這讓佩拉約夫妻忘掉他長了一雙翅膀這個彆扭事實，以合乎常理的方式斷定老人是個在暴風中遭遇船難的落海者。不過，當他們請來一個無所不知的女鄰居一看究竟時，對方只看了老人一眼便指出他倆的結論有誤。

「他是個天使，鐵定是要來抓走你們的小孩。但這個可憐的傢伙太老了，經不起大雨沖刷，才會墜落地上。」她說。

第二天，附近所有人全知道佩拉約抓到了一個有血有肉的天使。與那位有大智慧鄰婦的看法相反，他們不認為當代的天使都是些在一次天堂叛亂中逃亡出來的倖存者，所以不打算用棒子打殺他。佩拉約一整個下午都手持警棍，從廚房監視老人的動靜，臨睡前又把他從泥濘裡拖起來，關進一個有幾隻母雞的鐵絲籠子裡。午夜時分，當佩拉約與埃莉辛達還在消滅螃蟹時，雨停了。過一會兒，小嬰兒退燒，想要吃東西了。這時候，夫婦倆才動了點惻隱之心，決定等下次漲潮時把老人給放進橡皮艇，再放入三天份的淡水和食物，任他自生自滅。然而，第二天天剛破曉，當夫妻二人去到院子時，卻看到左鄰右舍都圍在雞籠四周，戲弄那個天使。大家對他連最起碼的尊敬都沒有，紛紛從鐵絲網眼扔東西給他吃，把他當成馬戲團的動物看待。

貢薩加神父聽說了這件怪事之後大感震驚，七點未到便去到佩拉約家裡。這時，院子裡已經換了一批圍觀者，他們態度不如黎明那批圍觀者輕浮，正在就應該怎麼處理那個老人的問題各陳己見。他們之中頭腦最簡單的一些人認為應該任命老人為世界的首長。頭腦略清楚一點的人則建議讓老人出任五星上將，因為由他領軍的話包管戰無不勝。更有願景的人則主張把老人當成種馬圈養，利用他來繁殖一大群長翅膀的智者，負責管治全世界的事務。但貢薩加神父在出任神職以前是個壯碩的樵夫，為人一向實事求是。他走到雞籠前面，先在腦子裡把〈教義答問〉複習了一遍，然後命人打開籠門，讓他可以仔細看看那個像隻落魄大母雞的老人。老人一直躺在雞籠一角，伸展著翅膀曬太陽，四周滿是黎明那群圍觀者投進來的果皮和早點殘羹。貢薩加神父用拉丁語說了聲「早安」，但老人卻沒有回禮，只抬起一雙老邁無神的眼睛，眼神幽遠，嘴裡用方言咕噥了些什麼。堂區神父見他不懂上帝的語言，又不知道應該跟上帝的行政人員打招呼，馬上懷疑他是個冒牌貨。然後，神父看得愈仔細，便愈覺得老人太像人類：他身上散發著一種難聞的貧民氣味，翅膀底下長滿寄生蟲，羽毛被風吹得歪七扭八，身上毫無半點天使的尊貴氣息。最後，神父走出雞籠，又告誡好奇的群眾不要輕率把籠中人當成天使。他說，用嘉年華會的把戲迷惑沒戒心的人乃是魔鬼的慣用伎倆，而且既然翅膀不是區別鷹隼和飛機的本質要素，那就更不可能用它作為識別天使的標準。儘管如此，他還是承諾會寫一封信給他的主教，好讓主教寫一封信給宗主教，好讓宗主教寫一封信給教皇，讓最高當局來定奪一切。

神父的諄諄教誨只是對牛彈琴。有天使被抓到的消息隨即以極快的速度傳遍遠近，以致才幾小時後，佩拉約的院子便擁擠、嘈雜得像是菜市場。湧入的人愈來愈多，眼見就要把房子擠倒，佩拉約趕忙找來上了刺刀的部隊，才把人群驅散。院子裡滿是垃圾，埃莉辛達打掃得腰都快要折斷，不過，她卻想出了一個好主意：何不在院子裡圍起圍籬，向每個想看看天使的人收取入場費五分錢？

好奇的參觀者絡繹不絕，有些還是來自很遠的遠方。這期間還來了一個巡迴各地的雜耍班子：為了宣傳，它派出一個空中飛人在人群上方來回飛了幾趟。但沒有人理會他，因為他背上長的不是天使翅膀，只是蝙蝠翅膀。患有各種最不幸疑難雜症的病患也來這裡尋求醫治，包括一個自兒時起便數算自己心跳而數字已不夠她用的女人、一個被星星的噪音吵得夜夜失眠的葡萄牙人，還有一個每晚都會把自己在白天做好的東西給破壞掉的夢遊者。病情較輕的更是不計其數。在這場震動大地的世紀大混亂中，佩拉約和埃莉辛達一方面累壞了一方面又很高興，因為還不到一個星期時間，他們屋子裡便到處堆滿錢，而排隊朝聖的人龍還延伸到地平線之外。

那位天使是整齣戲劇中唯一沒有角色可言的人。在他那個借來棲身的鳥巢裡，他全部時間都花在尋找一個安靜的角落，以避開鐵絲籠四周那些像地獄毒焰般折磨著他的油燈和蠟燭。人們起初想餵他吃樟腦丸，因為據那位大有智慧的鄰婦所言，樟腦丸是天使的專屬食物。但老人沒搭理他們，一如他沒搭理那些給他送來教皇大餐的悔罪者。大家都不知道，他不吃東西不僅因為他是天使，還因為他是個老得不能再老的老人，只吃得下茄子粥。老人唯一的超凡美德看來只有一項：無比沉得住氣。特別是在最初幾天，不管是母雞啄他翅膀背面的小寄生蟲，還是殘疾之人拔他的羽毛敷在自己的殘疾處，他都一動不動。就連一些最沒同情心的人向他扔石子，想看看他站起來是什麼樣子，他仍然不為所動。他唯一按捺不住的一次，是有人用烙鐵去烙他（當時他連續幾小時一動不動，大家懷疑他是不是死了）。他被這一烙驚醒，激昂地用隱士語言罵了一通，眼裡流出淚水，又撲動了翅膀好幾回，捲起一陣夾帶著雞糞和月球塵埃的可怕旋風。雖然很多人都認為他這種反應是出於疼痛而非出於憤怒，但自此以後，大家都小心翼翼避免惹惱他，因為大部分人開始明白，他的消極無為不是從容不迫的表現，只是強忍著可怕的怒氣。

貢薩加神父一方面繼續用他得自聖母啟示的話語來約束人們的輕浮，一方面等待教廷方面作出最後裁定。然而，來自羅馬的信件卻毫無著急的味道。它們要求神父查證這個查證那個：老人身上有沒有長肚臍；老人所說的方言與阿蘭語④有無淵源；老人為什麼總是能夠度過難關；老人是不是只是個長了翅膀的挪威人，等等。要不是上帝另有奇妙安排，讓神父的磨難得以猝然而止，這種書信往返恐怕會持續到世界的終了。

事情的經過是這樣的。在被人潮吸引到鎮上來的各種班子中，有一個提供一位女子供人參觀：她因為不聽父母親的話而被上天變成了蜘蛛。看她的入場費要比看天使的便宜，而且蜘蛛女還會回答參觀者各種問題，又讓他們翻來覆去檢查她是不是貨真價實的蜘蛛。她長得像一隻可怕的狼蛛，大小像公羊，有著一張哀戚少女的臉。但是最令人心有戚戚者不是她的外貌，而是她所講述的辛酸遭遇：在還沒有完全成年時，她有一次背著父母偷溜到外頭跳舞，跳了一整夜，待她走過森林要回家去時，一聲震耳欲聾的雷鳴把天空裂成兩半，繼而裂縫裡閃出一道強烈硫磺味的閃電，打在她身上，把她變成了蜘蛛。她唯一的給養是觀眾抛向她嘴巴的肉丸子。用大腿想也知道，這樣一個富有人味而又有警世作用的蜘蛛女，必然會把那個幾乎不肯看凡人一眼的傲慢天使給比下去。老天使固然顯過若干神蹟，但為數不多，而且這些神蹟只顯示出他腦袋有問題：例如，有個盲人沒能重見光明，卻長出了三顆新牙齒；有個癱子沒有恢復走路能力，卻幾乎中了樂透彩；還有一個痲瘋病人的爛瘡裡長出了向日葵，諸如此類。這些安慰獎似的神蹟形同搞笑，只讓老天使的聲望大為降低，而等蜘蛛女來此登臺之後，他的票房更是跌到谷底。貢薩加神父的失眠症就這樣被永遠治好了，而佩拉約的院子也回復冷清，就像那三天大雨連綿、螃蟹在屋子裡橫行時的樣子。

佩拉約夫妻沒什麼好埋怨的。靠著賺來的錢，他們蓋了一座帶有陽臺和花園的兩層樓樓房。另外，他們在院子裡架起高網，防止螃蟹在冬天入侵，又在窗上安裝了鐵條，免得再有天使闖進來。佩拉約也辭掉了警察職務，在離鎮上不遠處辦了一座養兔場。埃莉辛達給自己買了光亮的高跟皮鞋和很多色澤鮮豔的絲綢衣服（這種行頭在當時只有貴婦才穿得起）。他們唯一懶得管的是那個雞籠。如果他們不時會用藥水沖刷籠子並把裡面的穢物燒掉，那麼此舉與其說是為了讓天使住得舒服，不如說是為了防止籠子散發的

④耶穌所操的語言。

臭味像幽靈般到處瀰漫，把一間新居變成像舊居。當他們的小孩剛學會走路時，他們小心提防著，不讓他太接近那個雞籠。不過沒有多久，他們便忘記害怕，也習慣了老人散發的臭氣。所以，在小孩才長出第二顆牙齒之前，便已鑽進雞籠裡去玩過（當時雞籠的鐵絲網已爛掉好幾處）。天使對他的態度如同對其他凡人一樣冷淡，但也照樣會用認命狗的耐性去忍耐那小孩各種別出心裁的惡作劇。兩人在同一時間出了水痘。來給孩子看病的醫生抗拒不了誘惑，也給天使聽了診，卻發現他心臟和腎臟都有許多雜音，照理說不可能還活著。但最讓醫生驚訝的還是那對翅膀，它們和人體的結合渾然天成而無懈可擊，讓他不解其他人怎麼不也長這麼一對。

當孩子開始上學時，鐵絲雞籠早已因為日曬雨淋而朽壞傾倒。天使拖著身體在屋子裡到處爬，就像隻垂死的流浪動物。有時，佩拉約夫妻才用掃帚趕他出臥室，一轉眼又會發現他人在廚房裡。他就像是可以同時出現在許多地方，讓人懷疑他是不是懂得分身術。埃莉辛達快發瘋了，經常生氣地大罵住在這種到處都是天使的地方真是倒八輩子楣。他幾乎不吃東西，老邁無神的眼睛也變得極為昏花，以致有時候爬著爬著會撞上柱子。他的翅膀近乎光禿，除毛管外就只剩下幾根羽毛。佩拉約把一條毯子扔在他身上，又大發慈悲讓他睡在棚屋裡。這時候他們才注意到，老人晚上都會發燒，用老挪威人的詰屈方言喃喃些譫言妄語。他們難得地緊張起來，以為天使快死了。就連那個有大智慧的鄰婦也說不上來該如何處理死掉的天使。

然而，老人不只活過了一生中最險惡的一個冬天，健康情況看來還隨著天氣回暖而有所改善。他在院子最遠的一個角落一動不動地待了好些天，不讓任何人看到他。到十二月初，他的翅膀開始長出一些大而粗硬的羽毛——這些羽毛看起來就像稻草人身上的破布，只讓他更形衰老落魄。然而，他清楚知道自己為什麼會發生這種變化，否則他不會小心翼翼不讓別人發現他起了變化，也不讓人聽到他有時會在星空底下哼唱的船伕曲。一天上午，埃莉辛達正在切洋蔥準備午飯時，一陣風吹進了廚房，彷彿是從大海吹來。起初她不以為意，然而，當她走到窗前，卻看見那天使剛要試著起飛。他的一雙翅膀顯得不大聽使喚，讓他整個人被倒掛在半空；他雙手亂抓，手指甲在菜園裡挖出一道淺溝。他不斷拍翅，卻無法升空，眼見一雙大翅膀就要打在棚屋上，把它給打垮。就在這千鈞一髮之際，他飛起來了。埃莉辛達鬆口氣（既是為他也是為她自己），目視著他像隻老禿鷹那樣，搖搖擺擺地飛過最遠的一排房屋。直到切完洋蔥，埃莉辛達仍舊眺望著天邊遠處，哪怕那老人早已消失不見。這是因為，他已不再是她生活中的累贅，而是變成了大海水平線上一顆引人遐思的黑點。

——〈長巨翅的耆老者：寫給小孩看的故事〉（A Very Old Man with Enormous Wings: A Tale for Children），1968 年

《新約聖經．哥林多後書》第四章十六—十八節

所以，我們並不灰心喪志。雖然外在形體會日漸毀壞，我們的內在本質卻一天新似一天。人生的苦楚是輕暫的，是要為我們成就永恆而無比貴重的榮耀。因為我們所看重的，不是可見的事物，而是不可見的事物；因為，可見的事物是無常的，而不可見的事物是永恆的。

CHAPTER 7

回憶

Remembrance

談到老年人，第一章曾經引述過亞里士多德說的一段話，他是這樣寫的：「**他們是活在回憶裡而不是活在期望裡，因為他們的過去非常漫長，而未來卻所餘無幾**（前面說過，期望是關於未來，回憶是關於過去）。」亞理斯多德的說法其實大有問題，回憶——儘管很容易遭到扭曲、誤解和否定——對社會及個人來說，都是不可或缺的希望泉源。**回憶是一種生命活動，充滿著創造力，藉此既可以理解個人的過去與集體的過去，也可以將之傳遞給未來**。這一章的目的就是要凸顯回憶在這上面的重要性。在這些文選當中，回憶以不同的形式出現，包括生活史、回憶錄、論文、詩詞、寓言以及短篇小說。聽人憶往，有的是回想昔日的自己，有的則是追述今天已經老去或作古之人。有的是討論尚未解決的社會問題，督促今人繼續努力去解決。還有的則是彰顯憶往、追昔或回想在尋找個人意義上的重要性。而詩人寄情，則是緬懷昔日戀人，或追思故人，或想像自己的死亡。全章粗分為四個單元：個人回憶、社會記憶、老年時期的記憶功能與失靈，以及對生者和死者的追憶。

第一單元的重點是個人的回憶，寫的是過去的持續性、過去的啟發、過去的美或對過去的接納。非裔美國詩人葛溫朵琳·布魯克斯（Gwendolyn Brooks）把一對活在習慣、豆子與回憶中的「老黃」夫婦呈現在讀者眼前。伊迪絲·華頓（Edith Wharton），這位上層階級維多利亞式風格與寓意的美國小說家，在她自傳的結尾裡，新經驗不斷產生的奇蹟與老年賴以維生的記憶「乾柴」，兩者形成強烈對照。舊地重遊追憶昔日戀人則是以色列詩人葉胡達·阿米亥（Yehuda Amichai）與美國詩人肯尼斯·雷克思羅斯（Kenneth Rexroth）的共同主題。

第二單元裡的作家儘管南轅北轍，譬如羅素（Bertrand Russell）與王時敏，但其重點都是社會記憶，寫的是使命與世代的嬗遞。對於自己的人生，這些作者的記憶都有其時空的一貫性，關心的是歷史事件、文化期許及社會問題。在〈九十感言〉中，英國哲學家羅素感嘆，傳統上所期待的輪椅寧靜落空了，取而代之的是跟軍國主義和核子武器展開鬥爭。受到羅素的啟發，英國歷史學家湯恩比敘述了自己對人類傳統理性世界的使命，在七十五歲時寫下這樣的句子：「要緊的是，即使是自己死後才會發生的事情也應多加關心。」在節錄自《赫爾之家四十年》（*Forty Years at Hull-House*）的片段中，美國社會改革家珍・亞當斯（Jane Addams）回顧了她與芝加哥窮人共同度過的進步時期（Progressive-era）其他的文選超越年代、種族、性別與國家，分別出自於奴隸時代的非洲裔美國人、蒙大拿州的平頭族印第安人，以及十七世紀的中國儒家學者。

接下來的單元，篇幅較小，包括宗教方面的意見、人類學的論述及精神病學的研究，討論的是記憶在晚年的作用與失靈。〈回顧人生〉（The Review of Life）節錄自十九世紀中葉一本美國的老年指南，以維多利亞時代的觀點，視老年為一人生旅程中安靜休息的所在，強調信仰之於回憶的重要性，所談的人生回顧充滿基督新教福音教派的色彩，相對於美國當代老年學家兼作家羅伯特・巴特勒（Robert Butler）一九六三年所寫的文章，充滿世俗色彩的精神病學理論，兩者形成強烈對比。德國精神病學家阿茲海默（Alois Alzheimer）確認了以其名字命名的痴呆症，在其所撰寫的原始個案報告中，討論了因器質性疾病所造成的失憶。

最後一單元，以艾伯哈特（Richard Eberhart）的詩作〈生者〉（Survivors）為首發，既懷念生者也紀念死者。文選所回憶的人物包括「古時候的」新英格蘭女士，沒名沒姓的美國猶太移民，偉大的歷史人物，作家為自己寫的墓誌銘，以及含蓄地為自己短暫而得意的人生立傳。在人類與時間和死亡無可避免的遭遇中——在文化、性別、種族、階級與年齡上以各種方式跨越歷史的差異進行著——每個人都有自己的法寶，有的是找來的，有的是自己製造的。**回憶，如果不是病態的懷舊或仇恨，乃是一個人用自己的過去所打造的一份禮物，值得我們欣賞與感激，可以讓我們對未來有所希望。**

豆食者

／葛溫朵琳．布魯克斯（Gwendolyn Brooks）　非裔美國人，詩人，1917—2000年

他們大多吃豆，這一對老黃夫婦。
用餐總是草草。
粗盤粗桌
錫刀叉。

兩個人，日子勉強過著。
兩個人，走過了自己的歲月，
但總是穿戴整齊
收收揀揀。

還有，就是回憶……
回憶那吃豆的歲月，有喜有悲，
租來的後間屋裡

滿是豆子，以及收據、娃娃和衣服
碎菸草、瓶瓶罐罐、小擺飾。
——〈豆食者〉①（The Bean Eaters），1950年

回首一瞥
／伊迪絲・華頓（Edith Wharton） 美國人，小說家、設計師，1862—1937年

這世界是個爛攤子，而且始終都是；至於老年這頭怪物，雖然步履維艱，天底下的狂士或大學問家卻都拿它莫可奈何，長久以來，即使搬出頭頭是道的計畫，也還是無法迫使它乖乖就範，但突然之間，總會冒出一兩個聖人或奇才，點亮一盞小燈，撥開迷霧，幫助人類蹣跚地走下去，甚或向上提升。

爛攤子始終都在，新的一代伏在地上聽火山在腳底下咆哮，而我們這一代，卻曾經在上面大跳其舞；我們的人生，儘管歲月慘澹，日子總還是有快活起來的法子。到了這個地步，生命最是可悲，再下去就是死亡了；但總還有新的國家可看，有新的書可讀（還希望，有新的書可寫），而每日更有無數的小小驚奇令人讚嘆欣喜，單單不經意讀到「大戟花一花三蕚」②之句，那奇妙時刻所喚起的便不是心灰而是歡喜。只要有眼有耳，有形世界每日都是一個奇蹟；感謝舊火依然暖我雙手，只不過，年年所燒的乾柴都

只是更陳年的記憶了。

——摘自〈回首一瞥〉（A Backward Glance），1934年

讚許／瑪麗・費雪（M. F. K. Fisher）

美國人，作家，1908—1992年

昨天，我想起了阿德曼尼亞先生，想起了他和我做愛的那一次。我說「做愛」，但並不真是那麼一回事。那事完全無關男女。說來奇怪，我很少想起這事，不是因為覺得丟臉，而是因為從來不曾介意過。但只要回想起來，我總是忍不住會想，是自己故意要讓它發生，因此才從來不介意，因為，我並不是那種聽任不愛的男人擺布的女人，也絕不會隨隨便便鼓勵那碼子事發生。

毛姆（Somerset Maugham）寫過一篇小說，一個女演員讓一個陌生人和自己在一班火車上睡了一個晚上。在我的記憶裡，她對於自己的這次脫軌，壓根兒沒有一點羞恥的念

---

①豆食者通常指下層社會中的墨西哥裔美國人。

②大戟花一花三萼（the woodspurge has a cup of three），為英國詩人Dante Gabriel Rossetti〈大戟花〉（The Woodspurge）一詩的末句。

頭，回想起來，反倒有幾分沾沾自喜，很為自己放肆大膽得意。至於阿德曼尼亞先生的愛撫，我倒是沒什麼沾沾自喜；只是，直到昨天為止，我始終弄不明白，怎麼會發生這種事，或最起碼，怎麼會發生在我身上。

昨天，我不得不獨自一人長途開車，距離約有一百哩。還沒出發前，我人已經很累，一股莫名的孤獨感逐漸湧上來，連第一個大一點的市鎮都還沒經過，就莫名其妙地想到自己的骨質疏鬆、漸灰的頭髮、人到四十不時會出現的倦怠，以及困擾多數四十歲女人的過度操勞、過多帳單以及過時穿著。又想到自己訂購的一些東西，對自己來說過於浪費，譬如一件新的套裝——黑色的，甚或暗紅的。想到自己最近增加了幾磅，就和以往心情不好的時候一樣，開始自責起來：妳變懶散了，萎靡了，滿腦子的超級妻子、超人母親，像個殉道者一樣，白白糟蹋了自己的女性優雅。妳真是個笨蛋，我既委屈又沮喪地說，車子加速駛過另一個市鎮。

我想起自己年輕一點的時候，瘦些，煩惱少些，俗事雜務的分量輕些。二十幾歲的那些日子，從來不在乎自己的體重，總以為理所當然，現在想起來還覺得好玩，絲毫不以為怪。如今呢，不管有多饞，從一小片奶油到一小口馬丁尼酒，彷彿裡面都有蛇毒一般，避之唯恐不及。但我還是胖，感到疲倦，覺得衰老，這又是什麼時候開始的？不過幾年前，我還苗條，熱情，不知道什麼叫累。

那時候，我還是個良家婦女，除了自己愛的那一個，從沒想過要別的男人。正因為這樣，阿德曼尼亞先生帶著地毯到家裡來的那一次才顯得奇特。

丈夫在學院教書，我們住在學校附近，幾片粉牆，圍成一棟美麗的小屋。大部分時間我都一個人，像隻快樂的蜜蜂穿梭於三個房間，打掃擦洗。年輕、健康、有人疼愛，從來不覺得不自在或想要有個伴。

我們的經濟環境很差，媽媽說：「珍妮，我那幾張舊地毯，妳何不叫阿德曼尼亞先生拿去湊合著給你們客廳換張好一點的？花不了什麼錢，更何況只要是我們家的事，他總是肯幫忙的。」

想到阿德曼尼亞先生，便想起二十歲左右時看到他來，派頭十足，在我們家裡捲地毯，捲了這張又捲那張——因為我媽有很多——然後四平八穩走向他的車子。我們家人他全都認識，最先是我和小妹，再來是兩個小弟，還有祖母和幾個廚子，甚至我老爸。在我們家進進出出，他看著我們長大，年年為我們清理修補地毯。媽媽告訴我們，他的姓氏是亞美尼亞的大家族，這倒是千真萬確，從此以後，只要在書上或店面上看到這個姓氏，大都和地毯有關，也明白那是他所引以自豪的。

他的個頭很小，我還是個小女孩時，只覺得他蒼老。聲音宏亮，話卻不多，眼睛深邃有神，一口健康的牙齒，潔白平整。他稱呼我媽「小姐」。這倒是挺合我意。既不叫太太、夫人，也不是某某小姐，就只叫小姐。一身高級的灰色西裝，即使捲起大大的地毯輕鬆搬上車子，身上也不見灰塵。

媽媽的慷慨說到就做到，於是阿德曼尼亞先生來到學院附近的小屋，蒼老的肩膀上扛著漂亮的拼織地毯，站在門口小小的粉紅色玫瑰花下，用那副看了我二十年的眼光瞧著。

他欠欠身，說：「令堂『小姐』叫我來的。」說著便進了門。

他給我的感覺，熱心而友善，那種奇妙的感受是我早年所熟悉的。在粉刷過的地板上，我們兩個把上好的地毯鋪上，擺好寥寥幾件家具，我很開心他能來。一切都弄妥當了，地毯看起來很好，溫暖而厚實，雖然不似我在家裡已習慣的那種，大大的、舊舊的俾路支地毯（Baluchistans）以及鮮豔的巴羅奇地毯（Bokharas）。

然後——我不太記得了，但印象中事情是從他說話開始的，還是我多年來一貫熟悉的聲音，幾分宏亮，幾分客氣：「如今妳結婚了，看起來很幸福，總算長成一個婦人了……這裡，長大了一點……這裡還沒有……」說著，開始撫摸我的腰、我的肩、我那小小稚嫩的乳房，細膩而穩定。

那感覺真美，即使到了今天還是。他彷彿一個雕塑家，那雙手充滿了悟性，無微不至，有如藝術家的本能在遊走，所到之處，無不得心應手，生機盎然，化作永恆的美的悸動，但卻超越慾望。

我站著，默然沉醉，不知道過了多久，阿德曼尼亞先生似乎將我的輪廓揉入了古典的楚楚。滿懷傾慕，看著他遙遠而蒼老的臉龐，感受著他那玄祕的雙手，沉穩如神明，在我的身體上移動。那一刻，我紋風不動，有如一座雕像，勝過一切木石寶玉所雕出來的，美到了巔峰。

聽到我丈夫從穿越含羞草的小徑走來，老人的雙手垂落。我沉著地走向門口，引介兩個男人認識。然後，阿德曼尼亞先生從容離去，大約一個小時之後，或者還不到，我便開始回想那奇特的一幕，同時在心理琢磨著，如果他溫柔地引我到那張寬大的長椅，並因為我的稚嫩，用我最容易懂的方式和我做愛，結果不知道會怎樣。我覺得有一點羞恥，但或許因為自己的教養以及精神陶冶不足，整件事情對我所造成的困惑其實微乎其微。我們之間沒有絲毫情慾的火花，沒有急促的呼吸，沒有需求……

就這樣，我發覺自己昨天都在想著這件事，一路上開著車，滿腹委屈，迢迢長路將盡，倦怠中審視著自己，有如一團無欲而又無可欲的肥肉，只能遙想當年站在那蒼老雙手下的窈窕淑女。

到了媽媽家，我需要靜一下，外加一杯雪利酒，指望和家人聊聊天可以把自己從性沮喪中掙脫出來。說老實話，真正讓我煩惱和傷心並不是人生就此進入了四十大關，而只是因為活了那麼久居然不知道自己會變胖，會變邋遢，只知道讓自己拚命吃喝，破了洞的白手套還照戴不誤，整個人懶散不堪。

媽媽跟我講的第一件事，居然是她正在等阿德曼尼亞先生。我從椅子上彈了起來。這也未免太巧合，那麼多年了，就這個上午，我第一次想到他。我突然煩惱起來，真的，那個曾經發現我值得撫摸的老人，我實在不願意讓他看到我又疲累又憂愁的中年。這個突來的變化，讓我覺得有被騙的感覺，忍不住大聲嚷嚷起來：「媽，他怎麼可能還活著！那不有一百歲了？」

對於我的大聲質疑，她有點驚訝地看著我，說：「差不多吧。但做地毯，他還是箇中好手。」

我整個人呆掉了。那簡直就是衝著我長途開車途中滿腦子的灰色念頭而來。啊，真是見鬼了，我心裡想；就算我曾經年輕美麗而如今不再，跟一個老鬼有什麼關係，跟他獨到的眼光又有什麼關係？「那張醜陋的拼織地毯四分五裂了。」我的口氣不善，對媽媽費解的眼光，裝作沒看見。

他來了，看上去確實又蒼老了些，或者說更乾癟了些，但可以確定的是，並沒有實際年齡那樣老。鬢角稍微下陷，潔白平整的牙齒對他的嘴來說嫌大了點，但深邃的眼神依然彬彬有禮，並堅持自己移動家具，再把成卷乾淨的東方地毯搬進來，不許別人插手。身手乾淨俐落，好一副矯健的老骨頭。

「別動，小姐。」他對我媽說，手一抖，把她腳凳下的一塊小地毯迅速抽了出來，腳凳彷彿紋絲未動。我閒閒站著，看著他，想想他，想想自己，心裡老大不痛快。

等一切都弄完，他把髒地毯帶出去放到車上，又把下次再來的時間告訴我媽，看著我，然後跨步靠近。

「妳排行老幾？」他問。

「老大。」我說，心想他記得的。

霎時，我覺得那就是一切，那一切——不是小女孩正在長大的我，而是他捏塑過的我。只見他的眼睛閃閃發光，以無可言喻的方式落到我的雙頰，我的肩膀，我的胸部，看不見的肚臍眼，然後往上越過肋骨，又往下落到我鬆垂的腰窩！我回到了學院附近那棟安靜的小屋，感覺到自己全然放鬆，等著這個老人認出我，讓他用雙眼做他雙手曾經做過的，奇妙而純淨。我知道，那不會再重演了。此外，我還知道，阿德曼尼亞先生曾經把我塑成一座雕像的事，在我四十歲又倦又肥時給了我力量，同樣地，在我變成一個老太婆時也還會給我力量。

當然，有關勾引的問題還在，值得好好探討。除了他做過的，他還有對我做過別的嗎？沒錯，姑且不論他的年齡，他的性功能無可置疑，但不從這個角度來看，而是從我們把花蜜堆到了杯緣的精神容量來看，是不是任何其他的事情都有可能呢？我永遠無法知道，也不在乎了。

我整個人放鬆下來，在熟悉的屋裡，在媽媽面前，無可無不可地站著，心中覺得有源源的力量湧出。

他微微一笑，向我媽一欠身，然後對著我說：「小姐，很高興再次見面，再見。」肩上扛著最後一卷地毯，樣子活像一隻作勢欲撲的螳螂，他走了。我媽佯作惱怒，說：「我認為我才是他的小姐，不是妳！」一抹淺笑掠過。

媽媽和我，兩個人聊了一整個下午，談孩子，談帳單，談有的沒的，就是沒談阿德曼尼亞先生。看來沒有必要了，不管是現在的還是曾經的。

——〈讚許〉（Answer in the Affirmative），1983 年

平靜的喜樂

／葉胡達．阿米亥（Yehuda Amichai）　以色列人，詩人，1924—2000 年

站在一個我曾經喜愛的地方。
雨下著，雨就是我的家。

思索想要的字眼，描述
一片超出可能的風景。

我記得你在揮手
好像在擦掉窗玻璃上的霧氣，

還有你的臉，好像
從一張模糊的舊照片放大。

我曾經犯下一個可怕的過錯

對自己和別人。

但世界打造得很美，大有益處
可以休息，一如公園的長椅。

到了晚年我才發現
一種平靜的喜樂
但就像是發現了嚴重的疾病卻為時已晚：
平靜的喜樂為時不多了。

——〈平靜的喜樂〉（A Quiet Joy），1976 年

楓葉紅

／肯尼斯．雷克思羅斯（Kenneth Rexroth）　美國人，詩人、翻譯家、散文家，1905—1982 年

楓葉亮眼
染樹沿街。

樹蔭深處
滿是軟紅流光。
轉眼葉將落盡。
蒼白冬陽
將閃爍在覆蓋草地的雪上。
在這裡我們共度年少
彼此相愛
不察歲月
人生雙雙過去。
昔日只剩妳我二人，
其餘皆隨歲月逝去。
自那以後我們不曾相見。
這是我初次返回，
緩緩駛過妳家，
街區繞了又繞。
廊柱森森
有人倚窗而坐。
沿河駛去

見一男孩垂釣橋上
清清水面
葉自飄零葉自流。
我乃西向駛入煙塵落日。
——〈楓葉紅〉（Red Maple Leaves），1974年

九十感言
／羅素（Bertrand Russell）　英國人，哲學家、數學家、邏輯學家，1872—1970年

人老了，有優點也有缺點。缺點很明顯又不討喜，我就不多說了。至於優點，就我來看，那可有趣得多。長久的人生回顧，其中所含蘊的經驗自有其重量與質量。我認識許多人，有的是朋友，有的是公眾人物，都是從他們的早年一直看到蓋棺。有些人，年輕時前途大為看好，到頭來卻沒有成就什麼大事；有的人則是百尺竿頭，重大的成就不斷，直至耄耋。無疑地，一個年輕人會是其中的哪一種，根據經驗很容易就可以分辨出來。而個人的經驗及其判斷成敗的能力，除了來自個人的生活經歷外，還要加上世事的變遷。以共產主義來說，儘管起頭困難，其力量與影響卻有增無減。相反地，納粹主義之興起既快速又殘暴，以致落得悲慘下場。留意這一類的過程，大有助於洞察歷史的過

去並預見未來的可能發展。

說到比較個人的一面。年輕時精力旺盛，心高氣傲，想要成就大事的願望既熱切又急迫，完全不去計較將來的演變，乃是極其自然的事。等到了老年，對於結果的成敗，就會變得比較在乎；相對於已經擁有的成就，還能夠再做些什麼於是變得微不足道，這樣一來，人生也就冷下來了。

對於記憶中的過去年代，新聞總喜歡冠上些陳腔濫調，譬如說「沒規沒矩的一九九〇年代」及「縱情聲色的二〇年代」，讀來不免感覺怪怪的。其實以當時來看，那些個年代一點都不「沒規沒矩」或「縱情聲色」。喜歡隨便貼標籤的習慣，只是一些想要賣弄聰明而又不用腦筋的人的方便法門，和事實卻是八竿子不相干。世界永遠都在變，但絕不是像這類陳腔濫調信手拈來所說的那樣簡單。老年，就我自己的體驗，如果可以把這個世界擺到一邊去，還真不失為一段完全幸福的時光。私底下，我可以去享受一切能讓日子快活起來的事情。我就曾經想過，等我老了，便要退出這個世界，過一種優雅的文明生活，把早些年就該讀的偉大著作全都讀遍。但話又說回來，這或許只是痴人說夢。長久以來總以為某些重要的事非得要完成的習慣一時想要打破，那還真是不容易，縱使天下太平，安逸得有品味，我可能也會覺得無聊。不管怎麼說，天下事要想不聞不問，我發覺自己還真做不到。

一九四一年以來，幾乎在每個關鍵時刻，都曾經犯下過錯誤。我們聽到的說法是，西方的作為是在捍衛「自由世界」，但一九一四年之前還存在的自由卻有如裙襯般，如今已經只剩下模糊的記憶了。一九一四年，那些有智慧的人對我們信誓旦旦，說我們是在打一場終止戰爭的戰爭，結果卻變成了一場終止和平的戰爭。我們所聽到的說法是，普魯士的軍國主義絕對必須予以撲滅，但就是從那時候起，軍國主義卻不斷增加。騙死人不償命的謊言，在我年輕時，聽到的人沒有不感到震驚的，如今卻堂而皇之地出自著名政治家之口。我自己的國家，領導人既沒有想像力又沒有適應現代世界的能力，他們所追求的政策如果再不改弦更張，勢必會葬送不列顛的所有子民。一如卡珊朵拉（Cassandra）③，我天生就是預言壞事，注定沒有人聽得進去。卡珊朵拉的預言可都應驗了，倒是我的，還真希望不會成真。

有時候，人們很想躲到美妙的幻想裡頭去，想像活在火星或水星上或許還比較幸福，比較理智，但連這個夢想都被人類的奇巧淫技給打破了。要不了多久，就算我們沒把自己給毀掉，人類的慘烈爭鬥也將擴散到這些行星上去。若是為了它們著想，或許有人還會希望，地球上的戰爭乾脆就把我們這個物種給滅絕，以免地球人的愚蠢也變成了全宇宙性的。只不過，這樣的希望還真是令人喪氣。

對於老年，我心裡原先已經有譜，但過去五十年的世界演變卻把它給推翻了。有些對自己的聰明深信不疑的人，常常向我們保證，說老年可以帶來寧靜，會使眼光更為開闊，會把小惡看作是終極之善的手段。但這一類的看法我實在無法苟同。說到寧靜，在

③希臘神話中的女預言家，專門預言凶事。

現今這個世界上，恐怕只有蒙上眼睛或狠下心腸才做得到。儘管我並不是天生的叛逆，但不同於傳統的期許，我這個人卻是愈老愈叛逆。一九一四年之前，我覺得自己跟這個世界還算是處得來。即使那時候就已經有惡，極大的惡，但卻有理由相信，一切都會愈來愈好。其實根本不需要什麼叛逆，光是事情的演變，就讓我愈來愈無法耐心地沉默以對。和我有著相同感受的人雖屬少數，但卻在增加中，只要我還活著，我就一定會和他們攜手共進。

——〈九十感言〉（Pros and Cons of Reaching Ninety），1962 年

傑訥斯七十五歲
／湯恩比（Arnold Toynbee）　英國人，歷史學家，1889—1975 年

我今年七十五歲。學校和大學的同學中，有半數在二十七歲之前就遭到殺害。一九一五年以來，對於自己居然還活著，除了感到驚訝外，更為朋友英年早逝以致喪失了我所獲得的機會而感到悲傷。七十五歲那年，我把《漢尼拔的遺產》（*Hannibal's Legacy*）一書的手稿交給牛津大學出版部。一九一三至一四年間，我在牛津高階人文學院（Literae Humaniores School）所開的課就是這個主題，之後更是思索不斷，直至一九五七年才著手成書。詩人與數學家固然需要時間，歷史學家需要的更多……

每個人都是一個傑訥斯（Janus）④：「我們瞻前也顧後。」年輕的時候，很容易就會向前看；因為還沒有累積太多的過去足以吸引人去回顧。等到年華逐漸老去，想要待在過去、眼光迴避未來的念頭就會增加。這種傾向大家都明白，抗拒是沒有用的。一旦落到了這種往後看的田地，肉體還沒被死亡佔領，一個人也就跟死亡差不多了。據說，羅素爵士在八十好幾時曾經說過，要緊的是，即使是自己死後才會發生的事情也應多加關心。這話所有的老年人都應當記取，並向羅素爵士學習，身體力行。人的心智，只要保持敏銳，便不會被肉體所限，能夠跨越時空而進入永恆。生而為人，是可以超越自己的。相較於心智的幅度，即使最長的壽命也都是短暫的。一個人即使並非英年早逝，一生中所能完成的事也微不足道。在社會與歷史的架構中，個人扮演的只是一個小角色，一個人所完成的任何事，只有放進那個更大的架構才有意義與價值。

生於一八八九年，於今活到了一九六四年，我所看到的世界，彷彿是從一個時代進入了另一個時代。一八七一年以來，歐洲擁有四十三年的和平，我的成長歲月正當這段時期的後段。一九一四年八月之前，我作夢也不會想到此一和平狀態居然只是暫時的；一九一八年停戰日那一天，我更沒想到在自己有生之年還會看到第二次的世界大戰。出生於英國中產階級，在穩定安全的環境中長大。即使家庭並不富裕，只要有中等資質，肯努力，品行端正，任何人都可以擁有一個滿意的中產階級生活。一九一四年之前，在

④羅馬神話中的門神，有兩張臉，分別朝向相反方向，一張看前一張看後。

我所就讀的牛津貝里奧學院（Balliol），不管是誰，凡是對自己畢業後的出路毫無頭緒的人，院長便會按照往例將之登錄為印度行政參事（Indian Civil Service）。因此，任何貝里奧學院的畢業生，再怎麼不行，也會有一個印度行政參事的鐵飯碗。只要有一紙印度行政參事的合約，印度政府就會保障這個新任參事一輩子的生活。

我成長於其中的精神世界也是同樣穩定，依舊是義大利文藝復興時期的那個精神世界，希臘與拉丁的古典學問就是一個人的精神殿堂，無論如何，這對我倒是產生了意想不到的影響，將我與現實的西方世界區隔開來，因此，這個我生於斯長於斯的現代西方世界，在我的眼裡，毋寧是怪異的、不值得羨慕的。歷史，對我來說，是希臘史與羅馬史；中世紀史與現代史只是不相干而又粗俗的驥尾，是北歐蠻族為歷史本身添加的附筆。這一段驥尾甚至不在傳承的主流之內，而是一條旁支。主流是從羅馬帝國流經拜占庭帝國與奧圖曼帝國，到今天的近東與中東。對我來說，這是現今世界唯一存活的地區。一九〇八年的土耳其革命使我深為關注，因而也使我成為《泰晤士報》的固定讀者，至今依然。

我以希臘羅馬世界為精神殿堂，就結果來看，對我大有實益。在翻天覆地的變動中，那裡始終是一方穩定的天地。在我生於斯長於斯的現實世界裡，生逢平靜的歷史遭到動盪局面的橫掃，但由於立足於古典世界，因而緩和了劇烈變遷對我所造成的衝擊。儘管蠻族所寫下的歷史附筆源源不絕，但歷史的本身——亦即希臘羅馬史——仍然萬古長存。

身處新時代，教育卻是古典的，其缺點再明顯不過。全神貫注於傳統的希臘與拉丁古典學術，使我自絕於神奇的物理宇宙。正是這個宇宙，早在我當學生之前的三個世紀裡就已經被進步的物理科學揭開了面紗。至於科學以及科學之鑰的高等數學，對我來說，則是一本仍然沒有打開過的書本。儘管鑽研拉丁與希臘文章使我頗有斬獲，而希臘或拉丁詩詞感動我時，也使我的情感得到抒發，但所有這一切都彌補不了這方面的損失。此外，我始終無法用自己的母語寫詩，在古典教育上痛下功夫，竟然落得此下場，也算是怪事一樁了。

不過，話說回來，古典教育給我兩大好處，對我的心智來說，那可是無價的。其一，它給了我一個精神的立足點，使我能夠獨立於身不由己所處的時空，因此不至於高估了現代西方文明的重要性。儘管我在乎——而且是十分在乎——現今世界的未來，但「我的」世界，亦即與我的理智及感情關係最密切的世界，並不是現今的西方式世界，而是二千年或更久以前的愛琴海及地中海世界，也就是波里比烏斯（**Polybius**，約紀元前二〇八至一二八年）⑤的時代。從古典教育我所獲得的第二大好處是一種終身的信念，亦即，人類的事務，如果不從整體去看乃是無從理解的，又因為有了這樣的體認，我終身努力以赴，以期對人類的事務達成一種全面性的觀點。在我受教育的那個時代，西方學者已經在把人類事務那張渾然一體的巨網撕成碎片，奇小而且奇多，並在顯微鏡下一一

⑤古希臘歷史家，所著《史記》（*The Histories*）涵蓋紀元前二二〇至一四六年間之事跡。

檢驗這些碎片，彷彿每個碎片都是自足的宇宙，而不是一個更大整體不可分割的一部分。我慶幸自己所受的是舊式的古典教育，因此，在人類事務上，使我免於接受這種十九世紀德國式的教導。對我來說，十五世紀義大利式的教導反而比較好，因為就我看來，對人類事務，後者的觀點比較切合真實人生。古典學術的人文主義學者，看待古希臘羅馬人的生活，是把它視為一個整體。在他們的眼裡，古典世界的語言、文學、視覺藝術、宗教、政治、經濟與歷史，並不是許多用思想絕緣體包覆起來的分立「主題」，而是生活統一體的諸多面向，所有這些面向，如果不能加以整合並視之為構成整體的部分，所見便是偏頗的。

我的目標是要將自己的眼界與領域擴大到自己力所能及的範圍……

我在跟死神賽跑。
　我加速；他躊躇；我獲勝。
想罷工，該死！你這懶鬼、睡蟲，
　休想壞了我的成果。

——摘自〈傑訥斯七十五歲〉（Janus at Seventy-Five）載於 *Experiences*, 1969

赫爾之家四十年

／珍・亞當斯（Jane Addams）　美國人，公共哲學家、社會學家、作家，1860—1953年

赫爾之家（Hull-House）是一個安置機構，目的是要分擔因貧窮而造成的社區負擔，每天都會發現遭到忽視與遺棄的老人，看在眼裡，真是可憐。在我們進駐的第一個月，某天，一個男孩引著一個連路都走不穩的老婦人來，說她在他家廚房火爐旁邊臨時搭的床上已經睡了六個星期；又說，她是死了兒子才來投靠的，不過，並沒有人認識她，只因為她的兒子「曾經和爸爸在同一家店裡工作，在走投無路的情況下，她想起了他」。最後，小傢伙做出結論，我們的會館比他們家大得多，他認為，可以有更多的房間放床。老婦人自己則是一聲不吭，就只是看著，眼睛裡流露出對救濟機構的揪心恐懼，她可以說是那種恐懼的活樣板，看在眼裡，令人心碎，一副走投無路的神色，即使是郡立安養院裡的那些收容者，看起來也沒有那樣悲慘。

同樣的表情我也看過，才幾天前，幾個婦人驚慌失措跑來，叫我快趕去一個德裔老太太的家。事情起於郡辦公室來了兩名男子要將她帶走，送到郡立安養院去，可憐的老太太整個人死命抱住一個破爛不堪的小五斗櫃，緊到怎麼分也分不開。她既不哭也不鬧，其實連人的聲音也不曾發出，但在粗重的呼吸之間，卻發出刺耳的喘息，宛如陷阱

中受困的動物。門口，聚著一小群婦人和小孩，驚嚇地看著這一幕萬念俱灰的恐懼。這種經常籠罩貧窮失業家庭的恐懼，臨到老年時，更是說來就來，令人無法招架。鄰居婦人和我趕到，好說歹說，苦勸那位老婦人，恨不得早點丟下燙手山芋的郡公所官員喜出望外，把她丟給我們就走人了。這種對安養院的恐懼由來已久，始作俑者是濟貧法的執行數百年來令人膽寒，就我看來，那實在一言難盡。話說有一個夏天，在庫克郡（Cook County）安養院，看到那些老太太被丟在那邊發呆，我整個人簡直快瘋掉了，其中的許多人，都是我在她們還需要活動的那些年裡就認識的，當時，她們可都還覺得自己忙得不可開交哩。一個一生照顧家務的老婦人，身邊難免有些小東西，看起來雖然可笑，但卻可能是她的情感所繫，是她每一根手指頭所熟悉的，如果把它們拿走，那就等於奪走了她對活動乃至生命本身的最後誘因。一個老婦人，總有一些寶貝，不僅可以拿出來排遣空虛，在心馳神想時也好有個寄託，如果就只給她一張椅子一張床，連個存放這些寶貝的櫃子都不留，生活簡約到這種地步，未免就太不近人情了。

可憐的老太太死抱著她那口五斗櫃，其實就是死抓著正常生活的最後一絲殘餘，一個一旦放棄，也就一切都沒了的象徵。那個夏天之後又過了幾年，我邀請五、六位老太太從安養院來度兩個星期的假，她們迫不及待地欣然接受。在郡立安養院裡面，幾乎所有的老先生每年夏天都會溜出去，找機會弄點吃的住的，小「逛」一番之後回來，精神就好得多，但老太太們卻做不到這一點，除非有外來的幫助，還有就是只花很少的錢，實現她們渴望的度假。我發現，她們進城的車資要不了幾個錢，和一個老朋友共住一星期只要一塊錢；在赫爾之家的咖啡屋，一天兩頓好飯是肯定有的，老朋友之間飲茶，要喝多少有多少，還可以快活地跟她們說，自己「是出來找點小變化」，而且還沒有決定「要不要再進去過冬」。就這樣，她們盡情享受了兩個星期的假日，還帶著她們好聽的冒險故事回去，在漫長的冬日裡取悅她們的那些窮朋友。

這些老太太們憶往話舊，談起人生來頭頭是道，由於無所忌諱，最後竟然到了想說什麼就說什麼的境界，如此一來，往往使她們成了最討人歡喜的伴侶。我記得其中一位客人，是一個有好多孩子散居各地的母親，多年來鬱鬱寡歡，唯一可喜的是她兒子麥可的婚宴，席間長時間的冥想，把筵席變成了諸神的瓊漿仙饌。在她再「進去」之前，算是送別，我們一同進餐，吃的就是雞肉餡餅，但吃起來全不像「麥可婚宴上的雞肉餡餅」，令她大失所望。

說到老年，往往會聯想到尊嚴及平靜，但即使是死亡本身也未必做得到。我記得一位蘇格蘭老太太的臨終時刻，長期以來，拚命想要「保持尊嚴」，使她吃了不少苦，臨死最後說的話，居然是挖苦諷刺要來服侍她的人：「所以，今天一大早你就不請自來了，對不對？你只有昨天才送東西。我猜你知道醫生來過。暖我的腳用不著拿什麼別的東西，就我放在那邊的那件舊外套就行了；那是我小兒子的，淹死在海裡的那個，差不多都三十年嘍，但還帶著人情味，比起你那見了鬼的好心熱水袋可要暖得多。」說著說著，刺耳的喘息聲安靜下來，死了，我整個人嚇呆了，等著醫生過來。

早期的赫爾之家，由於地方政府缺乏相關規定，這點已經提過，另外加上城市的慈善努力不足以及毫無根據的樂觀心態：我們這裡根本沒有窮人。在芝加哥，二十年前還沒有慈善組織協會（Charity Organization Society），居家照護協會（Visiting Nurse Association）也還沒有展開其行善工作，而救濟組織方面，雖然管理頗上軌道，但無論規模或專業都還嫌不足。

社會改革者只顧著討論大原則，窮人就只好怪自己貧窮，怪自己命苦。我還記得有一個叫莫蘭太太的，在一個下雨天，從郡公所回家，兩隻手臂抱著滿滿的紙袋，裡面裝的是豆子和麵粉，那可是用來填飽孩兒的肚子的。儘管沒有錢，為了保住保命的東西不被雨水給毀掉，她搭上一輛街車，當那些紙袋子爆開，「麵粉撒落在婦人們的衣衫上」，「豆子落得到處都是」，車掌惡狠狠地斥責她，當發現她繳不出車資時，更是暴跳如雷，把她趕下車，正好如她所希望的，幾乎就在赫爾之家的門口。一面講述著自己踏下街車，眼睜睜看著自己最後的口糧消失時的心情，她承認自己忘了規矩，「稍微詛咒了幾句」，但奇怪的是，她既不是在詛咒那場雨、那個車掌，也不是在罵她那個關在牢裡的沒出息老公，而是衝著芝加哥那個時候的精神，說到底，只怪那「該死的貧窮」。

——摘自《赫爾之家四十年》（Forty Years of Hull-Housee），1910 年

美國奴隸：自傳集

／葛斯．亞歷山大（Gus Alexander）　美國人，1864—?年

「戰爭結束的前一年，我出生在德州。我媽是個種棉花的奴隸，我爸沒什麼不好，只是無法工作。人家說，我媽總是要幫忙摘他那一行的一半，這樣他才趕得上別的摘棉花工人。如果他進度落後了，車夫就拿皮鞭侍候他。我五個月大時，我媽死了。黑人孩子的生日很難記，他們不是說『啊，你是生在西瓜的時節』，要不就是說『你是生在摘棉花的時節』。

「我媽的兄弟在我五個月大時離開我們住的地方，再看到他時，我已經十五歲了。一天早晨，還沒吃早餐，我走到他的小屋，到門口時，他剛坐下要吃早餐。我光著腳，個子矮小，走了好幾里路，肚子很餓。他說：『啊，是夏洛蒂的孩子！』將近十五年沒見，當時我只是個小嬰兒，他居然還記得，令我很開心，我是一個孤兒，家裡沒有什麼其他的人。他叫我坐下和他一起吃早餐，並告訴我許多關於我媽的事。

「我記得的第一件事，是我八歲時，我的叔叔要結婚，他對我很兇，一天早上我起床，起了一個誓，對自己說：『世界其他地方應該不會有比他對我更兇的，所以我要離開。』

「於是我八歲時就靠自己了。我爸死在監獄裡；所以我決定到監獄農場去工作，看看那裡到底是什麼樣子。我在監獄農場打工，在不同的時間，瞭解那邊的情形。我決心一輩子做個守法的公民，因為我不要進監獄。

「我流浪到堪薩斯，在農場為一個白人工作，一個月三塊錢。夫人，男主人的妻子，對我很好，幫我把錢都存起來。我把錢交給她，她為我保管好。然後到了星期六，我就擦亮鞋子進城。我在那裡工作，直到存了六十塊錢。

「後來叔叔找到我，要把我帶回去，但我逃跑了，跟一個醫生回到德州。那時候我十五歲，做了醫生的車夫。他常喝醉打架，我看他有麻煩，就會去拉他，說：『走吧，我們回家去。』他就會像個小孩一樣跟我走。他常對白人說：『我不在乎你給葛斯東西，給他什麼都行，但若給他威士忌，我就宰了你。』

「我討了一個老婆，一起生活二十多年。有一個男孩，名叫葛斯。小葛斯什麼都不懂，從沒開過竅，從來不會說話，也沒長大過，活到二十二歲。

「葛斯剛過二十一歲時，我老婆死了。死前對我說：『你要照顧好小葛斯，要守緊他，但不會久的，因為媽媽或我有一個會來帶他回去。』我沒把她的話當回事，因為我不相信鬼魂。一個夜裡，小葛斯和我像平常一樣去睡覺，第二天早晨，我去看他，小傢伙死了。我想，我老婆是對的。

「我知道，小孩子及年輕人如果關懷老人，一定會是好公民。我始終都是個守法的人，從沒坐過牢，沒惹過麻煩。我尊重每個人，也尊重自己。沒失去健康之前，我從來不求人。如今我老了——你知道的，好像連呼吸都喘不過——唉，到我老年時，凡是我為他們工作過的白人都來看我。他們對我的黑人鄰居說：『你們照顧葛斯，我們付你們錢。』」

「我的岳母是個奴隸——她常說些巡查的故事給我們聽。她說黑人常溜出去跳舞。跳舞的時候，如果巡查來，就會看是不是有他們認識的黑人在跳舞，這時黑人全都溜出去躲到黑暗中，等到巡查累了離開。老嬸嬸說，如果他們冬天來，爐子裡有火，她就會抓起一枝燃燒的棍子，把煤和灰丟到每件東西上，引起一陣混亂，好讓黑人可以跑出去躲起來。

「我老了，不再能做什麼事了——牙齒都沒了，呼吸也很費力。只要能好好呼吸，我就滿足了。但我以自己從瘦小的孤兒長大成人為榮，我爸坐牢，我媽死了，我同白人和黑人都處得來，沒有一個敵人，每個我認識的人都是我的朋友。連白人都不得不承認。」

——寫於一九三七年，收在《美國奴隸：自傳集》（*The American Slave: A Composite Autobiography*），1979年

慢慢回來了／艾格妮絲・凡德柏格（Agnes Vanderburg） 美國原住民／平頭族，民族文化工作者，1901—1989年

啊，在我成長的時候，事情不一樣。我那個時候，有很多漿果，時常打獵、釣魚之類的。但現在，什麼東西都沒了——根莖類、漿果類的，都沒了。我所看到的是，它們都不再生長。至於原因，那是因為它們成熟時，沒有人禱告，只知道摘來放進嘴裡，他們只顧著跑進灌木叢裡吃個精光。對根莖類也是一樣。以前的人相信，任何東西要嚐之前都應該要禱告。但現在，他們不再相信任何事情。我對我的小孩說：我的時間要到了，今年的二月十四日我就七十九歲了，所以我略微知道接下來會發生什麼事。因此，我告訴他們：做我教你們的事，等到我走了，你們就會懂得我所知道的。但如今你們只用別的方式看事情，而不是用我們印第安人的方式。

今天，我要教人們用我所知道的老方法做事。在聖伊格納夏斯（St. Ignatius），我教了一些，念珠和豪豬棘刺之類的。我明白，小孩不喜歡上學校。這就是為什麼他們所做的大都是他們自以為是的。你只要看電視播放的東西就知道了。他們很多人就是這樣學

壞的，電視上甚至播放如何偷車，如何侵入家舍。他們教人開鎖、破窗、破壞車子。那些都是我討厭的。他們也是從那裡學壞的。老師教他們好的，他們卻不樂意學。

甚至連語言也不存在了。只是好玩，我對那些小孩講起印第安話，他們望著我，說：「你在說什麼呀？我們聽不懂。」今天，他們在這裡的學校又開始教印第安語了，但他們卻跑來問我這字是什麼意思。我說：你們才是老師呀！你們要付我錢，每個字五塊。到今天，他們欠我好多錢了！（笑）

有時候，我教他們手語——你明白的，印第安人，他們的手是安靜不下來的，講話的時候手跟著動，那是語言的一部分。大家都懂那些動作（她做示範）「你在講話，我在聽：什麼？」你看，光是用動作，你差不多全都懂了。

我長大的過程中，每個人都講印第安話。因此，我到學校上學時，講印第安話沒有問題。但當我們必須到聖伊格納夏斯去時，第一件知道的事就是那兒只能講英語。那時候，只要是聚在一起，我們都講印第安話，但若被知道了，必定挨罵。他們不准我們講印第安話，我們也不敢講。於是，許多印第安人不再說自己的語言。

我去過許多部落，也都是一樣，大家都想說自己的語言。但每個部落並不相同。舉例來說，納茲伯西族（Nez Perce），你就聽不懂。還有庫坦奈族（Kootenai），講話很快。即使是在這裡和聖伊格納夏斯之間，也有不同的字。因此，老一輩的聚在一起都用手語聊天。我們說：你是哪一族的印第安人？是這樣說的，我們比成這樣（她表演一個動作，右手舉起來，碰左手的手背）。

但我的曾祖父母說過：當所有的印第安人都說同一種話時，你最好要留心，因為，世界快要結束了。這我相信，因為現在大家都講英語了。不過，古老的語言慢慢又回來了，因此，或許還可以阻止，如果想要的話。

～

在罕默敦（Hamilton）的另一頭有個地方，我們發現一棵藥樹。這個部落一直都相信那種樹。每個秋天和春天他們都會去到那兒。到了以後，獻上禮物。把心裡想要的說給那樹聽。你知道這故事嗎？啊，據說是這樣的：有一次，一隻巨大的山羊追逐柯耀特（Coyote），柯耀特拚了命地逃，來到了這棵樹，便躲到它後面。那山羊正好撞上那樹，一支角戳進了樹幹，動彈不得。於是，柯耀特說：現在，這樹將成為藥樹，誰來向這樹祈求，便可以得到所求。

大概一個月之前，我帶一些人到那兒去，並告訴他們：不要光是來這裡玩笑，你們當獻上禮物，無論想成為什麼或想要任何東西，告訴他，但先要付給這樹。這樹有許多這種錢幣，都是人們塞的，古舊的錢，後來不斷有人來，挖開樹幹，所以到處都是洞。隨便看，有一元的，有五十分的，有二十五分的——啄木鳥一般啄開樹皮。有一個男人，喔，他是個瘋子；他說：我年輕的時候怎麼不知道？我說：因為你根本不在乎！所有你的老祖母知道的事，你全都不當回事兒。

去年和今年我都帶過一些人去那兒。但我們的樹從樹頂開始枯死了。有人說，那是因為每個人都從那樹拿了東西走，樹幹上有好多好多的洞，有人把裡面的錢拿走了，因為那都是古舊的錢幣。

我們還是會到藥樹那邊去，但那兒不再有藥人了。在他們的時代，沒有醫生；但有魂靈會來，醫治各式各樣的疾病。有一個老人，甚至為嬰兒治病。他們所依靠的就只有藥人。但現在他們如果想要有藥人，就只有訴諸他們聽說過的老法子。不過，現在也無法做到，再也做不到了。老祖母們常說，那是因為我們是住在盒子裡，也就是說房子裡；而在以前，他們是住在梯披（Tepee）⑥中，所以他們的魂靈才能來找他們。但我們現在住的方式不對。我們沒有老祖宗那樣強壯的原因正在這裡。

——摘自〈慢慢回來了〉（Coming Back Slow），1980年

⑥印第安人的圓錐形帳篷。

自述：結語

／王時敏　中國人，山水畫家，1592—1680年

年少即下定決心潔身自愛，杜絕一切敗壞世家子弟的奢華浮誇，遠離塵俗物慾享樂。我並不是說，凡富貴人家往往都會遭人物議，獨生子都容易墮落。倒是我，卻因為怯懦戒慎而虛擲了歲月，為應付社會要求而消磨了自己的才具。既不能追先祖之嫻熟於正典，亦無法以藝術之實踐超越同輩成就名聲。

如今日薄西山，旅途將盡。既未能如向平⑦得遨遊天下之自由，也不確知尚能多活幾歲——如孔子之所希望。召集諸子，勉其兄弟一心，方不致各自飄零。傷老妻之逝，常難以自抑，悲塞胸臆，但交友雖廣，可以解愁者寥寥，又不能暢言於親友。

然回首前塵，未嘗逾越儒家德目。幼小以至年少，日夜追隨祖父，親炙其舉止風範。每有友朋或家人相聚，其坐於爐前，修剪燭芯，談經典論書法，重溫歷史掌故，悲嘆當前時事。絕無一言及於官祿、名聲或生意。耳之所聞，目之所觸，長在我心。此所以終此一生常於寬宏忠實中得平靜，待己以嚴，務求純良正直，所言所行唯恐不慎、不敬、不謙。唯有做到以上，方能免於浮誇粗鄙。但若捨榮譽以求存，為避險而失格，此唯女子與小人之行徑，不足以驕人。

近將一生概略付諸筆墨，置於家祠，使子孫後世得以悉我生平，藉此溯往吾父吾祖之家訓，效法前人足跡，不辱家聲，或能有數人同時在朝居於高位，重振家族聲譽。

——《自述》：結語，十七世紀

回顧人生／無名氏　美國人，十九世紀

人生忙碌的日子結束了。歡樂、責任與焦慮，全都成為過去。陽光與陰影，曾經交替於途，如今同樣消失，但有柔和的暮色聚集天際。

人生的傍晚！是的，人生有其日落，有其黃昏。視茫茫，髮蒼蒼，步履蹣跚，在在顯示塵世生活的閉幕時刻已至。時光飛逝何其快速！等在前頭的永恆又是何等逼近呀！

……人生的閉幕時分，基督徒呀，你當追求寧靜與安止。切勿再使昔日應做當為的俗務侵擾你心，亂你思維，也不可埋怨不平，因為你再也無法像從前那樣操心勞力。老

⑦一世紀之隱者。

年是人生旅程中安靜休息的地方；日正當中的炙熱消散，傍晚清爽的涼意升起。

人生的傍晚！傍晚是反省的時刻。白天被忙碌與緊張佔據，難得有機會深思。沒錯，心思有條理的人能夠控制思緒，即使不得不投注在俗務上，仍能夠專注於崇高遠大的理想；但大部分人光是眼前的事在時間上與心思上就已經窮於應付，對於眼不能見、遙不可及的事，即使只是瞥上一眼恐怕也很困難；因此，有人歡喜傍晚時分，可以靜思，可以自省，可以端正心志。

❦

回顧！「你們當回顧主上你們的神在曠野裡帶領你們四十年的情形。」這種對過去的深思，老年是最適合的時期。老年不同於年輕，判斷不再那麼容易被熱情激動所扭曲，態度也比較不會因感情用事而動搖。老兵追述昔日的戰場，所做出的判斷及所提出的看法，往往都會比身在其中的士兵要有利得多。既然如此，何妨細數自己的一生，從嬰兒的曙光到今日的衰頹，追溯在世路上走過的那許多曲折迂迴，綜覽滄海桑田每一時刻的痕跡。

但回顧令人愉快嗎？在我們的心路歷程中，有許多地方難道不是回憶所不願意流連的？在生命早期的記錄中，有許多事情難道不是遺忘了反而比較快樂？沒錯，回想自己的缺失和罪過確實會感到痛苦和自責，但不管怎麼說，睜開眼睛面對事實才是最上策。既然如此，何妨對自己的過去來一次全面而誠實的檢驗。用神所教的話語檢查自己的動機，用祂神聖的律法審判自己的行為。面對事情的真實狀態，不要讓傲慢或偏見掩蓋了自己的眼光。天網恢恢，切勿自欺！當請神為師，並做這樣的禱告：「啊，神呀，搜索我，查看我的心；審判我，查看我的思想；看我是否有任何邪念，並永遠領我前行。」

那麼，自我檢查的結果會如何呢？蒼天在上，回想過往種種時，良心的審判又會是什麼呢？或許，不，應該是必定，結果會是悲傷與困窘一湧而上。自己最得意的成就，裡面竟有那麼多的自私自利；口口聲聲說自己信靠基督，裡面竟有那麼多的不忠；在自己的嚴格檢查下，心靈的不潔，生活的污穢，有如水落石出，會讓人禁不住喊出〈詩篇〉的話語：「喔，主呀，求你不要審問僕人，因為在你面前凡活著的人，沒有一個是義的。」又或許，反思自己的過去會使人相信，自己活在世上其實從未跟隨過神跟隨過基督，一直都是沉迷於塵俗的瑣事，忘卻了天上的美好，儘管是個有責任的人，並隨時願意奉召奔赴最後的使命，但卻誤入了犯罪的歧途，沒有服從最高的指令。

上述的回顧，不管哪一種，都是謙卑的，但可以帶來希望、平安與救贖。無論是苦惱的基督徒或悔悟的罪人，對此，福音書所報的佳音是：「耶穌基督的血洗清了我們所有的罪」、「相信主耶穌基督，你便將得拯救」，既然如此，「縱使你的罪顯如硃紅，但都將潔白如雪；縱使你的罪顯如腥紅，但都將潔白如羊毛」、「凡勞苦擔重的人可以到我這裡來，我就使你們得安息」。凡奉十字架尋求寬恕的，都將如願完全得到。將自己連同自己的罪，不管所犯的有多少、有多重，攤在救主的腳前，說：「主啊，救我，我要死了！」祂將回報以慈愛：「你的罪得到赦免了，平安去吧。」

前瞻！回顧必須一併往前看。勞頓的朝聖者回憶起旅途上的往事，不免悲喜交加，但也會懷想，在幸福的家中，等待著他的會是休息與擁抱。當夜幕降臨，地上的事物逐漸模糊不清，旅行的基督徒會歡喜天父的家為他準備的地方，並安置自己的心於其中的許多宅第。

——摘自《要到家了》（*Nearing Home*）的〈回顧人生〉（The Review of Life），1868 年

反省人生：老年回憶一解

／巴特勒（Robert N. Butler）

美國人，醫生、老年醫學家、精神病學家，生於 1927 年

……依我的看法，反省一生乃是一種很自然的事，是一種很普遍的心理過程，其特徵是倒退回去感受過往的經驗，是一種進步的倒退，重新面對尚未解決的衝突尤其如此，同時，在正常情況下，審視並重新整理這些重現的經驗與衝突。一般來說，知道終結與死亡正在接近，以及對自己的安全感到無能為力時，往往都會促成這種過程。此

外，同一時期所發生的事情也會進一步決定反省的形式，但影響其本質與結果的則是發展了一生所形成的性格。

≈

精神病學作家往往輕忽死亡的意義，普遍反映出一種拒絕接受的傾向；有些作家也迴避死亡，則是因為採用了這類精神分析的架構，視之有如去勢，其所引發的焦慮一直都被認為是基本的恐懼。但是，對死亡的恐懼往往是概念化的，是表象的而非真實的。

反省人生與死亡之間的關連不僅見於老年人，也常在等待死亡的年輕人身上發現，譬如重症患者或死刑。此外，滿腦子死亡的人，內心所思也往往如此，在步向死亡的過程中，一生的經歷會在回顧中再次上演。這讓人想到鬥牛表演中鬥牛士的「緊要關頭」。和傑訥斯一樣，對一生所做的回顧既是面向死亡也回首過往。《聖經》裡面有羅德（Lot）的妻子，希臘神話中有奧費斯（Orpheus），都是把面對死亡與回顧關連起來的具體例子。

但一般來說，人生回顧更常見於老年，生命即將走到終點固然是原因之一，另一個原因或許是退休。退休不僅讓人有時間可以自我反思，也把工作所造成的防衛性行為解除了。

在極端的個案中，回顧人生造成嚴重的後果，往往和實際上或心理上的孤立大有關係。卡農（Cannon）、李希特（Richter）、亞德蘭（Adland）、威爾（Will）等人都在作品中談到過孤立或孤獨與死亡之間的關係。威爾是這樣說的：「疏離感與人類的生命，有此則無彼，有彼則無此。」

總之，回顧自己的一生或許是對各種不同的危機做出回應，死亡之逼近似乎只是其中之一而已，而死亡之逼近被視為危機，其程度似乎又隨每個人的個性而異。然而，這裡所要說的是，死亡逼近若是生物現象，那麼，在促成人生反省上便和個人與環境的境遇無關，儘管後者可能具有加強性的作用。

——摘自〈反省人生：老年回憶一解〉（The Life Review: An Interpretation of Reminiscence in the Aged），1963 年

回憶中的人生
／芭芭拉．麥爾霍夫（Barbara G. Myerhoff） 美國人，人類學家、電影製片人，1935—1985 年

記憶之為物，有的模糊不清，有的暗影朦朧，有的卻又清晰無比、生動完整，不僅可以喚回過去，而且可以重溫往事，完全保持其原味，並不會因為變化與思緒的介入而有所改變。當我們恍若置身過去，一切感受有如昔時，這種普魯斯特式的（Proustian）⑧神奇時刻乃成為最大張力的匯聚點，人生的散漫性被超越，時間感油然而生，整個人與自己的記憶彷彿感覺起來全然真實，同時存在，不再有先後之分，自己與過去渾然一體。在這種時候，湧起的往往是兒時記憶，所感受到的是原來的那個自己，自己的身體雖然已經隨時間改變，但卻明白那個仍然居住於其中的小孩就是自己。因回憶而與昔日

的自己合一，的確會產生今昔一體之感，這或許也可以算是老年的主要課題之一。

弗洛依德認為，生者要能夠發展出新的現實，其中不再包含已經失去的，那才算得上是哀悼的結束。但應該也可以這樣說，從哀悼中獲得完全的復原，可以使已經失去的得到重建，並將之保存下來併入現在。對復原與健康來說，將記憶予以抹除固然極為重要，回憶與保存其實也不可或缺。

維多・透納（Victor Turner）所用的「Re-membering」（記憶）一詞，除了用引號括起來，並用了連字符（hyphen），以示不同於一般的回憶。他所用的re-membering，指的是一個人的members（組成要素）的重新聚合，包括那些真正屬於自己人生的人物、早期的自己，以及人生中不可或缺的其他人。因此，回顧是有目的、有意義的一種統合，不同於那些在一般意識流中伴隨著其他活動的影像和感情，後者是漂浮的、片段的、流動的、無目的的。這種專注的統合，由記憶所提供，是意義與秩序所不可或缺，並由此形成一上溯過去下逐未來的歷程，一則經過編選加以簡化的故事，並可以為道德及倫理的目的犧牲其完整性。此所以歷史得以成其為藝術、神話及宗教儀規。在希臘神話中，記憶女神尼茉西妮（Mnemosyne）之所以是眾繆斯（Muses）的母親，原因或許在此。如果沒有記憶，人類就沒有歷史，也會失落自己。

——摘自〈回憶中的人生〉（Re-membered Lives），1980年

⑧ Proust為法國小說家。「普魯斯特式的」一詞在此意為「來自於記憶的」。

一種典型的大腦皮層疾病

／阿茲海默（Alois Alzheimer） 德國人，精神病理學家，1864—1915年

阿茲海默所報告的病人，在法蘭克福住院期間經過密切觀察，並由西奧里（Sioli）主任檢驗其中樞神經系統。

病人的早期臨床症狀異於一般個案，無法依任何已知的臨床類型加以歸類。解剖發現也不同於常見的疾病發展進程。

年齡五十一歲的婦人，最初的症狀之一是對丈夫的強烈猜忌。很快地，她就表現出急速增加的記憶障礙，找不到回家的路，拖著東西亂走，自己躲起來，有時候，以為有人要來殺害她，然後開始大聲尖叫。

住院期間，她的神態十足無助，時間與空間完全錯亂，不時說自己什麼都不懂，覺得不知所措。有時候，把醫生當成是官員，拚命為自己沒能完成工作道歉，但有時候卻又大吼大叫，怕醫生要給她動手術，還有的時候，則是義憤填膺地叫醫生滾開，所說的話顯示她害怕醫生要損壞她的名節。她又不時陷入狂亂，拖著毯子和蓆子到處亂走，吵著要丈夫和女兒，似有幻聽，常常接連數小時狂喊，聲音淒厲。

任何狀況她都搞不清楚，因此，不管什麼時候，只要是醫生要為她做檢查，她就大

吵大鬧，往往要花掉好幾個小時才能有個結果。

她有嚴重的知覺障礙。醫生出示某些物品，剛開始，還能指出每樣物品的名稱，但隔沒多久，就什麼都忘了。閱讀時，會省略句子，拼出每個字，但卻荒腔走板。書寫測驗時，往往重複同一個音節，但卻漏寫其他的，並逐漸變得糊塗，心不在焉。對話中，經常用詞含糊，出現單詞語誤（milk-jug〔奶罐〕說成 cup〔杯〕），有時候會突然停下來，一語不發。有許多問題，她明顯不懂，不記得某些特定物品的用途。她仍然能夠正常走路，也能充分使用雙手，走起路來或使用雙手時，並無肌肉運動失調的情形。瞳孔反應正常。橈動脈稍微硬化，無心室肥大，無蛋白質。

生病過程中出現的症狀可以視為病灶症狀，有時候極為明顯，有時候又十分微弱，但始終非常溫和。精神衰退非常穩定地惡化。罹病四年半之後，病人死亡。

到了最後階段，她完全無動於衷，像個胎兒般（雙腿上縮）躺在床上，動彈不得，失禁且生褥瘡，儘管所受照護良好。

解剖結果顯示，腦部萎縮均勻，無肉眼可見病灶。幾條較大的大腦血管顯示有動脈硬化病變。

比爾蕭斯基（Bielschowsky）將銀染色在神經纖維上顯示出非常典型的病變。然而，在一個表面看似正常的細胞裡面，可以觀察到一條或多條單束纖維，因其顯著的粗厚及特別的堅硬而顯得異常醒目。在更晚期的階段，許多平行排列的纖維也顯示出相同的病變，然後累積形成密集的綑束，逐漸進到細胞的表面。最後，細胞核與細胞質消失，只剩下一束糾結的纖維還可以讓人看出神經元本來所在的位置……

總的來說，我們很明顯是在處理一種不尋常且罕為人知的疾病。近年來，這些特殊的疾病已經大量檢查出來。擺在眼前的事實應會刺激我們更進一步去研究並分析此一特殊的疾病，切勿硬把這種疾病歸入已知的疾病類型。很明顯地，現存的精神疾病，其數量遠超過教科書之所載。在許多這類個案中，必須做更進一步的檢驗，以確定每一個案的特徵，務期將廣為人知的疾病類組再予以細分，按照臨床與解剖的特徵，分成更小的類組。

——摘自《阿茲海默症的早期研究》（*The Early Story of Alzheimer's Disease*, 1906）之〈一種典型的大腦皮層疾病〉（A Characteristic Disease of the Cerebral Cortex）

生者

／理查・艾伯哈特（Richard Eberhart）　美國人，詩人，1904—2005年

激情過頭
有時傷人。
令人無法招架。
心靈和肉體

都要搞清楚，
以八八高齡
所見過的場面

難免令人
顧慮
大激情，
無法壓抑的才智，

要打破現實
針對人類的天性
提出另類說法，
特別是女人

活最長的，
有時以鍍金的鷹眼
俯視場景

以激情，

激情出言不遜，
令人錯愕
若還懂得
謙卑，

若不懂得，
無論如何
都令人錯愕，
因為

人將受傷，
痛苦
無可置疑，
真正的心碎，
而死亡轉瞬即至

無一可免，
這些受傷者，
受歌頌的凡夫俗子，

然而遠古的女士，
優美的雅畫
加把勁，
從波士頓開到緬因

九十了，
九十還打高爾夫球
在卡斯廷（Castine），
以此解憂，

這可不是在影射
看這些歲月刻蝕的人
逃脫疾病
因某些我們所不知道的

神祕法則，
意氣風發，

令我
同情

那些受傷的與死去的，
那些殘缺的，
共同的命運，
天地無情，

但此詩的主題
不是天地
對他們有情，
表面上，

安享九十高齡，

能夠開車
三百哩而不疲累
值得慶幸。

我困惑的是，
我看過太多的愛
走錯了路，
活著浪費時間，

並遭遇
太多
女神發動的挑戰，
我無法接受

長壽就是真理
當我想到
濟慈（Keats）、霍普金斯（Hopkins）、
迪倫．湯瑪斯（Dylan Thomas）。

「希望明年再見」
越海灣而來，
挾共同的心聲
越水面而來

在一個平靜的傍晚
充滿落日餘暉的海邊。
當然我們會
我們都會，

我們希望五隻乳燕
於廊間
巢中
長大，

當母親與父親
收集小蟲

塞進牠們的乳黃小口

我們看著整個過程
直到一日
五隻燕子
要做處女飛行

牠們做到了
直上屋脊樑
停在那裡觀望，
等父親與母親

飛來餵食
靜靜的；天晚了
退回去
靠近鳥巢，
五隻緊緊一排，

靜靜餵食
箇中啟示
何等美妙

直到七月中旬之後，
滿月，

父母餵食幼鳥，
教牠們飛行。

天地的法則
自古皆然，
那麼為何
不尊重

年老的女士丰姿優雅
已經
超越時間，

或看起來是如此，
繼續開開心心地
用心推測
基因、環境
意志與機會

——〈生者〉（Survivors），1980年

豬仔市場

／馬克．康明斯基（Marc Kaminsky）　美國人，詩人、作家、心理治療師，生於1943年

記憶不只是到我而已，而是從我母親的母親一直到我。
可以追溯到她泛黃的照片，縫紉女工的孤獨
午休時間，小女孩的工廠歲月，時在一九一一年，
到比薩拉比亞（Besarabia）她胸厚如桶的酒商
父親，如今已成過去，以及她祖母的移民記憶，
如今已成過去，還有，世代亡命的記憶，一旦

登陸美國，夢想卻落空，不斷重演男人拋棄女人，
女人被棄或離開她們男人的故事。

還有**阿古那**（agunahs）⑨的記憶，
那些邊緣人，曲張的靜脈血管，三張嗷嗷待哺的
嘴巴，以及孩子被飢餓啃蝕掉的身體，被燭光
啃蝕掉的視力，安息日的蠟燭有福了，無助

還有為生活奔波的男人們，上氣不接下氣，小攤販，
打零工，嘰嘰喳喳的意第緒語（Yiddish），赫斯特街（Hester Street）
上成千的男人，上豬仔市場，
老闆叫道，你，你，還有你，十個中三個有了工作，
八十五分錢一天，一天十六小時，一年
過去了，一毛錢也沒存，無助，沒有蠟燭的祝福，
黃金大街並不真是一個地名，而是一長串假彌賽亞
中的一個，又一封寄回去的家書，沒有盧比，沒有
一年前答應的船票，七年前離家，傻傻的
希望

肩上扛著自家的縫紉機，他們走在街上，無處可去，女人在家裡都長出了鬍子，變得不認識了，拿「舌頭三明治」餵孩子，兩片薄薄的空氣夾一片意第緒語的甜言蜜語，男人豁出去了，駝背影子砸在廉價出租公寓的牆上，抬頭望著那些絕口不提回家的堂表兄弟，被他們在廁所裡用發音錯誤的卡瑪拉（Gamara）⑩成語痛罵，飽餐羞辱，大啖折磨，又過了一個逾越節，在美國，呸一口痰，泫然欲泣

多少男人離開了多少女人，跑去密爾瓦基、跑到加利福尼亞，猶太牛仔，猶太淘金客，多少女人悶在擠十五個人睡的臥室地板上，從出生到絕望都擠在統艙裡旅行，多少女人，那些

⑨指守活寡的女人。

⑩阿拉姆語（Aramaic）中的猶太道德成語。

阿古那，當舌頭三明治的話語都沒有一句時，
把腦袋塞進烤箱裡

或是埋到《前進日報》（*Daily Forward*）⑪的廣告中，整個阿古那版，多少女人，
重演移民和多少男人犯罪大頭照的歷史，詛咒
沒有希望的工作，如果莫伊西·賴博（Moishe Leib）
讀到這，如果蔡甫·阿隆（Zev Aaron）在芝加哥
讀到這，會使他想起自己忠實的妻子麗芙卡·里亞（Rivkah Leah），
會讓他想起自己賢慧的妻子
德芙拉·伊斯特（Dvorah Esther），與她站在上帝
見證的婚禮紗帳中，和她懷了馬尼（Mani），
他父親眼中的光，他沒穿鞋就走了，又和她懷了
三個可愛的女兒，讓他想起班雅明（Benjamin），
他的卡迪緒（Kaddish），他交上了壞朋友，又懷了
芬亞（Fanya），她沒走她父親的道路，活在
罪惡中，又和她懷了老七魯文（Reuven），他還
記得他的父親，不斷哭著要他，讓他想起，如果他
讀到這，在芝加哥或西部的任何地方，但願他會

讀到，讓他回來，如果他讀到這，會讓他想起
他無怨無悔的妻子和孩子，使他探詢我們，使他
回來。

不熟悉的女人們走下船，行囊單薄，他的孩子，就是
為了這，他奮鬥了一年，七年，這個他不再認識
的家，也不再認識他，這段多少女人和多少男人
離散的歷史，反覆在我心中上演

或比薩拉比亞，或烏克蘭，或華沙外圍的那些女人，
活在不常有的書信裡，八十五分錢一天，
到頭來，沒有輪船票，沒有安全進入美國的管道，
漂亮的意第緒語，祝福的意第緒語，充滿光輝
神祕氛圍的意第緒語，以及安息日的新娘之歌，
希望的意第緒語，在豬仔市場裡全都與天空失去了
聯繫，老闆在叫，你，你，還有你，然後，

⑪猶太裔美國人的報紙。

一切充滿了虛偽，在出租公寓裡，女孩子撩起
裙子，拿水壺把水倒入熱水瓶裡，或俯身燙衣板上，
酥胸半露，九歲男孩整理分類洗好的衣服，聖潔
的意第緒語讓位給會計的舌頭，大談錢是賺來的
不是省來的，然後道歉，夾雜著請求寬恕的禱告，
弄得男人們不知所措，再也寫不下去

有多少男人反覆上演失敗與出走的歷史，取了另外的
名字，有了另外的家庭，以及女人，有多少活在
記憶中，過著不斷重演的人生，短暫，辛勞，
衝突，說一種和天空失去了聯繫的語言，你，你，
還有你！

——〈豬仔市場〉（Pig Market），1982 年

紀念弗洛依德
／奧登（W. H. Auden）　美國人，詩人，1907—1973年

當有那麼多人要我們悼念，
當悲傷已經公開，並將
　我們脆弱的良知與痛苦攤在
一整個時代的評論中，

我們該談論誰呢？因為每天都有人
死去，那些造福我們，
　且知道自己所做永遠不夠
只要活著便願意稍盡棉薄之力的人。

他是這樣一個醫師：八十歲了還想要
思考人類的生命，由於他的離經叛道
　許多年輕的世代乃理直氣壯

軟硬兼施要求權威。

但他的願望卻落空了；和我們所有人一樣
最後一張照片他闔上了眼睛，
對於死亡的問題，如親人般
我們只能在那兒困惑與不捨。

因為關於他的結局
也還是和那些他研究過的人一樣，神經質與夜晚，
陰影仍然等待進入
他所認可的明亮光圈

帶著他們的失望他轉往別處，
原先受到的關注被剝奪
在倫敦回歸塵土，
一個重要的猶太人乃客死異鄉。

只有恨才快樂，他那些下三濫的主顧

這會兒卻想要擴充他的業務，
　認為可以用殺戮治癒
　便拿灰燼覆蓋花園。

他們仍然活著但卻是在一個被他改變了的世界
只不過回首往事卻徒留遺憾；
　他所做的一切，有如老人的
　回憶有如小兒的坦白。

他絲毫不見聰明：只會叫
不快樂的現在記誦過往
　有如上一堂詩歌課程
　遲早會支吾其詞

在碰到許久以前展開抨擊的同行時，
並因為那個批評者而突然瞭解到
　生命何等豐富又何等愚蠢，
　生命得到寬恕乃是最謙卑的。

能夠接近未來有如朋友
不需要找戲服般的藉口，不需要
　正直的面具或
　令人難堪老掉牙的姿態。

無怪遠古充滿想像力的文化
在他那處理心神不寧的技術中早就預見了
　王子們的殞落以及利用挫折
　大賺其錢的各種手法破產。

如果他成功了，唉呀，普世一致的生活
就沒戲好唱了，國家這種
　巨無霸也將破滅並使
　復仇者的合作無疾而終。

當然他們去找上帝了，但他卻走他自己的路，
下到諸如但丁這類迷失者中間，下到

腐臭的溝壑，和受傷者
過著邊緣人的惡劣生活。

並告訴我們什麼才是惡，不像我們所認為的
是必須接受懲罰的行為，而是缺乏信心，
是不誠實的否定情緒，
是對性慾的壓抑。

如果有獨裁者要什麼花樣，
連他自己都不相信的父權威嚴，仍然
黏附在他的言語中與表情上，
對一個長久活在敵人當中的人來說

那乃是一種保護的擬態；
如果他不時犯錯，有時候還極為荒謬，
這時候對我們來說
他不是一個人而是一陣觀念的風，

在他的影響下我們各自過著不同的生活：
和天氣一樣他頂多只能妨礙或幫助，
　驕傲的人照樣驕傲但會發現
　有那麼一點困難，暴君則想要

利用他卻又不怎麼在乎他。
他靜靜摸透我們成長的一切習慣；
　擴大解釋，弄到那個疲倦的人儘管
　活在最偏遠最可憐的公國

卻在骨子裡感覺到了變化而歡欣鼓舞，
他那個小國家裡倒楣的孩子，
　爐邊的自由遭到剝奪，
　巢中的蜜淨是恐懼與擔憂，

這會兒卻覺得比較平靜而有心逃亡；
正當他們躺臥在我們漠視的草叢中
　那許多被人遺忘已久的事物

經他堅持不懈的光芒一照

又回到我們身邊並珍貴如昔；
我們曾經以為當自己長大時就必須放棄遊戲，
　我們嘲笑不敢發出一點聲音，
　我們做的苦臉沒有人要看。

但他希望我們的卻不止於此：自由
往往是孤獨的；被我們用自以為是的正義
　折斷成不均等的兩個部分
　他要將之接合起來。

他要恢復較強者的智慧而讓較弱者
擁有意志但只能用於
　枯燥的爭辯，還要把母親豐富的
　感情還給兒子。

但他最希望我們記住的是

要對夜晚有所關注
　不僅是為了那只有夜晚
　才能提供的神奇感，也

為的是夜晚需要我們的愛：因為夜晚那些
嫵媚動人的生物以悲傷的眼神仰望
　默默地乞求我們讓他們跟隨；
　他們都是流亡者，其所渴望的未來

全在我們的掌握之中。如果允許他們
像他一樣為教化效力，他們也將歡喜，
　即使會像他以及所有付出過的人一樣
　要背負我們對「猶大」的哭喊。

一個理性的聲音消失了：在墳上
衝動一族哀悼一個深愛的人
　厄洛斯（Eros），城市的始祖，悲傷，
放浪的阿芙洛黛蒂（Aphrodite）哭泣。

——〈紀念弗洛依德〉（In Memory of Sigmund Freud，逝於一九三九年九月），1940年

雇工之死
／佛洛斯特（Robert Frost）　美國人，詩人，1874—1963年

瑪麗盯著桌上的油燈若有所思，
等著華倫回來。一聽見他的腳步聲，
她踮起腳尖穿過暗下來的走廊
到門口接著他，告訴他消息
好讓他有準備。「賽勒斯回來了。」
邊說邊把他推到門外
並把門帶上。「對他好些。」她說。
接過華倫手裡從市場買回來的東西
放在門廊上，拉著他
並肩在木頭臺階上坐下。

「我什麼時候對他不好過？

但我不會讓這傢伙回來。」他說。
「上次收割時我不是對他說過？
我說，如果他走，就到此為止。
他有什麼本事？誰會要他
這把年紀了，還能做什麼？
就算有用也靠不住。
總是在我最需要他的時候走人。
他老認為他應該得到一份工資，
至少夠他買點菸草，
這樣就不必求人，好保住面子。
『好啊，』我說，『就算我想付，
卻也付不起任何固定的薪資。』
『有人可以。』『那還得要有人才行。』
如果他只是要高抬自己，
我本不該放在心上。妳是知道的，
他講是那麼講，卻總有人找上他
用幾個小錢就哄走了他——

那可正是收割期，最需要人手的時候。到了冬天，他回來了。我也做完了。」

「噓，小聲點，他會聽到。」瑪麗說。

「我就是要他聽到，遲早的事。」

「他累壞了，在火爐邊睡著了。我從羅威家回來才知道他在這兒，縮在畜棚門口睡得正香，怪可憐，也怪可怕——不准你笑——當時我還認不出他——我沒想到會是他——他變了。等下看了就知道了。」

「妳剛才說他前陣子在什麼地方？」

「他沒說。我拉他進房裡來，給茶勸菸。

叫他說說自己的經歷。

但都白搭，他只是想睡。」

「他說了些什麼？他怎麼說的？」

「沒說什麼。」

「什麼都沒說？老實講，

他說要來幫我整理牧場。」

「華倫！」

「他到底有沒有說？我只是想知道。」

「他當然說了。你還要他說什麼呢？

你應該不至於不讓這可憐的老人

卑微地保留自尊。

他還說，如果你真要知道的話，

他還打算清理上面的牧場。
聽起來豈不就和你以前聽過的一樣？
華倫，我還真希望你聽到
他簡直語無倫次。我停下來看他
好幾次——覺得他怪怪的——
看他是不是在講夢話。
他老是說起威爾森——你記得的——
四年前你雇來割草的小伙子。
他已經唸完書，在自己學校教書。
賽勒斯口口聲聲說你會找他回來。
他說他們兩個會一起幹活，
合作把這農場擺平！
他就這樣東拉西扯的。
他認為威爾森是個有前途的小伙子，雖然讀書
笨些——你知道他們是怎麼爭辯的
一整個七月在火燒的太陽底下，
賽勒斯在車上堆草，
威爾森就在一旁往上拋。」

「沒錯，我遠遠地看著哩。」

「對呀，那些日子煩惱的賽勒斯就像是一場夢。

你卻不認為他們是。有些事情還真是忘不了呀！

威爾森年少時那種學校男生的自信很惹他惱怒。

那麼多年了他還是在找

他認為可以用得上的好理由。

我很同情。想起該講的事情卻太遲了

我知道那種感覺。

他想起威爾森就聯想到拉丁文。

他問我，對於威爾森所說的，我有什麼看法

他研究拉丁文，如同小提琴，

因為他喜歡小提琴——那就是理由！

他說他無法說服那男孩

他用一根榛木叉子就可以找到水——

那表示學校曾經把他教得多好。

他想要重溫舊夢。但他想得最多的是

如果還有機會
他要教他如何堆草——」

「我知道，那可是賽勒斯的一項絕活。
每一叉他都一束歸位，
還一一記數以備往後參考，
卸取時方便找方便拿，
賽勒斯那方面做得還真在行。
他成束拿取有如大鳥的巢。
你絕不會看到他站在草上
他要挑起來，那可是舉重若輕。」

「他認為他如果能夠教他，他或許就會
就會對世上某個人好些。
他討厭看到一個書呆子的男孩。
可憐的賽勒斯，總是那樣擔憂別人，
往後看沒有可驕傲的，
往前看沒有可指望的，

所以永遠沒有不同。」

半月西沉，
整個天空隨之墜向山裡。
月光輕輕灑在她的腿上。她望著
展開圍裙接住。將手伸向
豎琴般輝煌的晨弦，
與花圃到屋簷的露水同調
彷彿奏出無聲柔情
在夜色中感動身邊的他。
「華倫，」她說，「他回家裡斷氣的；
你不需要擔心，他這次要告別了。」

「家。」他語帶嘲弄。
　　　　「是呀，不是家是什麼？
這全看你所說的家是什麼。
當然他於我們什麼都不是，還不如

有陌生人走出樹林朝我們而來時，
緊緊跟蹤而筋疲力竭的獵犬。」

「家是當你不得不去
而他們又不得不接納你的地方。」

「依我看，家這個東西，
有時候不一定非要你承擔不可。」

華倫往外走了兩三步，
撿起一根小枝，帶回來
折斷拿在手裡揮動著。
「妳認為賽勒斯對我們比對他兄弟
更有資格要求？短短十三哩路
彎上幾彎就可以把他帶到他的家門。
賽勒斯毫無疑問今天就走了那麼遠。
他為什麼不去那裡？他的兄弟有錢，
大有來頭——銀行的經理。」

「他從來沒告訴我們。」

「只不過，我們知道。」

「當然，我認為他的兄弟應該伸出援手。
我會去拜訪的，如果有必要的話。他定然會
接納他，而且可能願意——
他或許不只是出個面。
但可憐可憐賽勒斯吧。難道你認為
他若有臉要求親人
或可以從他兄弟那兒要求到些什麼，
他會始終跟他保持距離嗎？」

「我想他們之間有些什麼。」

「我告訴你吧。
賽勒斯就是那個樣子——我們不介意他——

但就是那種連親人都受不了的人。
他從沒犯過什麼大惡。
他搞不明白自己為什麼不能像
別人那麼好。儘管沒什麼出息，
他也不會低聲下氣去討好他兄弟。

「我不認為他會傷害別人。」

「不，但他卻傷了我的心，就那樣躺著
那顆老腦袋瓜滾在輾脖子的椅背上
不讓我把他放到沙發上。
你該進去看看能做些什麼。
我為他鋪好了今晚的床。
看到他，你會嚇一跳——他整個垮掉了。
他的日子過完了；這我可以確定。」

「要是我，就不會這樣亂說。」

「我可不是亂說，去，自己看去。
但是，華倫，千萬記得：
他是要來幫你整理牧場的。
他有盤算。你不可以取笑他。
他或許不會說，但總會講的。
我坐在這裡看那朵小雲
是否會碰到或錯開月亮。」

它碰到月亮了。

於是，三者成列，朦朧一線，
月亮、小朵銀色的雲，還有她。

華倫回來——太快了，在她看來——
悄悄至她的身邊，拉起她的手等著。

「華倫？」她問。

「死了。」他簡短回答。

——〈雇工之死〉（The Death of a Hired Man），1914年

祖母最後的話語

／威廉斯（William Carlos Williams）　美國人，詩人、醫生，1883—1963年

一些髒碟子
一杯牛奶
傍著她一張小桌
不遠處，亂糟糟的床——

皺巴巴的幾乎目盲
她躺著打鼾
醒來氣呼呼的口氣
吵著要吃

給我一點什麼吃——
他們餓我的飯——
我很好我不要去

醫院，不要，不要，不要
給我一點什麼吃
讓我帶妳
去醫院，我說
然後妳就會好起來

隨你高興去做。
她笑起來，是的
先隨你的高興
然後再隨我的高興——

啊，啊，啊！她哭起來
當救護員把她
抬上擔架——
這是你叫來

要讓我好過的嗎？
這會兒她的心思明白了——

啊你們以為自己聰明
你們年輕人

她說，但我可告訴你們
你們根本一竅不通
在我出發的時候。
在路上

我們經過一長列
榆樹。從救護車的窗戶
她看它們好一會兒
並說

外面那些看起來
毛毛的東西是什麼？
樹嗎？啊，我厭倦
那些東西了，於是頭滾向一邊。

——〈祖母最後的話語〉（The Last Words of My English Grandmother），1939年

H. F. D.

／魯凱澤（Muriel Rukeyser）　美國人，詩人，1913—1980年

從妳那裡，我明白了人類行為
的黑暗戲劇演出於
排演的舞台　人和燈光。
頭頂著紅髮，妳匆匆走過暗了下來的
通道，做文章和詩
把裡面的人物放進戲劇。

海莉這我是跟妳學來的：
在那棟布置完畢的建築中彩排
妳告訴劇團　他們所缺乏的：
燈光、地線、音響、
完美的旋轉舞台，他們只缺一樣東西
最重要的東西。　晚上就會出現：

觀眾　　回響。

海莉今夏我跟妳學，這個
海莉我看見妳骨頭全散地躺著
骨為之顫　我撫摸所有雕像的頭顱
握群鳥的雙手　跟封閉的眼睛對話
一個紅頭髮女人柔軟鮮紅的唇瓣。
我認識海莉，於是我可以不用答案就行動，
就像為了和平而退伍的戰士，甩掉他們的勳章
不期望草地會給答案。
妳教我這，在妳臨終時，為詩與戲劇
以及愛與締造和平，於是生命與我的愛
乃在回響與無回響
最後相遇之處，海莉，進入無限。

——〈H. F. D.〉，1944年

給我的母親

／克理斯第・布朗（Christy Brown）　愛爾蘭人，作家、畫家、詩人，1932—1981年

只有在妳臨終，女士，我才能為妳獻一首詩。

如此不尋常地安靜，妳躺在我們的哀傷以及
　　妳的那群失去親人般的野鵝中
被死亡的排場與行頭綑綁
　　因為總算有一次難得的沉寂
除了妳九個好兒子生疏而無濟於事的悲傷
　　還有四個女兒頭紗遮面的無聲哭泣
在妳平靜的安魂彌撒時刻他們拚命想要和睦團聚
　　我幾乎看到妳難以置信地開懷笑了
從墳墓的那一邊。

只有在妳臨終，女士，我才能為妳獻一首詩。

一生中我從未能捕捉到少女自由生命的精神
　只因我那張文字的網如此襤褸疏漏。
妳的人生是一朵遍體鱗傷的花
　在灰燼上燃燒
堅強而自信地活在妳數十年坎坷的廢墟上
　不凋於扭曲心靈的命運冰雹
在狂暴的愛盲目摧殘之下
　總是將明天轉而朝向太陽
妳獨自勘透當下的苦痛。

只有在妳臨終，女士，我才能為妳獻一首詩。

妳是我肌膚深處的一首歌
　傲笑有如破雲而出的太陽
在我半醒的幽暗夜色中灑下
　螢火蟲晶瑩輝煌的光芒
在我腦中昏黑的墓穴裡跳舞。

對痛苦有如腳之輕盈眼之敏捷
妳彩繪歡樂的圖案於我空白的人生之牆
用妳愛爾蘭的慧黠揮灑氣勢磅礴的筆觸
燃燒自妳人生高塔的斷垣殘壁。
只有在妳臨終，女士，我才能為妳獻一首詩。

以愉快高舉的手指妳招手
踉踉蹌蹌我跟隨妳上路
非如此我將不知道也不敢
蹣跚隨妳攀登那座神祕的高山
在那兒妳的吟唱無需聲音或語言。
我短暫碰觸妳守護的火炬
被妳黑玫瑰的勇氣之刺扎破而流血
從我夢想一敗塗地的溝壑中
妳拉拔我至和妳幾乎相同的高度。
只有在妳臨終，女士，我才能為妳獻一首詩。

我不為妳悲傷
　在妳信手拈來的那一方小小的泥土裡
現在妳真正可以跳舞了。

啊偉大的心
　啊我的歌中之歌
　　妳聖潔的骨骸塵土猶憐

——〈給我的母親〉（For My Mother），1971年

維倫紐夫聖喬治之詩〈給M-C〉
／姆貝拉．桑尼．迪波科（Mbella Sonne Dipoko）　喀麥隆人，小說家、詩人、畫家，生於1936年

情不自禁我思念妳
雖然我已垂垂老去
為妳愛得瘋狂而傷悲

似也時不我予。

妳懸掛的那些花呀
於我門戶
風吹落的那些花呀
於雪地上！
為什麼於今我還會記起這些點滴
回想起妳對我的呼喚
有如蒼鶚
當我望著妳
穿過窗玻璃
月光灑在塞納河上
而非洲在遠方
妳在呼喊
在異鄉的雪地
鄰犬夜吠似乎聽厭了
妳過火的柔情？

當我來探望妳
打開大門
詛咒妳冷漠的土地
在耶核（Yerres）溪的白楊樹下
在庭園深處
靜靜看著溪水流向塞納河；
月亮可能會躲進雲裡
投下巨大陰影
有時似乎直達我心。

然後隨我上樓
在陽臺稍做停留
庭園的藤蔓長得那樣高
還結著夏日尾巴
殘留下來的葡萄
妳摘了幾粒
我們共享。
餘味至今猶存

有如我們的吻。
然後在屋裡
妳迫不及待寬衣解帶
點燃
妳每次都會帶來的蠟燭一白一黑
燭光卻是同色
火焰映在窗格子上
於是妳不再白
而變成褐色
因愛的火光
於午夜
多年以前。

——〈維倫紐夫聖喬治之詩〔給 M-C〕〉（A poem of Villeneuve St. Georges〔for M-C〕）, 1972 年

男人當如是

休斯（Langston Hughes）　非洲裔美國人，詩人、小說家、劇作家、專欄作家，1902—1967年

我不在乎死掉——
但不喜歡孤單死去
我要有一打的美女
哭喊嗚咽。

我不在乎死掉
但要我的葬禮體面
我要一長排高眺的媽媽桑
呼天搶地暈倒

我要有一部會擺尾的靈車
還要十六輛擺尾的汽車
一組大銅管樂隊

以及滿滿一車子的鮮花

當他們放我下去
下到土裡，
我要這些女子又哭又喊：
請不要把他帶走！
　嗚嗚嗚嗚
不要把爹地帶走！

——〈男人當如是〉（As Befits a Man），1935 年

自作墓誌銘

／饒烈爵士（Sir Walter Raleigh）　英國人，作家、詩人、軍人、朝臣、探險家，1554—1618 年

即使可以相信如時間
我們的青春，我們的歡樂，以及我們的一切，
給付於我們的卻只是年歲與塵土，
在黑暗與寂靜的墳墓中

當我們飄泊完世間的道路
我們一生的故事終結
自土地、墳墓與塵土
主將舉我而起，我相信。

——〈自作墓誌銘〉（The Author's Epitaph, Made by Himself），1618 年

我日子的尺度

／弗羅麗達・史考特—麥斯威爾（Florida Scott-Maxwell）　美國人，劇作家、作家、心理學家，1883—1979 年

你只需要說，你一生的所作所為正是使你成其為你。當你真正接納了自己的一切所是所為——這或許並非一蹴可幾——面對現實，你是勇猛的。到了最後，年歲把你給揉成了一團，讓一切——還記得的、尚未解決的——都成為過去有那麼難嗎？

——摘自〈我日子的尺度〉（*The Measure of My Days*），1968 年

【內容簡介】

經典中的經典

我們的高齡化社會正在描繪一幅「耳目一新的人生地圖」

古代和中世紀都視年老為世間永恆秩序的一個神祕部分，但這觀念卻逐漸被一種世俗、科學和個人主義的年老觀所取代。

本書由英國牛津大學出版社出版，由兩位深具人文修養，以及長期關注老年議題的醫學院教授編選的文集。

其範圍深廣，在時間的長度上，可上溯到西元前二千六百多年前黃帝內經，西元四、五百年前的羅馬、中東、印度薄伽梵歌等古文明留下來的經典文學、詩歌、文論。下可至20世紀各領域如文學、心理、社會、醫學等重要的、代表性人物如榮格、弗洛依德、赫塞、愛默生、馬奎斯、谷崎潤一郎等大文豪，大思想家的文字。

在空間的廣度上，從東半球、西半球、南半球、北半球重要的人類遺產經典，如小說、詩歌、回憶錄、散文、兒童故事，有哲學家、歷史學家和心理學家的反思，有非洲與日本的傳說，有《聖經》與《古蘭經》的片段，也有選自科學與醫學小冊子的段落。都蒐羅在內，為顯示本書編選的權威性，特以〈牛津版老年之書〉名之。

【編者簡介】

湯瑪斯・科爾（Thomas R. Cole）

德州大學醫學院醫學人文學研究所教授，著有《人生旅程：美國老年文化史》（*The Journey of Life: A Cultural History of Aging in America*）該書獲一九九二年普立茲獎提名。

瑪麗・溫克爾（Mary G. Winkler）

德州大學醫學院醫學人文學研究所副教授，合編《好身體：當代文化的苦行主義》（*The Good Body: Asceticism in Contemptorary Culture*）。

【譯者簡介】

梁永安

台灣大學文化人類學學士、哲學碩士。目前為專業譯者，譯作甚豐，包括《心靈的棲地：愛德華・薩依德傳》、《文化與抵抗》、《啟蒙運動》、《現代主義》等。

鄧伯宸

成功大學外文系畢業，曾任報社翻譯、主筆、副總編輯、總經理，獲中國時報文學獎附設胡適百歲誕辰紀念徵文優等獎。譯作包括《生活之道》、《無界之疆》、《黑暗時代群像》等。

國家圖書館出版品預行編目(CIP) 資料

老年之書：思我生命之旅 / 湯瑪斯・科爾(Thomas R. Cole)、瑪麗・溫克爾（Mary G. Winkler）主編；梁永安、鄧伯宸譯 -- 二版 -- 新北市：立緒文化事業有限公司, 民112.11
592面；14.8×23公分. --（新世紀叢書）
譯自：The Book of Aging: Reflections on the Journey of Life

ISBN 978-986-360-217-0(平裝)

1.老年 2.比較文學

544.8 112016865

老年之書：思我生命之旅（2023 年版）

The Book of Aging: Reflections on the Journey of Life

出版——立緒文化事業有限公司（於中華民國 84 年元月由郝碧蓮、鍾惠民創辦）
主編——湯瑪斯・科爾（Thomas R. Cole）、瑪麗・溫克爾（Mary G. Winkler）
譯者——梁永安（緒言、第一到六章）、鄧伯宸（第七章）

發行人——郝碧蓮
顧問——鍾惠民

地址——新北市新店區中央六街 62 號 1 樓
電話——(02) 2219-2173
傳真——(02) 2219-4998
E-mail Address —— service@ncp.com.tw
劃撥帳號——1839142-0 號 立緒文化事業有限公司帳戶
行政院新聞局局版臺業字第 6426 號

總經銷——大和書報圖書股份有限公司
電話——(02) 8990-2588
傳真——(02) 2290-1658
地址——新北市新莊區五工五路 2 號
排版——菩薩蠻數位文化有限公司
印刷——尖端數位印刷有限公司

法律顧問——敦旭法律事務所吳展旭律師

分類號碼—— 544.8
ISBN —— 978-986-360-217-0
出版日期——中華民國 100 年 8 月～ 105 年 4 月初版 一～六刷（1 ～ 6,900）
中華民國 112 年 11 月二版 一刷（1 ～ 800）

定價◎ 600 元（平裝）

本書英文版共有九章，由於篇幅過多，
經原出版社同意刪除其中二章，
即第三章之〈世代〉（Generations）與
第七章之〈歡慶與哀嘆〉（Celebration / Lamen）。